二千九百年前

西域探検日誌

佐々木照山

西域探検図誌

著者と西域土爾扈特王

馬上著書海上事

賦山仁兄大法家腕正

枕邊掛劍塞邊情

土爾扈特帕勒塔書

此書別に序文を添へず序文なきを以て書の體裁を缺ぐと言はゞ此書の全體を以て序文と視るも可なり何となれば此書は我が一生を通じて從事せんとする研究の上よりいへばホンの端緒たるに過ぎざれば也百里に旅する者は九十里に半ばすとか況んや穆王が八駿馬の跡を追ひて億萬里外に筆墨を馳せんは容易な業に非るをや彼の西王母が棲めりてふ瑤池の玉の渚におり立つ時淺い川じやと小褄をからげ深くなる程帶も衣も解き去り解き來らんと

することと多し今は唯瀬踏を試みしのみ豈一書完成の積りとなりて自ら序文を飾るに耐へんやソレでも無くて叶はずば其れ直ちに此を以て序文とせん哉

紀元二千五百七十年十一月三日

照山識

西域探檢日誌目次

穆天子傳……一
昭王は如何なる人物か……四
天地の氣運……八
支那の感化……一二
隨行の記者……一六
文字の淵源……二一
蝌斗文字の由來……二七
蝌斗文字の研究……三〇
參照……三四
穆天子傳の主人公……三六
穆天子傳……四〇
人は夷狄物は怪物(一)……四五

人は夷狄物は怪物(二)……四九
參照……五一
大探檢の必要なる所以……五三
周の文王は猶太人種也(一)……五八
周の文王は猶太人種也(二)……六三
支那歷史上破天荒の問題……六八
同姓相婚の理由……七一
支那と癩病……七五
心機一轉……八〇
支那史上の大怪物……八四
バイブルと禹(一)……八八
バイブルと禹(二)……九三
日月兩文字の解……九八
バイブルと禹(三)……一〇〇

バイブルと禹(四)……一〇六
鼻環の面の研究……一一一
祝融の神とシナイ山の神火……一一五
山海經とバイブル……一二〇
廣東人と孫逸仙……一二六
曆の根本(一)……一二九
曆の根本(二の上)……一三二
仝(二の下)……一三六
仝(三)……一三八
仝(四)……一四二
亞細亞研究の大問題……一四八
黄帝と東洋古代の文明……一五二
東洋古代文明の實例(上)……一五八
仝(下)……一六〇

風雨雷電の字解と電氣滅金の研究(上)……一六四
仝　(中)……一六九
仝　(下)……一七四
黃帝はアブラハム也……一八〇
天下分け目の大問題……一八四
黃帝の墳墓……一八八
黃帝の採鑛業……一九三
黃帝の宮趾は堪蘇に在り……一九九
黃帝上天の解……二〇四
黃帝の妃は猶太の女……二一〇
遺憾なき解決……二一五
阿古屋の琴唄と陟の一字(上)……二一九
仝　(下)……二二二
寒暑冷暖有無とおでんの研究(一)……二二六

仝　（二）……二三〇
仝　（三）……二三四
仝　（四）……二三八
仝　（五）……二四三
仝　（六）……二四七
仝　（七）……二五〇
仝　（八）……二五三
仝　（九）……二五七
仝　（十）……二六三
仝　（十一）……二六六
仝　（十二）……二六八
仝　（十三）……二七三
仝　耶蘇は果して猶太人か　（十四）……二七六
仝　耶蘇の父は何人ぞ　（十五）……二八〇

仝　博士の語義語源（十六）……二八五
仝　地名即神名（十七）……二八九
仝　佛耶素是同根（十八）……二九三
仝　耶蘇は博士の落胤（十九）……二九八
仝　竹取の翁とは何者ぞ（二十）……三〇二
仝　イヱス宗の大本山（二十一）……三〇六
仝　有の字の發展力（二十二）……三一〇
仝　無の字の解剖（二十三）……三一五
仝　宍の字の詮議（二十四）……三一九
仝　善惡を知るの樹とは羊のこと（二十五）……三二三
仝　創世紀の大問題（二十六）……三二七
仝　無の古文旡及橆の解（二十七）……三三一
仝　無の各國語（二十八）……三三四
仝　阿の字に就ての疑ひ（上）（二十九）……三三九

仝　（下）（三十）……三四三
仝　（おでんの研究　（三十一）……三四六
仝　おでんと簡易生活　（三十二）……三五〇
關渡待舟……（上）……三五四
仝　（下）……三五八
黄帝とはアブラハムの譯字のみ……三六二
仝　（二）……三六六
仝　（三）……三七〇
校正畏る可し……三七四
黄帝とはアブラハムの譯字のみ（四）……三七九
仝　（五）……三八二
仝　（六）……三八七
黄帝の母は何者ぞ……三九一
式三番の呪文の解……三九五

黄帝の母の名……三九九
書室の代用鯉(第二便)……四〇四
仝(第三便)……四〇八
仝(第四便)……四一一
エホバ巫祝の徒……四一六
仝(續)……四二一
いとまの神の祟り……四二五
仝(續)……四二九
ドンクリ崇拜……四三二
扶桑とは櫟のこと也……四三六
ドンクリ研究……四四〇
仝(續)……四四五
醫の字の解剖……四五〇
鍼醫と禁厭……四五四

書室の代用鯉……四五九
仝……四六二
仝（續）……四六六
仝（山の一）……四七〇
仝（山の二）……四七四
仝（山の三）……四七九
仝……四八三
仝……四八八
ウスメの命は巫祝……四九三
神代の醫藥分業……四九七
クスリの語の出所……五〇一
國手大醫の大施術……五〇六
穆王最愛の美人……五〇九

目次 終

二千九百年前西域探檢日誌

▲穆天子傳

——棺底所藏の一書——盗賊猶三分の功勞あり——天子牛馬の血を吸ふ——神仙人間を羨む——無奇と大奇——東洋小說の鼻祖——歐亞兩大文明の淵源——無色即有色

天下の憎む心きもの、盗賊に若ぐはなく。天下の愛すべきもの美人に若くはなく。天下の尊きは天子の尊きより尊きはなく。天下の怪きは神仙の怪きより怪きはなしとせば。其盗賊によりて、冢中より發掘されたりといふ棺底所藏の一書にして。忽ちにして美人の死を說き。忽ちにして天子の遠征を說き。忽ちにして又神仙の出現を說くが如きは。豈怪異と尊嚴と愛情と憎惡と。經朱緯碧して以て織り成せる一幅の錦字にあらずして何ぞや。而かも之を究はめもて行けば當時盗賊の手によらざれば。斯くの如きの秘書終に土龍の巣となりはてつらむ。盗賊ありて汲冢を穿ち。然る後初めて此書を江湖に傳ふ。

盜賊猶三分の功勞あり。此點のみは强ち憎むべきとも限らず。美人美なりと雖も。濕地のマラリヤに襲はれ。紅顏空しく桃李の粧ひを失なひ。白骨徒らに北邙の蓬麻に委すれば。何時まで美なりと言ふを得べきぞ。況や天子大漠に渴して、牛馬の血を吸ひ。神仙歌を作りて人間を羨むに至りては。尊嚴と怪異と兩つ乍ら容易に認むべからず。然らば此書終に奇といふべからざるか。無奇の處に大奇は存す。盜賊の憎むべきを忘れしめ。美人の愛すべきを忘れしめ。天子の尊きを忘れしめ。神仙の怪を忘れしむ。是をしも奇といはざれば。夫れ何をか奇といはむ。余の此書に對する。寧ろ其奇と言はれざるを憂ひずして。其正たるに氣附く者なきを憂ふ。蓋し大奇と大正とは一致す。七色合すれば無色となるが如し。彼の戸隙を洩るゝ一道の光線が偶々三稜鏡に觸れて燦然たる美の色彩を現出するもの。豈人工によりて染めなせる奇ならんや。此書の含蓄する所の內容。固より之に類す。世人悟らず。視て以て古代好事者の作爲せる傳奇の其れの如くに看過し。篤學の士と雖も。許すに東洋小說の鼻祖といふを以てするに過ぎずして。而かも書中の記事が。悉く根據あり。憑證あり。史書と合し。地理と符し。大いに支那正史の半面を窺ふに足るのみならず。進んでは。大陸交通上。東部亞細亞と中央亞細亞の脈絡を探るべく。更に歐亞兩大文明の淵源を遡求するに貲すべきを思はざりしは。東方學界の爲に一大恨事にあらずといふを得じ。淺學余の如き。素より其任にあらずと雖も。鷄の鳴きて曙光を告ぐるは。鳳の眠りて梧桐日紅なるを悟らざるに孰若れぞやとも考へらるゝまゝに思ひつきたる研究の節々を公表して。敢て大方碩學の叱正を仰がんとす。余や素より一道の光線を我室中の物となして。之に三稜鏡を擬せんとするには。參考書に乏しく。益友に乏しく。其準備餘りに不完全たるを免れず。唯だ庶幾くは雨後の水分となりて。宇宙に瀰漫せる眞理の光線に接觸しせめては空際に虹霓を現出し。依りて以て後の精細なる研究者に向て。無色の有色にして。大奇の大正たる。其問題の一楔子を提供するを得むか。即ち余が目的は達せる也。若し夫れ此書其れ自身が。天子を泣かしめ。神仙を歌はしめ。美人を土灰とし。盜賊を天晴れの手柄者と呼ばしむる底の傳奇に類して。而かも傳奇にあらざる。小說に似て而かも小説にあらざる。眞愈々眞にして。奇は益々奇なるの實質に至りては。讀者の自ら看取する處に隨ふべし。敢て問ふ。此書とは何ぞや。曰く此書とは今を去ること實に二千九百前の西域探檢日誌とも稱すべき穆天子傳の一書即ち是なり。請ふ余は今より筆を改めて逐次其評釋を試みん。

▲昭王は如何なる人物か

日本は此時まだ神代――西に猶太東に支那――冬十二月桃李花さく――竹書紀年――天變地妖――周代獨創の謚法――穆王は此人の子なり――俊鶻の雛は俊鶻――折角の大壯擧

穆天子傳の一書。實は之を傳と言はんより。寧ろ記といふべきなり。穆天子は支那周の世の王樣にして。武王よりは五代目にあたる。西暦は耶蘇紀元前八百八十八年にして。我神武天皇御即位より逆算すれば。三百四十一年前の在位に係はる。日本は此時まだ神代と呼ばれし時代なり。明治の今日より遡れば實に二千九百年前の大昔《おほむかし》時。其頃既に立派な國家を成したるものは。西に猶太あり。東に支那あり。兩者の興亡と其人種の性情は。之を史籍に徵し。之を實地に考へ。どうしても。瓜を二つに割りたる象あり。之をしも單に他人の空似《そらに》として。輕々に見遁すべきか否か。开は追々研究の歩を進むるに隨ひ。各種の問題に逢着するを待ちて解説すべきも。兎に角兩者ともに。國としては早熟の國なりき。早熟のもの丶早老するは。元より其所なりといへば。其早熟の支那に在りて。最も早く政權を握りたるもの丶一に算へらる丶周族が。武王より僅か四代目の昭王にいたりて。早くも王德缺微周道始て衰ふと史家にうたはる丶は。長者が三代續かぬ世法と見れば去ること乍ら。去りとは又餘りアッケなしと言はざるべからず。此は何でも。昭王の即位の元年冬十二月桃李華さくとあることやら。十四年夏四月恒星見えずとあることやら。十九年春星孛あり、紫微を干すとあることやら。天變地妖の多かるに。御幣かつぎの支那流歷史家が。コイツ容易ならぬと觀て居る矢先きに。祭公辛伯王に從ひて楚を伐つ。天大に曀り、雉兎皆震ふ。六師を漢に喪ふといふ大敗を招きし後。王も間もなく最後を遂げられしとあるを見て。必定王德の缺微せりと即了し。周道の頽廢此時より始まると斷ぜしならむ。さてこそ昭王南に巡狩して楚に至る。膠舟を以て之を載す。溺れて返らずといふ傳說も生せしなれ。膠舟とはニカハの舟にあらず。舟の底に膠戾《ねじ》細工《さいく》を施し。水中にて栓を拔けば溺るゝやうに仕かけたる也。天子巡狩して地方の人民から水中に葬ふらるゝとせは。イカにも平生の不德を思ひやらるれど。竹書紀年には征楚とありて巡狩とは記してなし。此點は呂覽も同じことなり。呂覽に云へるには。周の昭王親ら大將となりて楚を征す。其臣の辛餘靡といふ者。身長高くして力多し。王の右たり。還り反りて漢水を涉るに。橋渠敗れて王も蔡公も水中に抎《を》ちこちたり。辛餘靡といふ男。王を拯《すく》ふて北に濟り。又引き返して蔡公をも拯へり。周公乃ち之を西翟に侯としたのが實に長公となりたりとあり。昭王が漢水に溺死したといふは。多分此處らから誤傳せしものならむ。禮樂征伐天子より出づ。戰爭必ずしも不德の所爲にあらず。一たび戰塲に立つ。勝敗は兵家の常なり。敗軍せしからとて不德の結果とは言ひ難し。況んや死生命あり。人力の得て左右すべきに非ずとすれば。死と不德とは必ずしも相關せず。昭王は楚の不順を怒り。之を征伐して大敗を招けり。而して其年己れも天壽を以て世を去れりと見るべきのみ。少しばかりの天變地妖があｒしとて。直ちに王德缺微、周道初めて衰ふとは。偖も大袈裟なるもの丶言ひやうに非ずや。余を以て之を見れば。此時文武の善政を去ること猶遠からず。成康の際、天下安寧、刑措いて用ゐざること四十餘年。大平の眠りに紀綱の稍弛めるものありとするも。先代の流風遺韻、一朝にして盡くべしとも覺えず。昭王の如きも其一生を飾るべき偉功大業の觀るべきものなしとはいへ。左右猶蔡公の如き賢者あり。侃々の言、諤々の議、其身をして不德に陷らざらしむるに餘りあり。其昔周公旦と太公望とが協議の上の制定に係はる周代獨創の諡法によりて昭王其人の人物を考へ見れば。寧ろ德行に缺けたる處無く。經綸の材器も圓滿に發達して。而かも宵衣肝食、躬を以て蒼生を卒ゆるの良主なりしが如し。諡法に曰く、德に昭かにして勞あるを昭といふ。又曰く聖文周達を昭と曰ふと。以て昭の一字を追奉されたる昭王其人の人と爲りを察すべし。宜なり四十年大平の後を承けて泛々《かいなで》の凡君庸主ならましかば。宸殿奥深く、花下の御宴にタワイなかるべき頃ほひにも係らず。三歳の昔、大兕あらはれて一角長きこと三尺。一身重きこと千斤。象形牛貌怪しの眼もて。王師の肝膽を寒からしめてふ漢水の邊りと聞くさへ恐しき楚軍の本陣に向て。天子自ら大纛を進められたるは。ヨク〳〵の探檢的大勇猛心無くては叶はじ。穆王は此人の子なり。豚犬の兒が豚犬なれば。俊鶻の雛は俊鶻なるべし。穆天子傳の一書は此俊鶻の碧空を搏ちて飛びたる跡を拾ひしもの耳。親を知らでは子は判じ難し。陋儒僻學の徒の久しく昭王の人格を無視せるを論破し置かでは。穆王親しく八駿馬を驅りて。天下に周遊せる探檢的大勇猛心の流れ出でたる血の源の明らかならず。動もすれば。折角の大壯擧を由なき好事家の王様が。崑崙山のあなたまで。遊戲三昧の爲のみに。醉狂な眞似せられたと見たがる人の多きを恐るゝなり。

▲天地の氣運

――東西同揆――墓泥棒――父祖傳來の遺傳性――一たび隱して二たび現はす――美人盛姬死事――弘法も筆の誤――ハネまはりたる傀儡

凡そ天地の氣運といふもの程奇妙なるものは無く。雲濤萬里を隔て山河千里を異にせる甲乙兩地に在りと雖も。一たび此氣運の擊つ所となれば。東西同揆の現象を視し。内外一様の形迹を認むることあり。耶蘇生誕の其年は。我國にて天照大神廟を伊勢度會に遷し。初めて内宮を建てたる翌年なり。之と同じメグリアハセにて。我が此穆天子傳の支那に發見されたる頃は。日本にては應神天皇の御宇にして。恰も百濟の王仁が來りて初めて論語と千字文とを獻せし前後なり。支那は晋の武帝の太康年中(西暦紀元後二百八十年代にあたる)汲郡に墓泥棒あり。魏の安釐王の塚を發き。何がな目ぼしきものをせしめんとして。掘りあてたるものゝ中にありしが此書なりといふ。或はいふ安釐王に非ずして襄王の墓なり。其盜人の名は不準といふと。晋書束晳列傳にも斯く言へり。穆天子傳と同じに發掘されたる竹書紀年の卷尾が。今王終二十年とありて。其今王とは魏襄王を指す所より見るに竹書は同王の時代に追補されたるものを。同王の死後其王棺に埋藏せりと見るが穩當なるべし。魏襄王といへば。周文王の子畢公高の後にして。穆王とは切りても切れぬ同姓族の間柄なり。其人穆王より後るゝと五百年後に出でたれど。文獻を尊重する父祖傳來の遺傳性は。穆王と同じきのみならず。更に其穆王の左右の筆に成れりと覺しき此の遠征日記をすら。後《こ》生《せう》大《だい》事《じ》に櫃底に埋藏せしめ。一たび隱して二たび現はし。遂に之を今日に傳へたり。今此の穆天子傳と倶に同じ地窖に降り。同じ盜賊の手によりて。同じ娑婆の風にあてられたるもの。其書名は實に左の如し。

竹書紀年十三篇　易經二篇　公孫段二篇　國語三篇　事名三篇　師春一篇　瑣語十一篇　梁丘藏一篇　繳書二篇　生封一篇　大歷二篇　圖誌一篇　雜書十九篇

外に　周食田法　周書　論楚事　周穆王美人盛姬死事　大凡七十五篇

此外にも猶七篇程。折壞して名題の識れぬ簡書あり。穆天子傳の五篇之れも順序混亂のまゝ取り出されたるものゝ如し。右の内穆王美人盛姬死事の一篇は文體といひ記事の體裁といひ。固より穆天子傳中の一篇と見るべきものにして。之を分割して別名を標すべき性質の者にあらざれば。今は收めて穆天子傳の卷六として。至正版にも。乾隆版にも。之を卷尾に追加しあり。之を一卷に收むるは。善しとするも。之れが挿入の前後は。猶大に考へざるべからず。初め墓泥棒の塚を發くや。慾に目のなき盜人魂性の。心の闇《やみ》のくらがりに竹書の策を松火《たいまつ》代はりに點しつゝ。地中の寶物を照らし取りたりしものか。官署斯くと聞きて馳せつけし時には。燼簡斷札ソコらあたりに散ばりて。手も附られぬ有樣なりしを。全きものより缺けたるものと。車に積みて數十輛。一先づ之を宮府に收めて。然る後武帝の叡慮に基き。之を秘書に命じて次第を校綴せしめたるものなりといふ。此秘書は晋の荀勗にして竹書の科斗の文字を今文に寫し出せるも實は此男の力なり。例の束皙といふ男。後に著作の官に入り。竹書の原物を觀るを得て。疑に隨ふて分釋するに皆義證ありとしいへば。荀勗が科斗文字に精通せるは。中々のシタタカ者なりけらし。去れど穆天子傳中には。往々にして次第の前後せるものあり。冠履の顚倒せる所あり。此等は弘法も筆のあやまり。荀勗も校綴の疎漏あり。必しも其過ちを責むるに足らざると倶に。亦必しも其非を飾るにも及ばじ。況んや何時までも古人の疎漏を墨守して。上手の掌から洩る水に。可惜ら新衣の袖を腐らすべきに非ず。故に余は此書の疎漏誤謬については。忌憚なく改訂の筆を加へんとす。斯くせざれば永久に研究の間題を提起する能はざればなり。去るにても科斗の文字を今文に譯し呉れたる荀勗其人の勞力は。應神朝の王仁其人が外國文字に我が國訓を施したる勞力と倶に。永く感謝の意を表せざるべからず。彼と言ひ此と言ひ。同じ時代に同じ傾向を有せしめたるは氣運といふより外はあるまじ。彼の墓泥棒の如きは。全く此氣運に囚はれて無意識にハネまはりたる傀儡の如きものならむか。

▲支那の感化

——天の指命——源氏物語と韓詩外傳——換骨脫體——西王母は仙女に非ず——神佛に非れば玩物——枯楊花さく——一個の假定說

同じく氣運といふ。去れど氣運にも天の指命に成るものと。人の促進に依るものとあり。論語千字文が海を渡りて。我邦に輸入される迄に立ち至り。

穆天子傳が地を脱して。此世に出現するやうになつて來たのは。寧ろ天の指命とも言はゞ謂つべし。若し夫れ源氏物語枕草紙さては下りて徒然草の類が。我國人の手に成りしが如きは。多くは人の促進せる氣運に吸ひ込まれたるなり。源氏の韓詩外傳に於ける。枕草紙の李義山雜纂に於ける。偖ては徒然草の莊子に於ける。孰れか支那の感化を被むらざらむ。唯だ獨り我國小說の鼻祖と仰がれ來つる竹取物語のみが。竹の中に人の子のありし一節の佛典中に存在せるものと似よりたるを以て。其着想を佛敎より得たるならむと解するものはあれど。其實一篇の骨子仙女を主人公として天子を引きあひに出せる處は。我が此の穆天子傳の天子を主人公として。仙女を引きあひに出だせる結構を。換骨脱體的に逆取順守せるものたるは爭ふべからず。而して穆天子傳は從來の學者よりは小說として見られたる也。去れば竹取物語の著者も亦之を以て小說と心得たるらむ。斯くて支那に於いて小說の鼻祖と呼はれたる穆天子傳を飜案せるものが。即ち我國に於て竹取物語てふ小說の鼻祖とはなりつるなり。去れど穆天子傳は小說にあらず。其小說と見られたるは。西王母を以て仙女と誤解せるに基づく。人間にして仙女と邂逅す。事實としては信じ難し。之を小說と思ふは無理からぬことなり。併し西王母は國名若くは種族名として見るべきものにして。決して仙女にあらずといふことが分れは。穆天子傳を小說と誤解せる一部の惑ひは解かれぬべし。然らば穆天子傳は何種に屬すべきやと問はゞ。开は余が劈頭既に喝破し置ける如く。傳と言はんよりは寧ろ記と言ふべき者なり。其穆天子傳と名づけしは。晉の武帝の時汲冢より掘り出せるまゝ。無名の簡札にては取り扱かひに不便なるより。秘書荀勗の徒が假りに命名せるものなるべし。若し之を傳と言はゞ。穆王在位五十五年、其西王母を訪へるは十七年のことなれば。一生の事蹟を三分の一にて打ち止めんやう無し。穆天子傳には西王母を訪へる條の後に。美人盛姬死事の卷を添へたれど。這は寧ろ年代よりいふも。卷初にあるべきものにして。卷末に附すべきものに非ず。是れ余が編纂の順序に就ては。猶大に考ふべきものありと提言せる所以なり。夫れ斯くの如く既に傳として見るべからずと言はゞ。之を記と名くるに躊躇するを要せず。記としては日記と名けても差支なきものなり。我國の文學上鎌倉時代の更科日記や。若は室町時代の蔭涼軒日記が猶研史の參考として。珍重がらるゝに比すれば。這は此れ神代以前の頃の日記として。最も矚目に値ひせざるべからず。然り殆んど千金を以て其斷間零墨を爭ひ求めても然るべきものなり。其然るにも係らず。學者社會の餘りに之を顧みず。否寧ろ其名を記憶するものすら乏しくなりもてゆけるは。此書傳來の當初。小說として受け取られたるが不幸の原因なりけり。而かも學者にも亦罪なしとせず。由來支那流の學者は。書籍を以て神佛視せざれば。之を玩物視するの弊あり。神佛と玩物と。極端と極端は一致するとか孰れにしても之を活物として活用するの途を講せざるは一なり。穆天子傳も此意味に於て。久しく高閣に束ねられたるものゝ一たり。是れも氣運の向かざりしと言へば言ふべきものならむ。今や世界を通じて。東洋研究の熱度いよ〳〵加はるに隨ひ。穆天子傳も亦枯楊華さくの日に逢はんとするは。此書の爲にも東西文明の比較研究上にも。慶すべきことならずや。而して此の尊ぶべき二千九百年前の日記を。二千九百年前に在りて。自ら筆せるの記者は何者なるべきぞ。此れ先づ讀者の胸を衝いて第一に起るべき趣味ある疑問なり。然れども竹取物語の著者の不明なるが如く。此書の記者も亦不明なり。不明なりとて棄て置かば。いつまでも不明なるを免れずとて。試みに原案を提出されたるは竹取物語の方にては。源順其人ならんといふことなり。而して未だ有力なる反對論も。又修正説も現はれ居らざるもの丶如し。然れども標的は既に立てられたり。これより攻撃の箭を放つも。贊成の馬を進むるも幵は學界の荒武者の思ふまゝに振舞ふを可とすべし。穆天子傳の方には未だ此の標的有らず。去れば攻擊も贊成も何を目的にせんやうも無し。斯くていつまで在るべくも在らねば。余は先づ穆天子傳を筆にせる此の二千九百年前の記者に就いて。一個の假定説を提出せん。

▲隨行の記者

――帝曰穆滿――拾遺記――祕書中の首座――支那王朝存亡の因――武人四十五人の長左史戎夫

穆天子傳の筆者が誰であるといふとは。曾て説を立たる者あるを聞かず。

去れど書中の記事が正確にして。一々根據あるに徵し。且つ往々穆王の片言隻句をも注意して書き留めたる跡より察するに。必ずや當時穆王の左右に侍して。親しく此壯遊に加はりたるものならでは と思はるゝ所多し。然れども。卷一に帝曰穆滿の四字あるより見るに。穆滿の穆は謚なり。生前此字を用ゆべくもあらず。依りて憶ふに。這は荀勖が科斗文字を今文に飜譯するに臨み。それに似よりし難解の字を穆の字とのみ即了してアテガヒたるものか。左らずば穆王崩御の後。其壯遊に加はりしものか。當時の日記を淨書追錄したる時。王の名の滿の字の上に。謚名の穆字を一字加へたると見る外無し。而して壯遊の當時。王は文士を伴なひたりや否やといふに。這は各種の方面より觀察して。穆王に此用意ありしとは別段深き疑を挿むを要せず。汲冢が盜賊によりて發掘されて。穆天子傳が武帝の宮府に藏められたる同じ西晉の末造にあたり。隴西の安陽に王嘉字子年といふ者あり。渠が撰する處の拾遺記十九卷二百廿篇。多くは殘本缺書にして。書中の記事も大抵神仙怪異の事のみなれば。從來支那流の學者間にては。之を玩物視するのみなりしが。余や思ふ所あり。試みに把りて之を捻するに。其言の皇張誇大は之を支那人一般の通癖として暫らく寛恕し。單に記事の骨子のみを拾へば。マンザラ棄てたものならざるのみか。更に大に取るべきもの有り。同書卷の三に周穆王天下を巡行する一節中左の如き記事あり。

穆王即位卅二年。天下ヲ巡行ス。黄金碧玉之車ヲ馭シ。氣ニ傍ヒ風ニ乘ジ。朝陽之岳ヨリ起リ。明ヨリ晦ニ及ビ。禹縣之表ヲ窮ム。書史十人有リテ其行ク所ノ地ヲ記ス。又副フニ搖華之輪十乘ヲ以テシ。王ノ後ニ隨ヒ以テ其書ヲ載スル也。

思ふに此拾遺記の著者王子年は。河内の地汲郡に於て。夙に穆天子傳及び竹書紀年の如き天下の奇書の發掘されたるを知らず。己れは己れの地方に存せる古老の口碑傳説を蒐集せるならむ。去れば穆王即位十七年の出來事を。三十二年に誤まる如きは杜撰の誹り免れ難しとするも。朝陽之岳とは。西域カラサルのナラット山即ち穆天子傳の陽紆山を指し。禹縣《ウスエン》之表とは烏孫《ウスム》即ち穆天子傳の西王母を指すなり。氣に傍ひ風に乘じとは沙漠旅行の秘訣にして。

明より晦に及ぶは沙漠旅行の實狀なり。斯くの如く西域の風土地理に符合するは。王子年の故郷隴西の地たるや。西域出入の要衝にあたれば。座して以て珍事奇聞を集め得べきことは。猶源隆國が宇治の茶帝に行人を要して。宇治拾遺物語を編纂せる如くならむ。宇治拾遺物語にして正史の缺を補ふべくんば。王子年の拾遺記も亦研究の資料たるべき資格あり。此拾遺記には穆王が書史を從へたりとあること以上の如し。余は此に於て。穆王が壯遊に書史を伴なひたるは。必有の事なりと斷言するを憚からず。而して書史の中にても。他の山川風土物產人情を寫すとは異りて。天子日常の一擧手一投足を記すは。必ずや秘書中の首座たるものならざるべからず。然るに竹書紀年を案ずるに。穆王の二十四年の條下に。左史戎夫ニ命ジテ記ヲ作ラシムとあり。記とは何ぞや之を同じ汲冢より發掘されたる逸周書に照らし見るに。其史記解第六十一に。維レ正月王成周ニ在リ、昧爽三公左史戎夫ヲ召シテ曰ク今夕朕寤ス遂事予ヲ驚カセバ也、乃チ遂事之要戒ヲ取リテ戎夫ヲシテ之ヲ言ハシメ朔望以テ聞スとあり。戎夫の作る所ろの記とは。此の要戒の言なるべきか。蓋し穆王夢に歷代の治亂興廢を鑑み。瞿然として驚く所あり。寤めて既往の事蹟にあらはれたる支那王朝の存亡の因を說き。之を秘書に筆記せしめたるのみならず。月の朔日十五日には。王前に在りて之を讀み上げ。以て王自らを戒めよと賴まれたる。此信任厚き書史は其名を戎夫と呼ばれたり。是れぞ秘書中の首座なるべき。而かも周書にも紀年にも單に左史戎夫とあるのみにて首座か否かは分明ならず。玉藻には。動ハ則チ左史之ヲ書シ、言ハ則チ右史之ヲ書スとあれど。穆王の左史は言動倶に書したる傾きあり。或は穆王時代までは左史ありて右史を置かず。猶唐書干志寧傳に所謂。左ニ記言ノ史有リ右ニ記事ノ官有リといふ如きものなりしが。前に昭王の條中。辛餘靡王の右たりとある。此右は周書武順解第三十二に據れば。一卒前ニ居ルヲ開ト曰ヒ、一卒後ニ居ルヲ敦ト曰ヒ左右一卒ヲ閭ト曰ヒ四卒衞ヲ成スヲ伯ト曰ヒ三伯一長ヲ佐ト曰ヒ三佐一長ヲ右ト曰フとあれば。親衞の武人四十五人の長を右といふワケ也。此はいふ迄も無く武官なり。此武官の右に對して史官を左と呼びたるものとせば。周には左史ありて右史なかるべき筈なり。而して其左史が言動俱に筆記するものなりとせば。戎夫は穆王の要戒を筆せるのみならず。又壯遊の日記をも書くべきは當然の職務なりとす。故に穆天子傳の一書が果して穆王の左右の手に成りし者とせば。之を筆する者は左史戎夫の外にあるべからず。然り之を戎夫の事といふは可也。未だ知らず何を以て此書は周朝の物にして周以下の物に非ずといひ得べきぞ。此に於てか余は先づ科斗の文字より說明せざるべからず。

▲文字の淵源

—名馬池月—タングト人種—二十六字か二十八字か—西洋の蒼頡論—テングは即テングト人種

蝌蚪文字の研究に入るに付ては。暫らく文字の淵源に遡らざるべからず。支那で文字の始りは蒼頡なりとは誰も知る所なれど。或は之を以て黃帝の臣とし。或は之を以て伏義の臣とし。或は又伏義神農以前の史皇氏の名なりとするものあり。其口碑傳說の區々たる爲に。假設の人にあらざるなきかを疑ふものあり。這は蒼頡を以て一人の固有名詞なりと心得たるからなり。我國にても名馬池月に七頭あり。各其父母と出生地とを異にせる爲。終に孰れが眞なりやと疑ふものあれど。池月が騸馬の通稱たるを知らば。七頭ともに皆眞なるを悟るべし。支那にても西王母の如き。之を一人の名稱と誤解せる爲に。種々の附會說を生み出したり。蒼頡も亦然り。此は一人の名稱に非ずして實は種族の名稱なり。支那の甘肅より西藏にかけてタングット人種といふものあり。文字といふ文字の歷史には大概此人種の預からざることなし。タングットを今は唐古特《タングト》と書けど。古は丹穴《タンケツ》とも書きたることあり。土爾扈特《トルホト》族の用ゆる畏兀兒《ウイコル》文字の如きも。今猶タククタ文字と唱へ居れり。此はタンクタの訛りたるなり。タククタは漢字にては托忒と書く。孰れも借音と知るべし。今蒼頡の字音を檢するに。tsang chech なり。即ち知るタンクット人種の名と一致するを。去ば蒼頡てふものが。黃帝の時にもあらはれ。神農の時にもあらはれ。更に上りて史皇氏の名なりとするも。一向に差支へなきなり。而して蒼頡を以て種族の名とし。其文字を以てタククタ文字と同系のものとせば开は二十六字か若は二十八字に過ぎざるアルハベットならざるべからず。通志に云ふ蒼頡石室有二十八字。在蒼頡北海墓中。土人呼爲《シテ》藏書室《ト》周時無人識。秦李斯始識八字。曰上天作命。皇辟迭王。漢叔孫通識十二字。と秦李斯以下の數句は取るに足らざるも。其字數の二十八字は確にタクタ文字と符合せり。元來今日の漢字と雖も此二十八字を結合して會意象形等種々多岐多様の音訓意義を生じたるに外ならず。故に書籍の義に用ゆる本の字は古文𡗜と書す。本は十と十と八とを結び。而して∞は音標文字の基礎たる∴即ちI字を示したる也。サンスクリットの一體にては∴を今もイと讀せたり。而して之を縱横の線に改めたるが羅馬字のIなり。日本にてはIをイとせり。而して本の訓モトはサンスクリットのम《マ》त《タ》即ち字母の義の借音たるより見れば。之を太古に遡るに東西文明の決して相去ること遠からざるを知るべし。此に於てか羅馬字も亦タンクタ文字と全くの他人に非ることを了し得べし。去れば西洋にて蒼頡はChaldeaのDungなりと論定するものあるも。更に否定するを要せず。何となれば蒼頡既に一人の名稱にあらずして種族の名稱たる以上は。其種族の或者が去りてCaaldeaの地にあらはれ。東方に於てあらはしたる技倆を。更に西方に揮ひたりとて。何等の不思議といふべきことに非ればなり。斯くてtsngohichが訛りてCungと移りたりとて音韻變化律に於て毫も疑ふべき處なし。而かも此の蒼頡即ちタングット人種は。印度及びバビロンの開化と關係あるAkkadia人種と何等の交渉ありやといふに。余はタングットとAkkadiaとを以て實に同一人種となすものなり。タングットは漢字にて丹穴《タンケツ》と書きしことある如く。最古代の同人種が其の居る處は穴居にして。而かも朱彩の粧飾を好む爲めに壁上往々丹書あり。是れ漢字の借音と倶に會意的なる丹穴の二字を用ゐたる所以なり。而して渠等自らは又Akkadiaと名乘りしことあらむ。Akは日本語のAka即丹と同一にして。kadiaは日本語のkadula即ち穴と同じ。斯く言へばAkkadlaと日本人と何等の關係ありやと言ふものあらむ。安んぞ知らん。世界文明の大本家筋と認定されたる此のAkkadia人種てふものは。歐羅巴人に遠くして寧ろ日本人と同族同脈たらむとは。彼此言語の同一なる固より怪むを須ひざるなり。但だ此名稱たるや。日本に來りてはAkkadulaのduは促音として單にアカクツラと稱へられたり。地名赤倉と呼もの是也。而して此地名を有する青森越後の兩地方とも。孰もテングの傳說を有す。殊に越後のアカクラの如きは現に猶巨人の現はるゝあり。曾て傖夫を携へて山中に伴なひ。一種奇體の文字を敎へたることあり。文字は西藏文字に髣髴たりといふこと。我友武田保寧の實見に係はる。テングは即ちタングット人種なること余が曾て本紙上に發表したるが如し。即ち伊豆の伊東の天狗の詫證文も亦是れアカチア人種即ちアカクラ族の手跡たるなり。アカクラ即ちアカチアにしてアカチア即ちタングットなり。タングットは又蒼頡と書くも同じといへば。蒼頡てふものは日本人種と同族たりしものなり。而して此人種が大陸に在りたる時。其第一に創作せる文字は言ふまでもなく楔字なり。書契の契に當るものなり。契字は丰に於て害の義を含ませ。大に於て机をあらはし。刀に於て其文具を明らかにせり。即ち刀にて机面を害し。以て文字を刻みつけたるが初めなり。此文字をウスクといふ。蒙古語にても然り。我國の地名に足利あり。學校の地なりしが。此はウスククルの轉。即ち文字の庫の義より來りしものにして。小野篁以前より此地名ありしとせば。此地は太古より文字に縁故ありし地なりしを。篁に及びて再興せしものかと思はるゝなり。ウスククルは更にアスカクラとなり。轉じてアスクラとなれば。之に校舎の漢字を擬してアゼクラと讀ましむるは誰人も夙に承知のことなり。たゞ其アゼクラの建築式が。タクタ文字の本場なる伊犁の固有建造物と一致することは。多くの人の氣附かざる所なるべし。我國にてアスカヤマの歌を文字の習ひそめに書かせしも縁故なしとは言ひ難し。此文字は如何にも文字の濫觴にして其刀もて刻みたる跡の鳥の足跡に似たれば之を鳥跡と名づけたるは一面文字を會意的に用ゐたれども。一面には猶テウスク即ちウスク文字てふ音をも響かせたるなり此文字に用ゆる刀をサスカといふも。アスカに冠詞のシ音を加へたるに外ならず而してアスカとは石神なり。蒼頡既に石室に二十八字を留めたりといへば。我國にも此石神を祭る所なかるべからず。敢て問ふ今此楔字を認むべきもの我國に在りや無しや。

▲蝌斗文字の由來

―榎本武揚氏發見の楔字―比較研究の必要―サンスクリット、日本語と一致す古事記の一瞥―矢形文字と楔形文字―木筆時代、金筆時代、竹簡時代―蝌斗文字の由來、及び科斗に似る所以

我國にては北海道のテミヤに石壁文字あり。榎本武揚氏の發見に係るとか。現に藏して帝國大學に其寫眞あり。余も小樽史を繙いて之を檢するに正しく楔字なり。依て思ふに。テミヤはトリミヤの轉なるべし。トリミヤとは石表といふ義なり。世界に此地名少からず。其地多く石壁文字あること。猶アスカの地名に石神を奉ずるが如し。テミヤの文字は矢張り蒼頡《ツアンクチ》人種の創造に係はるアルハベットなり。少しく比較研究せば。之を讀み得ること全く望みなきに非るべし。古へより大穴持、少名彥那の石窟をシヅの岩屋と號し。壁上往々にして文字樣のものを認むること本土にても珍しからず。シヅは倭文と書きたり。而も學者多くは世界の他方に存在するものと。比較研究するを忘れ。單に倭文といへば。一概に排斥して僞作なりと爲し。之が闡明に力を致さん

とするものの寥々たり。豈悲しからずや。蓋し倭文をシツといふは。イシズリの訛りなりと云ふものあれど。實はサンスクリットの悉曇のシツの音より來りしものならむ。印度及びバビロンの文明に關係あるアカヂア人種が日本人種と同族たる以上。サンスクリットと我國語と一致するものあるも亦少しも怪訝すべきに非ず。而して此種の文字は結繩に代りて起りたる書契の契なり。故に木に並び契に並て楔となり。日本語之をクサビと訓す。サビとは箭のことなり。クは恐らく木ならむ。即ち木箭の義と知るべし。依て又矢形文字ともいふ。幵は其形Y字の頭狀に類すればなり。偖何故に其字形がY字の頭狀に類するかと言ふに。此は木箭の筈もて壁土に記するに。字頭に力を用ひて強く押せば。其筈開きて兩岐に分れ。後其力を緩にすれば。兩岐合して一線に歸するに由るなり。此木箭を名づけてサスカと呼びしより。轉じて總て兩岐を有せるものをサスといへり。古事記の毎レ門結二八佐受岐一毎二其佐受岐一置二酒船一とある佐受岐も兩岐を有せる木なり。鐵把《つくはう》長脚《さすまた》鑽のサスも兩岐を有せる義なり。木箭のサスカはやがて削刀の名と轉じて。後終に兩岐ならざる單刄のものに及べり。此は木簡より進みて削刀を用ゐるに至りしも。其名稱は舊來のまゝを襲用したるまでなり。契字の字義の適當にアテハマルべきは此金屬製の文具を發見したる以後なるべきは猶其文字の構造の示す所の如し。故に仔細に分ちて之を言へば。矢形文字は初期にして。楔形文字は次期なり。矢形と楔形と殆んど其識別に苦むと雖も。矢形文字は木簡の筈痕のまゝ自然にあらはれたる姿なれども。楔形文字は木簡の筈痕を學ひて。故らに其體型を用ゐたるなり。我國語の木簡の訓を以て。直ちに楔字に施したるは。此點よりいへば混同の嫌ひなき能はず。而かも今日之を彼是いふべくもあらず。唯だ文字の初めは木筆を用ゐたること明らかなれば足れり。而して木筆の時代は多く土窟住居なり。之が轉じて石窟住居にうつるに及びては木筆を以て壁上に文字を刻すべくもあらざれば。金筆の用は此に於て起り來るべし。故に概して土窟の文字は矢形文字といふべく。石窟の文字は楔形文字と見るを得べし。凡て文字は其用筆の種類に因りて。其字體を異にし。其用筆の種類は。又其住居の模樣に因ること多し。土窟より石窟に轉じ。石窟より稍竹木を應用することを知るに及び。竹簡に文字を刻して之に朱を流し。漸く我と人との間に往復贈答の助となるに及び更に進て書籍の發端となるに至れり。丹青とは即ち是也。青は竹簡なり。丹は朱字なり。而して竹簡に刀を揮ふは易きに似て甚だ難く。數々利刄の滑して手を傷づくるに及び。削刀に代ゆるに漆を以てすることを案出せり。是れ蝌斗文字の依りて起る所以也。蝌斗は讀んで Kahato の音あり。日本語の Kahatu 即ちカハヅと同義同音なり。爾雅釋魚註踈に科斗は活東。蝦蟇子。一名科斗。一名活東。頭圓大而尾細。古文似之。故孔安國皆云科斗文字是也。とあり。俗にいふお玉ジャクシのことなり。而して文字が此お玉ジャクシの蛙の子に似る所以は。矢張り其文具によるなり。以下少しく其理由を述べん。

▲蝌斗文字の研究

―尻スボりは當然のみ―漆とは紅汁の義なり―英語のレッターも赤字の意ならん―朝鮮語のリートーもレッターの轉なり―穆天子傳が周宣王以上のものたる所以―穆天子傳の主人公は如何なる人ぞ―參照―世界文字一元論の片鱗

——本邦片假名のカタは片の意にあらず

蝌斗文字に就て。吾丘衍は實に左の如く言へり。科斗爲字之祖。象《ル》蝦蟇子形也。今人不知。巧《ニ》畫《クハ》形狀。失本意矣。上古無筆墨以竹梃點漆書竹上。竹硬漆膩。畫不能行。故頭麤尾細。似其形耳。と漆を以て竹に書す。ネバリ強き爲に。天窓大にして尻スボリの形となるのみ。初めより蛙の子に象りたるにはあらず。吾丘衍の言。自家撞着の節あれども説明は結末の句にて其意を盡くせり。而して此の蝌斗も最初は赤漆を用ゐたるならむ。古今註に形管者赤漆耳。史官載事。故《コトサラニ》以《スルハ》形管。用赤心記事也とあるは即ち是也。併し史官の形管を用ゐるは赤心を用ゐて事を記するといはんより。寧ろ古式に則りたりと見るべし。古式の依りて起る所は。人智未開の時代に在りては。小兒と一般に。赤色を以て色彩の上乘となせば也。漆の訓ウルシといふ。ウルはウーランの語。紅の義にして。シはシルの略なり。故にウルシとは紅汁の義なるにも係らず。字書にも黒色曰漆とあるは。字書の註古代を忘れて後代に據れるなり。竹書紀年の各註を見るに。三皇五帝時代の書は。丹書又は赤字といへり。

英語のレットは赤にして。レッターは文字たること。豈亦赤字の故事に因るに非らんや。朝鮮にても文字の一種をリートーといふ。今吏道《リータイ》と書くも。恐らくレッターの轉なり。而してレッターは赤の義レットより胚胎せしものと見るも。強ち附會の言にはあらじ。我國の古墳にても壁上の書畫は。多くは朱彩なり。されば蝌斗文字も楔形文字を去ること遠からざる時代に在りては。必ずや赤漆を彤管に含ませて以て丹書を記したるならむ。今我穆天子傳も蝌斗文字なりとすれば。其原書の漆色が丹か黒かに依りて其著の時代を推知すべきも。此點に付ては諸書何の記載する處なければ。未だ俄かに新舊を論ずべからざるも字體其物が蝌斗たるに於て。確かに周宣王以上のものたるを斷言するに憚からず。周宣王時史籀變二科斗文一以爲二大篆一。謂二之籀書一とは。諸書に散見する處皆一致す。大篆は秦に至り李斯によりて小篆に改造され。小篆は隷人佐書によりて隷字を開き。隷字は程邈によりて眞書となりたるも。革命の端は宣王の時に在り。故に宣王以降の著なれば。籀書其他の字體ならざるべからず。是れ我が確かに穆天子傳が周宣王以上のものたるを斷言する所以なり。人或ひは穆天子傳と同棺底より得たる竹書紀年の一書が。筆を宣王より七代後の襄王に擱くにあたりても。猶蝌斗を用ゐたるに依りて。蝌斗と蝌斗ならざるとは。未だ宣王以前以後を分つに足らずといふものあらむ。然れども竹書紀年は。遞次追記せるものにして。一代一人の手に成りしものにあらず。故に襄王の時たとへ籀文を用ゐたりとするも。科斗に續ぐに。直ちに籀文を以てせんことは。竹尾に木頭を接するの嫌あり。史は古式に則るを本義とする保守主義の支那に在りては。猶先代の字體を用ゐて其書の體裁を整へんとすること。當然のことなるべし。若又假りに百歩を讓りて。籀文の宣王によりて創造されたることを眞ならずとするも。穆天子傳が周代の書たるに於いては。寸分も其價値を減ぜらるべきものに非ず。既に周代の書たる以上。諸種の方面より觀察して。之を穆王の左右に成れりと見るの理由は既に述べたる所の如く。之を穆王の左右に成れりとせば。其筆者の左史戎夫なるべきことも亦曾て論及し置けるが如し。既に戎夫が穆王の生前に於て之を書し。其死後更に淨錄して之を周室に傳へ。以て同じ周室の流れを汲める魏襄王に至りしものとせば。其書の正確なること云までもなきことなり。宜なり往々にして世上に傳はらざる支那古代史の裏面を摘出して。以て舊來の陋見を打破するに足るものの多きや。余は今進みて其書の内容を評釋せんとするに先だち。豫め此書に含まれたる主題を論定し置かざるべからず。主題とは何ぞや。曰く周穆王は賢主なること。西王母は仙人に非ること。崑崙山の名稱は。蒙古語と爾雅と一致すること等なり。其他多種多様の問題は觸るゝに從つて。之を解剖せんと欲す。いでや先づ穆天子傳の主人公たる穆王其人の面影より伺はんか。

▲參照

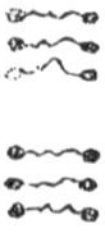 科斗文天地ノ二字和漢三才圖繪ニ載スル所二字殆ンド同書同形ナリ依テ思フニ天地ノ二字ハ其音根倶ニT。ニ在リT。ハ我ガ片假名ノタ。ノ字ト合ス但ダ逆寫セルノミ今コノ二字ヲ見ルタ。ヨリモテ。ニ近シテハタ。ノ變形ナリ之ヲ受クル音ン。ナレバテ。ン。トナリイ。ナレバテ。イ。トナル天地ノ二音ノ別ル、所以ナリ而シテン。トイ。トハ亦是レ順字ト逆字ノ別ノミ其發音モ韻字九青ノ漢音悉ク

ソ゜ノ音アリテ唐音悉クイ゜ト變ズルガ如ク殆ンド相通ノ義アリ其識別ニ便スル爲ニハ點畫ニ離合ノ異ヲ立テシナランソ゜ハ合ニシテイ゜ハ離ナリ故ニ若シ同ジク三點ヲ以テン゜トイ゜トヲ書センニハソ゜字ハ主體ニ粘着シイ゜字ハ主體ニ隔處セザルベカラズ即チ〓ヲ以テテトセバ天字ハ之ニ粘着シテ三點ヲ加ヘ〓トナリ地ハ之レニ隔處シテ三點ヲ加ヘテ〓トナルヲ正トスベシ〓ハ八卦ノ☷トナリ〓ハ八卦ノ☰トナル科斗ハ文字ノ母ナリト謂フ所以ナリ去バ我國ノ片假名ノ如キモ正字ノ一片ヲ取リシヨリ片假名ト名ヅケタリトイフ舊說ヲ取ラズ余ハ形音義ノ三ヨリ推テ片假名ノカタハ科斗ノカトヨリ來ルト爲スモノナリ回回ニテモ音字ヲ指シテカタト云フ場合アリ。此音字ハ流動體ナリ。流動體ノ變ジテ固形體トナレルモノ漢字即チ是ナリ。故ニ人若シ此流動體ナル片假名ヲ以テ試ニ漢字ノ音ト形トヲアラハスベキ固形體ヲ造リ出セト言ハヾ余ハテムノ一字ニテ天字ヲ擬シタヤイノ三字ニテ地ノ字ヲ摸スルヲ難シシ推ヲ理其、リナ歩初其ハ此**天然**テ隨クベス得會ニ易容ヲトトト義ト音ト形ノ字漢バラ涉ニキ遠テトセザルナリ。今左ニ之レヲ示ス可シ。

天然 此ハ其初歩ナリ、其理ヲ推シテ遠キニ渉ラバ漢字ノ形ト音ト義トヲ容易ニ會得スベク隨テ**從來ノ僻論ヲ一變**スルニ至ラン

▲穆天子傳の主人公

凡そ支那五千年來の帝王中。其遠遊を以て鳴る者。黄帝八翼の龍に乘じて宇内を雄飛せるを措いては。周の穆王の八駿馬に乘じて。天下を周行せるに如くものなし。而して黄帝のことや茫たり邈たり。風を捉らへ雲を摑むが如く。後儒の容易く辭を措く能はざるに反して。穆王にいたりては史籍文獻の猶徵すべきものあり。此に於いてか其事を潤飾皇張して。支那人特有の誇大心を滿足せしめんと試みしもの。歷朝世として有らざるはなし。絢爛花の如く幽玄泉の如き支那歷代の文學作物中より。試みに穆王の事蹟を奪ひ去らば。其寂寞を來たすこと其れ幾何ぞや。東晉の郭璞山海經に叙して曰く。汲郡竹書及ビ穆天子傳ヲ案ズルニ。穆王西征シテ西王母ニ見エ。璧帛之好ヲ執リ。

錦組之屬ヲ獻ズ。穆王、王母ヲ瑤池ノ上ニ享シ。詩ヲ賦シテ往來ス。辭義觀ル可シ。遂ニ崑崙之丘ヲ襲ヒ。軒轅之宮ニ遊ビ。鍾山之嶺ヲ眺メ。帝者ノ寶ヲ玩ビ。石ヲ王母之山ニ勒シ。跡ヲ玄圃ノ上ニ紀シ。乃チ其嘉木艶草奇鳥怪獸玉石珍瑰ノ器ヤ。金膏燭銀ノ寶ヲ取リ。歸リテ而シテ之レヲ中國ニ殖養ス。穆王八駿ノ乘ニ駕シ。右ニ盜驪ヲ服シ。左ニ騄耳ヲ驂シ。造父ヲ御ト爲シ。犇戎ヲ右ト爲シ。萬里長鶩シテ以テ四荒ヲ周歷ス。名山大川登躋セザル靡ク。東ハ大人ノ堂ニ升リ。西ハ王母ノ廬ニ燕シ。南ハ黿鼉ノ梁ヲ轢キ。北ハ積羽ノ衢ヲ躡ミ。歡ヲ極メ娯ヲ極メ。然ル後旋歸ス。史記ヲ案ズルニ說ケラク。穆王盜驪騄耳驊騮之驥ヲ得テ。造父ヲシテ之レヲ御セシメ。西ニ巡狩シテ西王母ニ見エ。樂ンデ歸ルヲ忘ル。ト亦竹書ニ同ジ。左傳ニ曰ク穆王其心ヲ肆ニシ。天下ヲシテ皆車轍馬跡有シメントスト。竹書ノ載スル所則チ是其事也云々。

此等は猶文飾の少き方なり。神怪僻なる拾遺記の著者王子年は錄して曰く。楚令尹子革言ル有リ曰ク昔穆王心ヲ周行ニ肆ニシ。天下ヲシテ皆車轍馬跡有シメントスト。考フルニ竹書蠹簡ヲ以テシ。諸ヲ石室ニ求メテ金繩ヲ絕ズ。

山經爾雅ヨリ大傳ニ及ブ。世歷ハ悠遠ナリト雖モ。而モ記說ハ同キニ叶フ。名山大川登躋ノ極ヲ肆ニシ。殊鄉異俗膜拜稽顙セザル莫シ。東ハ巨人ノ臺ニ升リ。西ハ王母ノ堂ニ宴シ。南ハ黿鼉ノ梁ヲ渡リ。北ハ積羽ノ地ヲ經タリ。瑤池ニ觴キシテ而テ詩ヲ賦シ。井伯ト期シテ而テ博ヲ遊ブ。石ヲ軒轅ノ丘ニ勒シ。跡ヲ玄圃ノ上ニ紀ス。開闢ヨリ以來載籍ノ記スル所。未ダ斯クノ若ク神異ナル者有ラザル也と。結末の一句。サスガの王子年も筆を投じて三歎せしの狀。視るが如きにあらずや。屈平の文章。李白の詩賦。若し材を穆王に取り。眥を王母に藉るものを探らば。寧ろ其多に耐へざらむ。而して渠等支那學者が穆王の此の探檢的大壯遊を目するには。贊否兩說あるが如し。讃稱の言は多く既述の範圍を脫せず。其反對の意を寓するものも。要するに左の意に過ぎず。曰く子穆王滿立ツ。造父テフ者有リ。善ク御スルヲ以テ王ニ幸セラル。八駿馬ヲ得テ天下ヲ遊行ス。將サニ皆車轍馬跡アラシメントス。王西巡ス。世ニ傳フ王此時ヲ以ツテ。西王母ニ瑤池ノ上ニ觴キシ。樂ンデ歸ヲ忘ルト。徐ノ偃王亂ヲ作ス。造父王ニ御シテ。長驅シテ歸リテ亂ヲ救ヒ。楚ニ告ゲテ徐ヲ伐ツ。徐敗ス。王將サニ犬戎ヲ征セントス。祭公謀父諫メテ曰ク。先王德ヲ輝シテ兵ヲ觀サズ。王聽カズシテ之レヲ征シ。四白狼四白鹿ヲ得テ以テ歸ル。是ヨリ荒服至ラズ。諸侯睦シカラズト云々。其言宛然たる道學先生の說。馬琴が勸善懲惡的小說の筋書きに似たり。今之を竹書紀年に照合するに徐の偃王の記事の見えたるは。穆王の六年徐子誕來朝ス。命ヲ錫フテ伯ト爲スとあるが始まりなり。而も偃王とは言はず徐戎洛ヲ侵スと書かれしは。其より七年後の十三年のことにして。王楚師ヲ帥キテ徐戎ヲ伐チ。之ニ克ツトハ。其翌年の十四年のことなり。而して犬戎の征伐は。前々年の十二年のことにして。冬十月には落着をつけたる形あり。翌十三年西征して陽紆に次すと見えたる條には。平和論者と傳へられたる祭公が師を帥て王に從ふたり。其年秋七月西戎の來賓せるも。祭公が王に從て觀兵式を行ふたる。其武威の徹底せるならむ。之を以て見れば祭公謀父諫めて曰く。先王德を耀かして兵を觀さずとは史氏の附けたりに過ぎざるべし。況んや。穆王が西王母に見えしは徐戎征伐より四年を經過せる十七年中の出來事なれば。世に傳はれる記事とは全く符合せず。支那の歴史といふものも。萬事を道學的に割り出せる爲。存外虛飾に流れたること多きが如し。今一般支那の史家が信用せる前段の記事の出所に似て。而かもそれより甚しき誤謬を傳へたるものを指摘し。以て積弊の由りて來る所。道學の毒は阿片の毒よりも。痼疾となれるを明らかにすべし。

▲穆天子傳

——穆天子傳と孔子家語——光秀の女房役——左傳——史實とは方角違ひ——曾呂利新左衛門と太閤の微行——支那芝居のドン〳〵ガン〳〵——中止談は出鱈目——壯遊と天下の經營

道學的見地より解釋を下して。左ばかり有名なる穆王の壯遊を抹殺せんと試みしものあり。幵は論語以外に孔子の言行を集錄せりといふ家語の一書是なり。家語に曰く。楚靈王汰侈ナリ。右尹子革侍座ス。左史倚擔趨リテ。而シテ過グ。王曰ク是レ良史也。子善ク之ヲ見ヨ。是レ能ク三墳五典八索九丘ヲ讀メリト。對ヘテ曰ク夫レ良史ハ。君ノ過ヲ記シテ。君ノ善ヲ揚グ。而シテ此子ハ辭ヲ潤ルヲ以テ官ト爲レリ。良史トハ爲スベカラズ。又嘗テ問ヘルハ。昔周穆王其心ヲ肆ニシ。將ニ天下ヲ過行シテ。皆車轍馬跡有ラシメントス。祭公謀父祈昭ヲ作リ。以テ王ノ心ヲ止ム王是ヲ以テ文宮ニ歿スルヲ獲タリ。臣其詩ヲ聞キタルニ。而カモ知ラザリキ。若シ焉レヨリ遠キモノヲ問ハバ。其レ焉ンゾ能ク知ランヤ。王曰ク子ハ能クスル乎。對ヘテ曰ク能クス。其詩ニ曰ク。祈昭之愔愔乎。式昭德音。思我王恩。式如玉。式如金。刑民之力。而無有醉飽之心ト靈王揖シテ入リ。饋ヲモ食ハズ。寢レドモ寐ネズ。數日則チ其情ニ勝フル能ハザルニ因リテ以テ其難ニ及ブ。と此書によりて之を見ば穆王の壯遊は。祭公謀父が祈昭の詩を作て。諷諫せし爲に。中止されたるやうに聞ゆ。他の書に犬戎征伐に異議を唱しと言はれしも此男にして。實は西征して陽紆に次する時。師を帥ゐて王に從ひしと記年にあるも此男なり。此男は左までベソをかく弱蟲にあらざること。穆王の親父の昭王が。自ら大纛を進めて楚を伐ちたる時も。辛伯餘靡と俱に王に從ひ。王と俱に漢水に墮ちこむ迄奮進せる程の氣魄者たるにても知るべく。开を何としてか。無性に僞善家たらしめんと試みし跡あり。芝居としてはコレ見玉へといふ光秀の女房役も必要なるべけれど。へ事實を扮飾して黑白を顚倒せんは餘りに見よきものに非ず。家語の一書は家語其者の後序にも。文ヲ屬シ辭ヲ下ス。往往頗ル浮說ノ煩ニシテ要ナラザル者有リといひ。孔子家語八間ニ散在シテ好事亦各意ヲ以テ其言ヲ增損スと斷りたれば。其書の價値の上より見るも深く信用するに足らずと雖も。見棄て難きは孔子の推尊せりといふ左丘明の著に成る左傳の一書にも同じ文句のあることなり。併し猶善く思を潛め心を沈めて之を玩味すれば。令尹子革の楚靈王を諷諫せしとあるは事實にして。其諷諫の道具に。祭公謀父が祈昭の詩をつくりて穆王の醉飽心を抑制したれば。穆王も其諫を容れて思ひ止まり。疊の上で死ぬることが出來たといふ話を作りなしたるものとより外には受取れず。無學なる靈王は子革が作り話の此アテコスリに耳を傾け。眞實穆王は祭公謀父の爲に思ひ止まりたりと信じ。己れも亦幾分か反省する處ありしが如し。此時の楚の靈王は。乾谿といふ處に次したる折りしも。一天雪ふり來りたれば。皮冠を戴き羽衣を被ぶり。豹舃を穿ち鞭を打ちふりて出て來り。令尹子革と對談して。ヤレ九鼎がほしいの。ヤレ田地がほしいの。ヤレ今少し威張りて見たいのと汰侈の限りを言ひ出したるを。子革よき程にあしらひ置き。一擧に其增長心を挫かんとせるか。此話の由りて起りし所以なるを思へば。實は史實とは方角違ひなれど。當意即妙に氣轉を利かしたること。猶我國にて曾呂利新左衞門が。太閤の徼行を抑へんとて。鬼を呑みたる御伽話を眞面目くさりて話し出したる如きものならむ。魏禧は根本的に子革が此諷刺談をなせしてふことすら疑ひを挿みて。此レ全ク乃斬ノ處ヲ見ズ何ヲ以テ食ハズ寢ネザル。吾每ニ子革淳于髡ガ諷諫ニ於テ重テ疑フ焉。豈亦史氏之附會カと迄皮肉を並べたれども。此は後世一般の耳の皷膜が痲痺せし時代に生れ。支那芝居のドンドンカン〳〵ならざれば承知が出來ぬやうになりし己れを標準として。古人の笙箏箎位で音樂の興味を感ぜしを疑ふと同じ疑ひなり。寧ろ魏世傚が。祈昭の詩未ダ聳畏ヲ見ズ。而カモ楚靈能ク餽リテ食ハズ。寢テ寐ネズ。是レ古ノ凶人ハ今ノ凶人ヨリモ賢ナルナリと評せし方。穩當の見といふ可し。然らば子革自ら諷諫の詩を作りて。直接靈王に獻ずるに如かずといふものあらん。此は堯舜といふ過去のミイラを黄金佛と尊崇して。火事場のマトイを背後に立てたる支那に在りては。何事も古人曰の三字にトドメをさすを知らぬ議論也。此點になれば孔子はサスがに讀めた男なり。左傳に載せたるは。孔子此話を聞いて曰く。古人志有り、己ニ克テ禮ニ復ス、仁也、信ニ善イ哉、楚靈王若シ能ク是クノ如クナラバ、豈其レ乾谿ニ辱メラレンヤとあり。唯是のみでは孔子の襟度を見て其識見を見ず。家語は猶左の二句あり曰く子革ノ左史ヲ非ルハ風スル所以也。詩ヲ稱シテ以テ諫ム。順ナル哉と。之にて子革が祭公謀父を道具に使ひしといふ意十分にあらはれたり。孔子の史眼はサスガに春秋を筆して百王を畏服せし丈けの透明を存せりといふべし。眼光も此位にまで紙背に徹すれば道學の毒にあてられずとすむべし。去れば結局は子革が靈王を諫めしは事實にして。其の諫めの口上に使ひし穆王が。壯遊の中止談は子革が出鱈目なりしといふことに落着すべし。今穆天子傳を見るに祭公が諫言せる跡の見えざるのみか穆王燕然の山に昇りし時には。祭公をして。河宗伯夭の禮物を受取らしめたる條あれば。祭公謀父は穆王に扈從して。遠征を俱にせるなり。昭王と俱に楚に出師したる渠としては。左もあるべきことなるのみならず。余は寧ろ穆王の壯遊は。祭公の獻策ならざる迄も其慫慂は大に與かりて力ありしものならむと思ふなり。开は穆王の壯遊其事が。周の天下を維持する上に於て當面の急とも見るべき必要ありたれば也。請ふ少しく當時の支那の實狀を揣摩せん哉。

△人は夷狄物は怪物

——支那の赤毛布——古代の帝王は皆私生兒也——堯の都は砂漠なり——學者の僻見——支那現今の地名は多く中央亞細亞の地名の漢譯也——文王と舜は東夷か西夷か——八百諸侯皆蠻族夷種也——赤鳥に對する新説

東京漢たま〳〵赤毛布《あかけつと》を見れば。何ダ田舍《ゐなか》ツペーと罵るも。罵る人曾ては是れ赤毛布《あかけつと》の徒たりしことあり。支那人稍もすれば。東夷西戎南蠻北狄と罵れど。御本人等も。元は四僻より集り來りし蠻族のみ。孟子曰はずや。舜ハ諸馮ニ生レ。負夏ニ遷リ。鳴條ニ卒ス。東夷ノ人也。文王ハ岐周ニ生ン。畢郢ニ卒ス。西夷ノ人也。と亞聖我を欺かず。黄帝からして沙漠旅行の夷種たりしなり。其人野合亂婚の結果。母を知りて父を知らず。ソレでは難有く聞えぬより。大電の北斗樞星を繞ぐり。郊野を光照すると見て感じて孕めるありとお茶を濁せしを初めとして。少皞氏は。其母が星あり虹の如く下り。華渚に流るゝと見て孕みしといひ。高陽氏も瑤光の星月を貫ぬく。虹の如きを見て孕めりといひ。堯は赤龍を感じて孕まられ。舜は大虹を見て孕まられ。禹は流星昴を貫ぬくと見て孕まれ。湯は玄鳥あり。卵を銜んで之を墜す。五色甚だ好し。簡狄先づ得て之を呑み。遂に胸を剖て生るといふ。長くして而も奇拔なる因緣を以て人間に現はれ。周の先祖も大人の迹を見て之を履みしに。變な氣持ちがした丈けで。懷妊されたとあり。凡そ皇極を闢き。王統を垂るもの。支那の古代に在りては孰れも私生兒たらざるはなし。自然主義を稱道して。星や菫にあこがるゝもの。我に在りては。此頃漸く珍らしさうに騷ぎたつるも。彼に在りては五千年以前の夢物語と同じく。陳腐で黴の生へたる話なり。殊に私生兒の父親を星とか虹とかに。ナスリつけるは。明治の式部共が考へつかぬ處なるべし。是豈蠻夷の女子が御定まりの口實なるか。大聖堯の如きも斗維の野に生れ。黄雲常に其の母の居る上を覆ひしとは。テント生活の天幕を指したるものにて。厨中自ラ肉ヲ生ズ。其薄キ事箑ノ如ク。搖動スレバ風生ズ。食スシバ物寒クシテ臭カラズ。名ケテ箑脯トイフとは。山海經や穆天子傳に見えたる視肉と同物の菌類にて。我國にて松露といふに類す。松露が臺所に生へたといへば。其沙漠住居たること言はずして明らかなるべし。此時既に中華に都せりと思ふは。大なる學者の僻見にして。支那現在の地名は。多く中央亞細亞トルキスタンより。葱嶺をこえて。ヤルカンド哈密間の地名を漢譯したるが。民族の移住するたびに。舊名を思ひ出しては。新地に命せしものに過ぎず。去れば舜の如きも東夷といへど。滿州や朝鮮を指せしにあらず。矢張り塔里木《クリム》の盆地の東方といふ意味なり。去れば諸馮はスピンにして。今のカラシャル附近なるべく。負夏はフシャーにして今の于闐なるべく。鳴條はミングチャオ即ちバクドにして。今の博克達山《バクトウラ》なるべし。文王にい博克達山は又テングリオグラともいふ。蒼梧《ツアングウ》の字は音譯なるべし。

たりては岐周《ギーチユー》はコツタンにして。畢鄙《ヒツイン》は今のビテンなるべし塔里木《タリム》の盆地よりいへば文王も舜と同じく東夷なれど。若し支那本土より指せば舜も文王と同じく西夷にあたるべし。支那本土もやうやく目鼻のつきかけしは。周武王の頃かと思はるゝなり。武王殷を討つ。期せずして會するもの八百諸侯とあれど。其八百諸侯の多くは蠻族夷種のみなりき。而かも豪族夷種の援助にて天下を取りしと言はれては。弓矢の名折れとも思ひしか。有火自天。止于王屋流爲赤烏と書きて。神怪不思議の天祐の如く誤魔化したれど。火は狄の略字にして。天は天山の省稱なり。赤烏は周の同姓の蠻族の名たること穆天子傳に其證あり。隨て王屋も王の御殿のことにあらず。大行王屋と並び稱せらるゝ漠北境の山名なり。去ば有狄自天山止于王屋山。流テ爲赤烏と書くべきを。一寸可笑しくヒネクリたる也。流は流連の流の如く。流淹の流の如く。居つゞけて滯在するをいふ。去れば狄人が天山の下からやつて來て。王屋山にとゞまり。其まゝ居つゞけて。赤烏となりたといふことなり。赤烏の音はチウ。又シフ即ち周の字音を托したるなり。若し猶之をしも疑ふものあらば。穆天子傳と同時に發掘されたる汲冢周書に就て。武王が成周の會を見よ。僅かに親戚故舊を除くの外、其聚りたる大部分は何者ぞや。其齎らしたる貢物は何物ぞや。人は夷狄にして物は怪物に非るはなし。

人は夷狄物は怪物（二）

——人類學研究の好材料——歴史の本體——動物園以上の奇觀——夷狄の處分は周室の大問題——參照——堯の都が中華の地にあらざる證據

今其の諸侯と貢物の一斑を擧げんか曰く稷愼、曰く穢人。曰く良夷。曰く揚州。曰く發人。曰く兪人。曰く青丘。曰く周頭。曰く黑齒。曰く白民。曰く東越。曰く歐人。曰く姑於越。曰く且越。曰く若人。曰く海陽。曰く自深。曰く會稽。曰く義渠。曰く史林。曰く北唐。曰く渠叟。曰く樓煩。曰く十廬。曰く區陽。曰く規矩。曰く西申。曰く北羌。曰く巴人。曰く方楊。曰く方人。曰く卜人。曰く夷。曰く康民。曰く州靡。曰く都郭。曰く奇幹。曰く高夷。曰く獨鹿。曰く孤竹。曰く不令支。曰く不屠。曰く栗胡。曰く山戎。曰く般吾。曰ク屠州。曰ク禹氏。曰ク大夏。曰ク犬戎。曰ク數楚。曰ク匈戎。曰ク白州。曰ク禽人。曰ク路人。曰ク長沙。曰ク魚腹。曰ク倉吾。此等の名稱目馴れぬを以て面倒なりとて。輕々に見落すことなかれ。若し仔細に取りて點檢せば。孰れか人類學研究の好材料たらざらむ。而して當時に在りては實に周室を援けて天下を取らしめたる有力なる御大名なり。其玩弄《をもちや》の偶像箱《にんぎやうばこ》をヒックリ返したる如き混雜を嗤ふは。歴史の本體を辨へぬ野暮の連中なり。當時彼等が貢獻の物を見ば中華古代の諸侯てふものが。如何なる種類の出生なるか。蓋し思ひ半ばに過ぎん。其立つ彌猴の如く。其聲小兒の如き前兒や獸身人首其腹に脂して之を炙りて霍すれば鳴る在子や。九尾の狐や。背に兩角ある乘黃の乘や。玄貝や。文蜃や。大蟹や。輝羖や。白玆は白馬の若く。鋸牙にして虎豹を食ふといひ。尊耳は身虎豹の如く。尾の長さ三尺。其身虎豹を食ふといふ。斯くの如き異樣のもの曰く何曰く何と口算へて指屈するに遑あらざる程。陳列し來れば。正に是れ今日の動物園以上の大奇觀たるべし。此れは是れ殷代伊尹以來の掟により。其地方の得易くして。貴からざるものを獻せしめたるといふにて。其頃中華の地といふは鹿でも猿でも。勝手に追ひ廻はすべき藪澤の地たりしことを考ふべし。穆王の時代は此武王成周の會より後るゝこと百年ばかりに過ぎず。夷狄の處分ソレ即ち周の天下の大問題に非ずといふを得むや。

▲参照

箑 廣韻ニ曰ク扇ノ別名ト世本ニハ武王始メテ箑ヲ作ルトアレド古今註ニハ舜廣ク視聴ヲ開ラキテ賢人ヲ求ム自ラ輔ケテ五明扇ヲ作ル此箑ノ始ナリトアリ楊子方言ニハ關ヨリシテ東ハ之レヲ箑ト謂ヒ關ヨリシテ西ハ之レヲ扇ト謂フトアリ去レド嚴密ナル意義ニ於テハ箑ト扇トハ別物ナリ扇ハ其文字ノ示ス如ク太古野處蒼蠅ノ多キニ耐ヘズ肉ツキノ羽根ヲ室口ニ吊シテ室内ノ蒼蠅ヲ此一面ニ致ス猶今日ノ洋食卓上ノ糖瓜ノ備ヘノ如クス是レ支那語ニ門扉ヲ門扇ト稱シテ怪マザル所以也而カモ猶蒼蠅ノ煩ニ耐ヘズ遂ニ羽扇ヲツクリテ之レヲ拂フ是レ今日ノアフギノ始メ也爾雅釋蟲ノ蠅醜扇トハ蠅扇ニ比スノ義ニ取ル可シ醜ニ比集ノ意味アリ室内ノ肉ヅキノ羽根ニ集ルヲ云フ蠅ノ自ラ羽

ヲ扇スルヲ指スニハ非ル也猶佛教ノ塵ヤ神道ノ幣ヤ其始メ蚊蚋ヲ拂フガ爲ニ起レルト同ジ也故ニ扇ノ起源ハ涼ヲ招クト云フヨリモ寧ロ蟲害ニ遠ザカルヲ主トセル也邦俗禮扇ノ四時倶ニ携フルハ夏時ノ用ノミニ非ルヲ明カニセリ而シテ扇ハ箑ヨリモ早ク起レリ故ニ舜ノ作レルハ此羽扇ニシテ武王ノ作レルハ竹箑ト解スレバ兩説倶ニ全キヲ得可シ關以西ノ古名扇ヲ用ルハ舜ガ關以西ノ人タルヲ知ルベク關以東ノ新名箑ヲ用ルハ武王ガ關以東ニ漸進セルヲ證スル也但ダ箑ハ疌ニ從フ疌ハ彐ニ从ブ手ノ形也𤴓ニ从ブ倒ニアフギヲ書ケルナリ若シ之レヲ圖樣ニ還原セバ即チ左ノ如キナリ之レニ竹冠ヲ附スレバ即チ箑ト

ナルナリ然レドモ堯時ノ箑脯トイフ菌類ハ此形ヨリモ寧ロ羽扇ニ類ス羽扇ヨリモ寧ロ羽扇ヨリ脱化セル朝鮮扇ニ似タルモノナラン朝鮮扇ハ實ニ左ノ如キ形ヲ有セリ而シテ之ニ類セル菌類ハ今蒙古ニ於テ名産ト呼バレタル蘑菰ナリ日本ニハ蘑菰ノ二字ニネズミタケノ訓ヲ施シタレドモ蒙古産ノ蘑菰ハ寧ロ我國ノ松露ニ酷似ス松露ヲ麥蕈ト稱スルハ

名義未解ナリトテ博識洽聞ノ寺島良安モ曾テ之レヲ難題トセルモ麥ハ蘑菰ノ

二音ヲ一字ニ移シテ麥《マク》トセル迄ナリト知ラバ麥蕈《マクタン》即チ蘑《マ》菰《ク》蕈《タン》ナルヲ解スルニ於テ思ヒ半バニ過ギン其味肉ノ如キヲ以テ肉ニ同視ノ字ヲ用ヒテ視肉《シロー》ト呼ブハ古代ノ支那語ナレド我國ニテ松露《シヨーロ》ト呼ブト其音根ヲ同ジクスルヨリ見レバ堯時代ノ言語ハ寧ロ我日本語ト相通ノ點アリシモノ、如シ堯ノ時誹謗木ヲ樹ツト云フモ誹謗木ハ華表ノ一種ナリト云フ解ニ從ヘバ我ヒモロギノヒモヲ音譯セルニ外ナラザルガ如シ今篷脯ハ其形篷ノ如ク其味脯ノ如シトイフ意ヲ彙ネテ可成視《シ》肉《ロー》及ビ松《シヨ》露《ーロ》ニ近キ音字ヲ撰ビタルモノナルベシ松露モ蘑菰モ倶ニ沙地ニ非ザレバ生ゼズ堯ノ厨ガ漠中ニ在リシハ堯ガ中華ノ地ニ都セザル何ヨリノ證據ナリト謂フベシ。

▲大探の檢必要なる所以

——一にも西土二にも西土——神功皇后の三韓征伐と相似たり——武内宿禰は誰ぞ——ツイ奴出かした——紂王の死ざま——武王の冷酷——治國平天下の金科玉條

支那の民族は。支那の西北方より支那に流れ込みたること。今更いふ迄もなきこと也。隨て支那の西北方即ち西域一帶の他は支那民族の故郷の地なり。なつかしきはなつかしき乍ら。我に取りて代らんとする者も亦此地方に在りたれば。畏しきことも又畏しかりしものならむ。書經周書を見るに。泰誓に曰く。嗚呼西土ノ有衆。咸《ミナ》聽朕言と。又曰く嗚呼我ガ西土ノ君子。天有ニ顯道と。又曰く。光于四方顯于西土と。牧誓に曰く。弗迓克奔以役西土と。大誥に曰く有大艱于西土西土人亦不靜、康誥に曰く。以修我西土。酒誥に曰く。文王肇國在西土。又曰く封我西土棐徂邦君と、口を開けば即ち西土といふ。西土は寸時も周の王樣の天窓を離れず。言はゞ我が御膝下なり、文武の時。此の西土の有衆を率ゐて。終に東征の偉業を奏す。敵の殘黨は多く東方に向つて去れり。其頃警戒すべきは東方なりしならむ、武王の崩後周公、召公成王を相けて左右の人と爲り。陝より以西は召公之を主どり。陝より以東は、周公之を主どりしを見ても。西方は召公で澤山なれど。東方は周公ならでは手に立つものゝ居りしを知るべし。然るに康王昭王を經て穆王の時代にいたりては、東方漸く安堵の緒につきしかど。西方は却て因緣薄らぎかゝり。懷かしき方角愈々畏しき方角と變らんとす。堯舜以來の難物たる三苗の居るも西北方なり。稍もすれば反噬せんとする犬戎の居るも西北方なり。穆王位に即いてより八年目に。北唐來賓せるも樣子を探りに來たものらしく。徐戎も翟人も油斷はならず。折々動搖を試みたり。其中周の天下を覆すべきは。犬戎の徒と直覺してか。祭公を率ゐて征伐に出かけしも。災の根は更らに遠く西域のあなたに伏在するを看破し。我が朝の神功皇后が。熊襲を征せんとして。三韓征伐より着手せられたる如く。手近き處は後に廻はして。先づ其根本より清めんと取りかゝりしが。世に所謂穆王の大探檢なり。此意味に於ける大探檢に對しては祭公謀父たる者。サシヅメ武內宿禰所《ところ》なり。然り年齡といひ位地といひ。周室の望みといひ。彼を措ては。此國家の喫緊問題に參畫さすべき者なし。蓋し祭公は周公の後。昭穆の序に於ても。穆王に對しては祖列に在る身分なり。穆王彼を呼ぶに祖祭公を以てす。オヂーチャンといふ尊稱なり。此オヂーチャンたる祖祭公が。孫にひとしき穆王の大探檢を聽く。サスがは昭王の子だ。ウイ奴。出かし居つたと思はざるを得むや。穆王曰ク我亦維レ文祖周公曁ビ列祖召公ノ若アリ。茲ニ予小子ヲ申テ文武ノ周ヲ茂《サカン》ニセルヲ追學セシメ。克ク成康ノ業ヲ龕紹シテ以テ天命ヲ將テ。夷居ノ大商ノ衆ヲ用シムとは後祭公の病褥に臨んで。其功勞を稱讃せる處。其所謂夷居の大商の衆とは。取も直ず。殷民の逸して西域に在るを指したるなり。職方氏の掌どれる天下之圖中に網羅されたる四夷八蠻七閩九貉五戎六狄の人民てふもの。豈夫の夷居の大商の衆たるに當らざらんや。此夷居の大衆を用ゐしめたるは祭公なり。祭公曰く尙クハ時中を以テ萬國ヲ乂メヨと是れは祭公が穆王に對して終始動かざる注文なり。時中とは何ぞや。時宜に適せる中道なり。寛猛剛柔各々其宜しきに隨ひ。以て討つべくんば之を討ち。以て撫すべくんば之を撫す。文中に武を示し。武中に文を存して。四夷八蠻七閩九貉五戎六狄の徒を服從せしめ。以て周の天下を維持すべしといふ也。故に曰く穆王の西域大探檢は。たとへ祭公の獻策に出づるなしとするも。其慫慂の力は與りて大きに居らむと。豈復た先王德を輝かして兵を觀さずといふ杓子定規をふりまはして。此國家當面の大急務を抑止するの理あらんや。抑も周族の天下を取りたるは紂王を討ちしから也。紂王を討ちたるは臣として其君を弑せるなり。イクラ孟子が言譯をしたからとて。德を輝かすとは言ひ難し。况んや周車三百五十乘牧野ニ陳ス。武王尙父ト伯夫トヲシテ師ヲ致サシム。王既ニシテ虎賁戎車ヲ以テ商師ニ馳スレバ。商師大敗ス。商辛(紂王)奔リテ内ニ入リ。廩臺ノ上ニ登リ屛遮シテ自ラ火ニ燔ク。武王乃チ太白ヲ手ニシテ以テ諸侯ヲ麾ケバ。諸侯畢ク拜シテ遂ニ之ヲ揖ス。商ノ庶ノ百姓咸ナ郊ニ俟ツ。群賓進ンデ曰ク。上天休ヲ降セリトテ再拜稽首スレバ。武王答拜シテ先ヅ入リテ王ノ所ニ適キ。乃チ之ヲ尅射スルコ三發ニシテ。後チ車ヲ下リテ。之レヲ擊ツニ輕呂(劍名)ヲ以テシ。之ヲ斬ルニ黃鉞ヲ以テシ。折イテ諸レヲ太白ニ懸ク。二女ノ所ニ適ケバ乃チ既ニ縊レタリ。王又之レヲ射ルコト三發。乃チ右ニ之レヲ擊ツニ輕呂ヲ以テシ。之ヲ斬ルニ玄鉞ヲ以テシ。諸ヲ小白ニ懸ク。乃チ厥軍ニ出場スレバ。期ニ及ブ百夫。素質ノ旗ヲ王前ニ荷ナフ。叔振拜假ヲ奏シ。又常車ヲ陳スレバ。周公ハ大鉞ヲ把リ。召公ハ小鉞ヲ把リ。以テ王ヲ夾ム。奏顚閎夭ハ皆輕呂ヲ執リテ。以テ王ニ奏ス。王入リテ位ニ社太卒ノ左ニ即ク。といふ周逸書克段解第三十六を讀めば紂王が死骸に恥辱を殘さじとて顏を隱して火中に自燔せる健氣さ。妲己及び嬖妾が。死出の山路に後れはせじとて。主人に殉する殊勝さに引きかへ。武王が先君紂王及び其愛姫の死屍に對する冷酷を見よ。既に火中に投じ。梁上に懸りて。一死萬罪を償ふたる其亡き骸に對してすら。箭を射る三發にして劍で擊ち。ソレでも足らないで鉞を以て首をブチ斬り。ソレでも飽かずに其首を大白小白の旗竿に梟する如きは餘りといへば涙なき所業ならずや。而かも是れ兵を觀して諸侯の心膽を寒からしめんとせる也。先王既に斯くの如し。祭公豈獨り穆王に向つて鹿爪らしき野暮を謂はんや。時中以て萬國を乂メヨとは是は此れ當年の金科玉條たる也。

▲周の文王猶太人種也

—大事件の蔭には必ず戀有り—穆王は色男なり—廐に溺りて生れたる子供—文王は猶太人種也—奇妙奇天烈の祭禮—お情に預る人—大人國とは今の露領アンザヤンなり—孔子粹をきかし、高辛帝嚳タンカをきらず表面の理由は前述の如し去れど物單に表面のみにあらじ。西域大探檢は周室維持の必要上。一日も棄て置き難き問題なりしならむも。而かも此問題を實行するに際して。穆王をして容易く決心の臍を固めしめたる裏面の消息は何ならむ。西諺に曰く大事件の蔭には必ず戀ありと。此の點は東洋にても同じこと也。夏の亡びて周の興れる。其の動機は桀王が女に溺れし一瞬間に在り。殷の亡びて周の興れる。其動機も紂王が女に溺れし一瞬間に在り。一國の興亡。其裏面には。尙戀を伴へり。一人の行藏。其裏面に戀ありとて驚くべきに非ず。我國にても花山天皇の漫遊西行法師の行脚其裏面には戀の問題ありしといふに非ずや。然り失戀は遂戀と同じく。人をして興奮卓勵せしむることあり。戀に於て缺けたる心の凹所を埋むるに。名山大川の氣と。閑雲野鶴の情を以てせんとするは。最も趣味ある救濟方法なり。而して其旅行が發して國家政策と一致するにいたりては最も光彩ある賢者の所爲と謂はざるべからず。穆王の西域大探檢は正に此の後者に屬すべきものならずや。蓋し穆王は色男なり。詩の大雅に穆々文王とあり。穆々とは容止の美盛をいふなり。去れと其美盛がニヤケたる方の美盛にあらず。穆は莫六の切なれば。俗語にいふムツクリと肥えて肉厚く。脂肪に富みたる顔の中にも何處かに威耀の具れるをいふ也。文王の形容詞を謚の一字に戴ける穆王の人品を知らんと欲せば。同模形なる先祖文王の面相を見るに如かず。竹書の註ニ曰ク。季歷ノ妃ヲ大任ト曰フ。長人ヲ夢ミテ感ズ。已ニシテ豕牢ニ溲シテ昌ヲ生ム。是レヲ周文王ト爲ス。龍顔虎肩。長十尺。胸ニ四乳アリと。豕牢ニ溲スとは豚小屋に小便すること也。聖人文王も此不行儀千萬なる母親の腹より產まれたり。神の子、耶蘇《イエス》が馬厩に生れたると。佛の後ニ聖德が馬厩に生れたると孰れも後には聖人と仰がれつることまで相似たるより其間何等かの關係あるを疑ひ得るとせば。人の子文王が豚小屋に生れて。而かも後世聖人と仰がるゝにも因緣なしといふべからず。然り余は文王を以て耶蘇《イエス》と同じく猶太種なりとなす者也。何を以て之をいふ。曰く支那歷代の帝祖多くは私生兒たること旣に記せるが如し。而かも其の姙娠の感覺を得たる對手は。孰れも星に非れば虹なり。龍に非れば鳥也。獨りヅー／＼しくも人間なりと謂ひ得たるは。周の大祖先帝嚳の元妃姜嫄のみとす。彼女や。助ケテ郊禖ヲ祭リ。大人ノ迹ヲ見テ。之ヲ履ミ。當時歆トシテ人道アルガ如ク感ズ。已ニシテ遂ニ身メル有リテ男ヲ生ムといふ。郊禖とは奇妙奇天烈の祭禮なり。禖は媒なり。天子子を求めて祭るといふ也。其儀式を禮の月令より調べ出せば。仲春の月に太牢を以て。高禖の神を祠る。高禖は又郊媒と書くも同じ。子孫を授ける神のこと也。此時天子自ら往く。后妃も九嬪を率ゐて臨場し。天子の御する處を禮すといへば。一同當日御情けに預かりたる一人に向て。御辭儀せねばならぬなり。斯くて其の一人は弓韣を腹帶とし。弓矢を授かりて神前を引退くといふ姜嫄は帝嚳の元妃なれど。御情けに預かりし當人にあらず。助ケテ祭ルといふ語にて。御相伴役たること明らか也。然り御相伴役たる姜嫄が。桃花の灼々として。春風に亂れさき。燕子雙々飛んで柳糸に縺るゝの候。玉串の葉に置く露も觸れなば落ちんとするを見ては。豈悶々掻痒の歎なきを得んや。果然渠は人なつかしさに野外を逍遙してソコに巨人の足跡を發見せり。珠履もて之を履めば。歆として人道あるが如く感ずとは。何とも變な氣がして人に觸

周文王は猶太人種也

れたる感じがありしといふ也。此は表面の解釋なり。更に一歩を進めて巨人とは何者なるかを研究せよ。山海經及び其他の古書に。大人の國といひ。丈夫の國といふは。段々探りて見ると。現今の露領フエルガン州のアンヂヤンなり。アンヂヤンは安集延《アジヂヤム》と書く。無論音譯なり。而して其語はバイブルのアダムイブのアダムと同じく。男子といふこと也。アダムとはアチヤムの訛りなり。而してアチヤムを訛りて。アチヤンブといひ。之を漢譯したるが丈《チヤン》夫《フ》なり。既に丈夫《チヤンフ》といふ。巨人と轉じ。大人となり。又長人と書くも皆同義の異譯に過ぎざるなり。何を以て此國を男子の國といふかと問はゝ。此國の人は貨殖を以て人生の最大娯樂となし。子母錢を發行して。兩替屋を開らき。旅行には必ず商品を積載して。雪霜を冒し危險を把し。年を經。歳を累ぬるも。利を獲ざれば歸らずといふ利慾一點張りの守錢奴のみなれば。妻子は有りと雖も。内で子母錢屋《シモタヤ》をさせ置き。男子のみ他方に遠行して。他人に接す。他方に在りては。來る人も〳〵も安集延《アンジヤム》人といへば大人《オトナ》のみなり。丈夫のみなり。終にアンチヤンとは男子のみの國かと思ひしなり。西域聞見錄に椿園氏曰く安集延《アンジヤム》モ克食米兒《クシミル》モ皆西域商賈ノ郷儉嗇褊急習染性ヲ成ス。跡ヲ回彊ニ寄スルモ土人皆唯ダ其去ラン事ヲ恐ル。去レバ則チ其地ノ貨財流通スル能ハズ。而テ回人大ニ不便有レバナリ矣。と以て見るべしアンチヤムの回彊《ホイキヤウ》に於けるは。恰も猶太が露國其他に寄寓して。財權を掌握せると同じきを。而して此のアンチヤムは實にユデヤ人と同族なり。ユデヤとはユチヤンの轉なり。Uはユとアと兩音あり。ユチヤンがアチヤンと響きしとて何の故障もあるべからず。而してユデヤの又の名ヂウはヂヤウフ(丈夫)の漢音の縮りたると一致す。男一人の旅稼ぎ物ほしさうなる姜女と邂逅す。眉語目答。姜嫄は此のユデヤの足跡を履みて從ひ行きしなり。仲春女の奔るを咎めずとは孔子も粹をきかしたり。高辛帝嚳豈七兩二分のタンカをきらんや。

△周文王は猶太人種也

――カツカサスの美人――文王の骨相上の研究――猶太鼻――行商業者の肩――穆王の多情多感――詩經にお安くなき文句あり――美人利用策――野合に始める系圖野合

ユデヤ人と野合したる姜嫄は。其姜字より推して。カルマック族たりしを知る。カルマックは我國の人類學者が八ヶ間敷騒ぎたつるコロボックと同系なり。コロボックとはコロボンクールンなり。三穴とも譯すべく三廟とも譯し得べし。支那の三苗は三廟の字の略なり。此種の女は色白くして都雅なる處あり。高辛氏の元妃とせるも無理ならぬといふべし。而して高辛氏はカウシム即ちカスピの音ありカスピとは裏海の古名なり。今も猶カスピアンシーと呼ぶ。依りて思ふに姓は地名に起るを第一義とするより見るに帝嚳高辛氏は。カウカサス人種にして裏海の邊より起りたる人ならむ其郊禖の祭を行ひたるは。孰れの地なるを明らかにせずと雖も。中央亞細亞の地たるは疑ひなし既にカウカサスといへば女に美人多き處なり。文王にして此血を承けなば。其容貌の美しかりしは勿論なるべきも。高辛氏とは血が續かず。ユデヤの血を承けたるなり。去れど姜族も美人系なれば。母系に似しとて矢張り容止の美はあらむ。而かも文王の實母は高辛氏よりは十五代目の季歷の妻の大壬なり。大王は何種の人なりしか明らかならざれど。一度あることは二度ありとやら。大先祖の元妃姜嫄と同じく。此れもユデヤと私通せるなり。長人を夢ミテ感ズとは此事也。巨人大人丈夫と同じく長人もアンチヤン即ちユデヤの同義異譯なり。既にユデヤ種と私通して生る。血の似通ふは爭はれぬものなり。請ふ文王の容貌を見よ。龍顔虎肩といふに非ずや。龍顔とは隆準をいふなり。鼻の高きことを其特兆とす。而かも其鼻は龍の書にある如く。鈎形なるを特兆とするに至りては。世に所謂ユデヤ鼻と關係なしといふを得べきや。虎肩とは膊上の張りたるなり。古は貨を載するに肩を以てす。今も猶南京サンの反物を肩にすると同じき也。ユデヤ種は行商を業とす。肩の張れるは之が爲のみ。文王も亦此スタイルを外れず。身長十尺とは出稼ぎ人の脚の發達良好なる遺傳なり。胸に四乳ありとは脂肪に富みてブタゾタせる爲鳩尾の兩端に二重の肉皺を垂れたるなり。开は豚を食ふに因る。豕牢に溲りせるとあるにても。其頃既に豚肉好きなりしこと。今の支那人の祖たるは恥ぢずといふべし。

偖文王は一言にしていへば身の丈けスラリと高く。而かも肉飽く迄豊かにして。鉤れる鼻と。揚れる肩に一種の尊厳を示しつゝも。而かも威ありて猛からず。何處やら愛嬌の棄て難き處ありしならむ。穆々たる文王とは此ムックリとしてユタラカなるを謂ひしなり。其血を四代の後に承けたる穆王は。思ふに文王に酷似せるものありしならむ。謚法解に曰く徳を布キ義を執ルヲ穆ト曰フ。と又曰く中情貌ニ見ハル丶ヲ穆トイフ。と穆々たる穆王の容止。以て想見すべきにあらずや。穆王も亦輕小ながら。龍顔虎肩の形を備へ。身長高くして脂肪質なりしならむ。脂肪質の人には好色家多し。祭公謀父が穆王を誡めたる辭の中に汝嬖御ヲ以テ荘后(本妻ヲイフ)ヲ固(錮ト同ジ一室ノ中ニ入レテ顧ミザルヲ云フ)スル勿レ。汝嬖御ノ士ヲ以テ大夫郷士ヲ疾ムコト勿レ。汝家相ヲ以テ王室ヲ亂リ。而シテ其外ヲ恤レム莫レと。三たび重ねて之をいへり。家相とは家内の家令家扶なり。幵を重用して王室の尊厳を毀ち。外戚のみを庇護すべからずといへり。如何に穆王が多情多感にして。女にもろき人なりしかを察すべし。文王の嬖御如何に多かりしかは。今之を探るを得ずと雖も。詩經にあらはれたる詩想の中には。隨分おやスクないオノロケも交り居るが如し。殊に文王姜里に囚れたるとき其臣散宜生が。珍寶と倶に美女を紂王に進めしは。美人を賄賂につかひし也。紂王大に喜び文王を釋せしは可也。而かも文王を救はん爲に賄賂となりし美人共は。益々紂王を亂行に導びき。殷の天下の亡滅を早くせり。此に乘じて文王の子武王が奮起して。其美人に溺れたるを責めたるは。如何に美人利用の妙味を解したるか。底氣味惡き程の腕前なり。或は曰ふ散宜生の賄賂として紂王に進めしは。皆文王のオサガリなり。文王は散宜生と諜じあはせ。一種の美人局《ツツモタセ》を以て天下を取りたるなりと。此は餘り酷評なれど。聖人ともあらふ人の家來か。美人の賄賂を行使せるは。サスがに妙な國柄といふべし。斯かれば川柳子が。妲妃誅戮の句に『太公望の手前武王は首を斬り』又曰く『首斬りたあとで涎れをソッと拭き』とあるも穿ち過ぎたりといふべからず。十五代前に野合を以て開かれたる周室の系圖は。十五代後に野合を以て生れたる子によりて飾られたり。穆王も此瓜の蔓に生りたる瓜なり。豈其半面に於て父祖傳來の秘密の卷の存せざる理あらんや。請ふ秘密に秘密の卷を繙きくれむ。

▲支那歷史上破天荒の問題

――國史略の著者の迂濶――同姓相娶るは平氣也――娶の字の正解――從弟同士は雁の味――漢學者の誤解

多情多恨の穆王が。戀の對手は何人ぞや。支那歷史上破天荒の大問題は此裏より躍出せんとす。抑も支那歷史の誇りとする處は同姓は娶らずといふに在りき。而して今や此誇りとする處は。穆王一瞥の秋波に依りて。根本より頽れ居たるを發見せり。國史略の著者松苗の如き。如何に無用の辯を費したるよ。穆王地下に在りて如何に松苗が支那の內情に通せざるかを嗤笑せるならむ。穆王は實に同姓相娶りたる一人なりき。然り唯だ一人の一人に非ず。千百萬人中の其一人なりき。武王商に克ちて天下を光有するに及び。兄弟の國ある者十有五人。此十有五人は皆文王の子なり以て文王が如何に精力卓絕にして殖民術の實行力に富みたるかを見よ。而して姬姓の國は四十人。我朝平家の一門繁華の時にも似たり。姫姓は周の姓なり。周と離るべからざる血縁の徒なり。而して穆王は此血縁の徒より。美なる一人を選び取れり。穆天子傳ニ曰ク。甲戌天子、口姫姓也。盛栢之子也。天子賜之上姫之長。是曰盛門。天子乃爲之臺。是曰重璧之臺とあり 此盛栢といふは盛伯ならむ。姫姓の國四十人の其一人にして。盛國の伯を賜はりしものならむ。栢伯同音なり。同音相通は支那歴史の通常也。盛伯の子を迎へて。之を上姫之長とす。姫は一に曰く王妻の別名。一に曰く衆妾の總稱と。註釋一ならずと雖も今では婦人の美稱には間違ひなし。師古は曰く。姫ハ本周ノ姓ナリ。其女列國ノ女ヨリモ貴シ。所以ニ婦人ノ美號皆姫ト稱スとあれど穆王の時既に上姫之長とあれば後世周を尊んで起りしものに非ず。併し乍ら穆王の時は美號の姫にあらずして。矢張り姫姓の姫なり。穆王は盛んに此同姓を迎へて以て衆妾にあてたり。故に姫姓の女として宮中に入れるは。獨り此盛栢の子のみならず之を上姫之長といへば。猶幾人も上姫の班のありしを認むべし。是れ或は周代の風なりしか。斯くて衆妾の姓は皆姫なりしより。秦を經て。漢代に及びては。單に姬といへは直ちに衆妾と解する如くなりたりけむ。劉安世曰く。漢初取リテ嬪嬙ノ號トナス。已ニ笑フ可シといへるは。言語の轉化を知らぬから也。此一事以て同姓相娶りたりしことの。イカに平氣に行はれたりしかを察すべし。此風習は。周室特有の不文法にして穆王より起りしにはあらず。文武以前より傳來せるものなりけらし。去れど其最も露骨に大ピラにやつてのけたるは穆王なり。穆王は盛栢の子を上姬の長としたるのみならず。後春山の下に遊びし時にも。例の赤烏《チウ》の女を獻せしめたり。穆天子傳に曰く。赤烏《チウ》氏ノ先ヘ出ツレ自ニ周室一と明らかに周と同姓なり。其次に曰く赤烏之人丌《キ》好《カウ》献ニ女于天子ニ女寵女列ヲ爲ス嬖人ト一曰ク赤烏氏ヘ美人之地也と丌《キ》好《カウ》は姬《キ》好《カウ》といふ人也。丌《キ》姬《キ》同音にて相通ず。斯く同姓相娶りつゝあるにも係らず。何故に支那流の學者は相娶らずと誇りしか。此に於て娶るの字義の眞解を求めざるべからず。集韻に曰く。新於切音胥、商レ娶媒也と。蓋し娶とは媒人あり。正式に婚儀を整ふるをいふなるべし。去れば從弟同士《いとこどうし》は。雁の味とか一つ煮物の蓋《ふた》と鍋とは別段媒人を用ゐずとも。互ひに素性を知りあふたれば。勝手に組み合せて然るべしとのことから。同姓は娶らずとは。同姓の女と關係せぬといふに非ず。之を妻妾としても媒を要せずとの義にあたるなり。穆天子傳の盛姫といひ。女寵女列といひ。穆王之を迎ふるに曾て媒人ありしを聞かず。斯かれば。漢學者流の從來自慢の意味とは相去ること千萬里なりと知るべし。

▲同姓相婚の理由

——惡疾多き譯——殷民と周族——パミール高原——漢人第二の故郷——不詮索の附會説——舜の轉住地——戸籍調の必要

抑も此の好んで同姓相婚したる周代の筆法は。何より胚胎せしかといふに此は是れ椿園氏の所謂儉嗇褊急。習ヒ染テ性ヲ成シタルヨリ起れる猶太人種の特色なるべし。是れ丈けの財產。みす〳〵他人の子には續がせたく無しといひ。同じ嫁を取るなら。親類の娘を取れば。婚禮も略式ですむし。ツキアヒも張らず。おまけに子の無い内に。聟が死んでも。あとも矢張り血筋の者といふ如きは。世間往々耳にする血族結婚の理由なり。之に加ふるに褊急の性は。自負を伴なひ。天下我が一族に優さるものなし。此同族を措いて豈に異族と婚せんやとは。即ち又一面の理由なり。斯くして盛んに血族結婚を行ふたる結果は。恐るべし其血は濁りて惡疾を釀したるぞ是非もなき。蓋し現在の支那人種は。殷民の種よりも。寧ろ周族の方多きに居らむ。殷民は疑ひもなく。現今の纏頭《テントウ》と呼はるゝ回人種と同類なりき。而して周族は實に漢人種の祖なり。渠等はパミール高原の附近に發生せり。一たびは西行したるも再びとりてかへして裏《リ》海《カイ》の沿岸より漸次東遷して。今のナリンスキー附近に移り。更らにヤルカンドよりウチンに出でたるものならむと信ず。ウチンは漢魏晉皆之れを于闐《ウチン》といふ。唐西域記には匈奴之を于遁《ウトン》と謂ひ。諸胡之を谿《ホ》旦《タン》といひ。印度之を屈丹《チユイタン》と謂ふとあり。皆一音の轉訛なり。今ホーテン又コータンと呼び。和闐の漢字を以て之に充つ。此地が漢人第二の故郷たることの認定は。多くの學者皆異議なし。支那人中にも早く北史に高昌以西人民深目隆鼻。唯于闐《ウチン》人稍似中國人といへり。而して此中國人に似たる理由としては彼等の不詮索たる。單に左の如き附會說を以て滿足するに過ぎざりき。西域聞見錄曰或曰和闐《ヘチ》即古于闐《ウチン》。而回人稱漢人爲赫探漢任尙都護西域遺其人衆於此。和闐回子《ホイツ》皆其遺種。故回子呼之爲赫探城。和闐赫探之訛音也と。焉んぞ知らむ。ウチンの名稱は。伊尹が湯王を輔佐して。猶西域に在りしときより。正南甌鄧《ウートン》として現存せり。甌鄧《ウートン》は匈奴の所謂于遁《ユイトン》と合す。其貢物を見るに。珠璣瑇瑁とあり。和闐《ウヂン》の產玉と符す。疑ふべきなし。即ち和闐の地名先づありて。漢人種之に據る。轉じて人種名となれること。猶大和の地名先づありて。大和民族と呼ぶが如し。西域聞見錄の所謂回子漢人を指して赫探と呼ぶ。赫探地名となりて和闐となりしとは原因と結果とを顚倒せるものなり。余思ふに和闐《ウチン》の闐はC音なり。其初めシの響きを有す。ハシとは玉のこと也和闐の地に河あり。皆玉を產す。ウルハシ河カラハシ河と呼ぶ。是也。日本語佩玉を呼んでハセとなすも同語なり。和闐《ウチン》即ちハシの地は玉の地といふを以て本義とすべし。此に於てか知る孟子の所謂舜は負夏に遷るとは。フーシヤー即ちシの轉にして。實に此于闐《ウチン》の地に轉住せるならむ。而して于闐《ウチン》のフーシヤーてふ音が文王時代に至りては。岐周《キチウ》と轉訛して後の屈丹、豁旦、契丹等の語源をなしたるが如し。但し屈丹は漢音クッタンにして唐音はチユイタンなり豁旦は漢音クワッタンにして唐音ホタンなり契丹は漢音ケイタンにして唐音チータンなり此契丹のみは蒙古人之をチキタイと發音して駃騠《チエツテイ》の義より來るとなすも未だ當否を斷じ難し。其他此の于闐《ウチン》の國名として轉化せるものに數へらるゝ中には。烏萇あり。鄔茶あり。焉伎あり烏伎那あり。烏長あり。烏儞也曩あり。罽薩但那あり渙那あり。烏孫塲あり。其の譯義も亦た或ひは地乳と譯し或ひは苑囿と譯す。未だ一定する處を見ざるも。其の名稱の區々にして。其解釋の多岐に渉るだけ。ソレ丈け此地の由來悠遠にして歴史の複雜なるをトすそに足るべし。烏孫塲《ウスンチヤン》の名稱は。山海經の雨師妾《ユイシーチエー》と倶に。西藏の古名烏什藏《ウシツアン》と關係あるべく。研究の結果梵語の譯として輪王遊樂の地なりといふ小解を得たり。此地西藏の北境に在り。人類が高原より平原生活に轉ずる時には。先其足跡を印せらるべき地なり。文王は果して此地に關係ありや無しや。暫くは戶籍調に多小の手數を費さゞる可らず。

▲支那と癩病

――震旦の名の起源――天山南路の事也――支那てふ國名の起源――赤の他人にあらず――癩病をカッタイといふ譯――三才圖繪の解釋――血族結婚――ナリンボーの語源――ニユードーの語退――孔子の嘆――一種の血清療法――穆王と血族結婚

文王はイカにも于闐で生れたかと思はるゝは。詩の小雅に摯仲氏任《ジン》。自彼殷商《インシヤウ》。來嫁于周。曰嬪于京。乃及王季。維徳之行。大任有身《ヘラメル》。生此文王。とあるに依れば。文王の母大任は摯仲氏也。此氏を地名より出でたりとすれば。シッチユンといふにあたれり。シッチユンは梵語サッタンナの轉ならむ。サッタンナは。漢字にて薩旦那と記す。即ち于闐の梵名なり。サッタンナ轉じて震旦となる。字書に所謂震旦西域稱中國之名とある如し。然れ共其中國てふものは。現在の支那本部にあらざるは。樓炭徑に葱河以東名震旦とあるにて。葱嶺のヤルカム川より東部全體即ち只今の天山南路を指したること明白なり。震旦は天山南路中にても殊に于闐の固有名詞にして。梵字[illegible]

と記し。支那《シナ》泥《チイ》舍《シヤ》と讀む。現今の支那てふ國名は。此支那泥舍の略稱なり。而して支那泥舍は震旦と同じく。震旦は薩旦那と同じ。皆一音の變化なり。薩旦那は譯して乳土といふ。其地隆起して婦人の乳の如きによりて名けらる。是れ文王の母シッチユン氏の故郷なり。文王の父季歷は此時猶ヤルカンド附近に在り。于闐は猶殷商の版圖なりしもの丶如し。而して此シッチユン氏と季歷とは結婚以前より血族關係ありしや否やを確かにせずと雖も。自ら尊大ぶる周族の高き鼻と折れ合ふには。全くの別種異族にては叶ふべからず。殊に同族結婚は彼等の誇りとする處。詩の小雅に所謂騂騂タル角弓ハ翩トシテ其レ反レリ。兄弟婚姻シテ胥ヒ遠クル無ケン。爾之レ遠ラバ民モ胥《アヒ》然《シカ》ラン。爾ヲ之レ敎ヘナバ民モ胥傚ハン。此ニ兄弟ヲシテ綽々トシテ裕有ラシメン。兄弟交ルモ瘉ヒヲ相ヒ爲サシメザレとある如きに見れば。文王の母も其夫季歷と。亦の他人に非るが如し。而して斯く血族相婚の結果は惡疾を釀生したりと覺しく。支那の名が于闐より出でたる如く。癩病の名も亦于闐より出でたり。我國にて癩病を呼んでカッタイといふ。而して露西語にてカタイとは支那のことなり。此語キッタンの訛にして。キッタンは漢字契丹と書く。元と豁旦及び屈丹の轉なり而して豁旦及び屈丹は于闐の一名たること既に前回に記せるが如し。或は聖武天皇の時始めて悲田院を奈良に建て孤獨の者をして此に居らしむ。癩病人の如く親屬に棄てらるゝものは。般若坂に集り往來の人を慕ふて物を乞ふに因り。癩病人を以て加多井《カツタヰ》と呼べりてふ三才圖繪の解釋は乞食をかたゐと呼ぶ名詞ありて。丐が轉じて癩病の名となれりとなせども。此は悪疾ありて癈人となりしより。癈人に悪疾の名の「かつたゐ」を附し。轉じて「かたゐ」の語となり。癈人衣食に窮して乞食となりここに「かたゐ」の名はカタヰとして乞食の名となれりと解するを至當とすべし。周朝の時の仁政を擧ぐれば。鰥寡孤獨の賑恤を言はざるはなし。豈計らんや。此鰥寡孤獨は。多くは是れ悪疾患者の其親戚より棄てられたる者ならんとは。然も周自らは之を以て。戎疾となして外來の傳染病の如く感じたりけむ。肆戎疾不殄。烈假不瑕といへり。然り當時に在ては血族結婚は獨り周室のみならず。西域一般の風なりけむも。他の纏頭族は早きに及んで丐を豫防せるが如し。丐は癩病發生の原因は血族結婚によりて其血の濁りを來すに因ると倶に。猪肉の食傷より來るを以て最も恐るべしとなす。此に於て回民は猪肉類を嚴禁せり。是現今に至るも回民の猪肉を斷つ所以也。而して支那人種に在りては猪肉は一も缺くべからざる必需品なり。而して血族結婚は益々行ひたりとせよ。古へは西戎一般の通有病なりしものも。後終に一種族の特産物とならざるを得むや。癩病は蒙古語にてトコイといふトコイは思ふに桃槐にてナリン川の上流春山の下の地名にて嘗て周室の經過の地なり。トコイは今漢字もて會意的音譯を施し。天刑と書す。テンケイ即ちトコイと同じ。春山の下又玉あり。桃槐は桃華石と同じく元玉の義より出でしが。我國の俗語にてカツタイをナリンボーといふは。即ち那林《ナリン》河《ホー》の轉々して。此のトコイの蒙古語と同方面の地名に一致す。而して關西の詞に又癩病を指してニウドーといふは豁旦《カツタン》の地名たる薩旦那の梵義乳土《ニウトー》の義と相符す。即ち和闐の地なり。而して和闐の原音ハセンとすれば。正しく滿洲語の癩病名は之と同音を有す。斯くの如く種々なる方面より見て。和闐は支那人の第二の故郷たること明らかなると倶に。

癩病は支那人の祖先より傳來せるものといふの强ち危言に非るを證すべきに似たり。而して周の時代にありては比癩病を如何に見たるかといふに。禮月令に仲冬行春令民多疥癘とあり。癘は癩の本字にて。史記の曹相國世家に時病癘歸國とあるも。同く豫讓傳に漆身爲厲とあるも。嚴安傳に民不夭厲とあるも。皆此癩の字なり。孔子の弟子伯牛の如きも。亦此疾にて斃れたりといふ。彼の時既に血族結婚の結果たるに氣附きしものか孔子をして斯の人にして斯の疾ありと嘆ぜしめたり。此に於てか孔子の徒は同姓相娶らずの義を擴張して。其媒人の有無を問はず。總ての血族結婚を非認すると同時に。一たび此惡疾に罹れるものは結婚の資格を失ふものとして。七去三從の中に惡疾ある者は去ると規定したり。現今の支那人が日々猪肉を飽食しつゝも。而かも比較的此の惡疾に遠ざかり得たるは全く孔子の言に聞いて。一種の血清治療を施したるに依るといふも可なり。而かも遡りて穆王の時を顧みれば此病源未だ發見せられず。穆王は喜んで血族結婚を行ひたりし也。

▲心機一較

——癩病女の容姿——其研究——穆王のノロケ方——肝腎な處に缺字あり——思出しては泣く——寒風空林を吹く——心機一轉——心の駒躍る——西王母の研究

古より曰く。癩病筋の女に美人多しと。而かも其美人は色の白きこと。すき透る如く。其肉ボテりと肥えたる方なり。如何に支那人の理想美と吻合するよ。有女如玉の形容詞は、餘りに簡短なれ共。一言以て之を蔽はんとせば。之に越したる修辭はあらじ。詩經の碩人四章の第二章は。以て之れが註疏に充つ可し。曰く手ハ柔荑ノ如シとは。初生の蓴菜の如しといふなり。陸機の疏によれば。此草に葉の大きさ手の如くして。赤らかに圓く肥たる者あり。手をつくるも滑らかにして。停まるを得ずといへば。矢張り脂肪に富みてツル〱したるなり。膚ハ凝脂ノ如シとあれば。雪白のバタの凝しが如く。スキ透る程美しきなり。頤《オトガヒ》ハ蝤蠐《スクモムシ》ノ如シとあれば。白くして長しと見んよりか。二重腮の段々ありて。ムツクリ肥えて矢張りすき透る色合ひなり。齒ハ瓠犀ノ如シとあれば瓠の中の眞白な種子の如きをいふなり。オマケに螓首《シンシュ》とて蟭蟟の額の廣くして方なるが如き格好を有し。蛾眉とて蠶の蝶の句曲して畫ける如き眉を具へ。巧笑を湛はすこと倩なり。美目を送ること盼たりといふに至りては。彼れ等がマルボチャの脂肪美に傾倒したるやを察すべし。而して以上細説せる形容詞中。何から何まで天刑疾的美人のスタイルに非らざるなきは、寧ろ一驚を喫すべからずや。左はれ色に迷ふもの臭骸を抱くを忘る。穆王の眼中には皮相上の美ありて皮相下の醜なし。女寵女列も皆此種の美人なりけむ。上姫のすべてが此種の美人たる中に。盛栢の子は其粹をぬきたる尤物なりけむ。穆王之を得て片時も傍を離さず。之れが爲に臺を造り。名を命じて重壁の臺といふは。瑤臺の上に玉人あり。壁を重ねたるが如しの謂か。其オハロケの濃厚なるを見るべし。紀年には此重壁の臺を作りしを以て同王十五年のことゝせり。而して盛姫が君王の寵を忝うせしは。實に此年の甲戌の日にして。天子と同じく澤中の巻狩に從ひしは、其四日後の戊寅の日なり。此にて盛姫はマラリヤに取りつかれたものか。氣分惡しとて打ちふしたるまゝ。一ヶ月を經ぬ内に。つひに果敢なくなれり。若し穆天子傳中に在るを以穆王と盛姫が戀の全部なりとせば。餘りにアッケなき戀と謂はざるべからず。否殆んど重壁の臺を造る工事の時間もなかりしといはざるべからず。而かも肝腎の處に缺字あれば。俄かに兎角の評は下し難きも。甲戌の日は戀の緒にあらずして。此戀の終りの一端なるべし。然らざれば盛姫死後の穆王が悲哀悼惜餘りに濃か過ればなり。盛姫を北邙一抔の土に送りし穆王は。思ひ出しては泣き。思ひ出しては泣きつゝ。殆んど涙に衮龍の御衣の濡れぬ日とては無かりしが如し。終には七萃の士の葽穣てふもの諫を天子に上りて。曰く古ヨリ死有リ豈獨リ盛姫ノミナランヤ天子ノ樂マザルハ永ク思フニ出ヅ永ク思ヘバ益コト有ラン其新ヲ忘ル丶莫レといへり。蓋し其新ヲ忘ル丶勿レとは。新たに候補者を求むるに如かずといふ也。穆王は猶流涕せり終に沈鬱症となれり。氣保養にとて其冬鹽澤見物に出かけたれ共。鳥にも花にも無常を觀ずる穆王の眼には。寒風空林を吹きて身に砭する如く。滿地の鹽分は霜ならざる朝も。猶銀粉の冷やかなるを撒けるを見ては。豈に獨り寐のわびしきに耐えざらむや。此行別に心を慰むるよすがもなく。風物却て新愁を加ふるのみなりけむ。斯くして其翌十六年も歎きの内に。歲はくれぬ。明けて十七年は盛姫死してより。早や三年なり。穆王の涙未だ乾かず。七萃の士を初めとして。殊に祭公謀父は心を苦むること一方ならず。寧ろ遠遊して以て當面國家の急たる西域探檢を實行せしむると倶に。一面は穆王の爲心機一轉の基ひを開かしめんと計畫したるものと見ゆ。恰もよし。去ぬる八年の春。北唐《ホクトン》の戎來朝して一驪馬を獻せしもの。騄耳を生みて乘り頃となれり。其餘の名馬七疋も。天下の名御者造父の手に飼ひ付けられ。あはれ天子の一鞭を待ちて。鐵蹄空を奔るの眞價を發揮して呉れんとイキマキつゝあり。此に於いてか。祭公謀父は萬事造父の骨折りを賴むとて。彼の心を勵ます爲に。恩賞の先き拂ひとして。王に勸めて趙に封せしめたり。造父豈感激身を獻じて働かざらむや。彼が辭を盡して遠征の趣味あるを說くに至りて。穆王は國家の對蠻政策以外更に一種の好奇心も生じたるならむ。況んや周と同族なる赤烏氏は。崑崙山下に在り。彼の美人は西方の人と聞ける如く。此は有名なる美人の産地なり。

血族結婚を以て誇りとする周族として。寢よげに見ゆる若艸の沙漠のあなたに生ふと聞きては。心の駒の躍らざるを得ず。穆王は決心せり。舊を慕ふを擲ちて新を求めんと決心せり。根本に時代の要求あり。側面に一身の慾望あり。萬里の遠征此に於てか其首途に就かんとするなり。而して世或ひは西王母を以て一仙女と解するが爲めに。穆王の西域探檢は一に此仙女と邂逅するに在りと見るもの多し。而かも重ねて言ふ西王母は仙女に非ず其實勢力隆々たる西域の一大種族名なり。而かも穆王の先祖大王より以て文王に至るまで。舊主と仰ぎし家柄なり。穆王が西王母を訪へるは。戀にはあらず。政策の爲めなり。是れ寧ろ根本問題なり。いでや西王母てふ支那史上の大怪物は果して何者なるかを見極はめん哉。

▲支那史上の大怪物

―西王母の研究―白鳥博士の説―誤謬の病源―禹の解剖―禹域は現今の支那本部にあらず―西洋學者の中央亞細亞探檢―バイブルと禹と―ノアの洪水と

禹の洪水——禹とノアとの族上の關係

西王母といへば。支那史上の大怪物たると倶に。支那神話中の大立物なり之れが素性を探らんとす。事豈容易ならむや。而かも未然を察するものは。千歳の後を洞見す。何といふても歴史は既然のことなり。既然のことは二十四萬年の太古に遡りて。人類發生の淵源までも辿りつけんとする今日に在りては。此事難きに似たれど實は難からず。但だ從前の漢學者は。詮索甚だ淺薄にして西王母は神仙なりといへば。神仙として呑込むまでにして。敢て其餘に及ばさんとせず。近來白鳥博士の如き新研究の人と雖も。纔かに西王母を五行說に附會して。以て滿足せんとするのみ。支那の五行說は如何なる邊より生じ來りたるかに至りては說いて詳ならざるものあり。西王母の本體は。今も猶玄圃の白雲に蔽はれたり。支那人は以爲らく。甘肅西寧郡の北に湟水あり漢志ニ云フ、臨羌西北ノ塞外ニ西王母ノ石室ト僊海鹽池アリ。則チ湟水ノ出ヅル所。一名樂都水ハ。左右ノ地皆肥美ナリ。漢武河西ノ四郡ヲ開ラキ。羌ト匈奴ト相通ノ路ヲ隔絶シ。諸羌を斥逐シテ湟中ノ地ニ居ラシメズとあるによりて。西王母は甘肅の一石室に住する仙属なりとなすものゝ如く。現今甘肅省涇州の汭河々岸に聖母降誕之處といふ碑ありて。ソレより左折して行くこと數町にして。羅家山の小谷あり。之を上れば。山腹に一小建築物あり方二間の小池を中心として。三面廻廊を設けたるが。即ち西王母聖廟なりといふ。而して其小池こそ有名なる瑤池なりといふに至りては。支那人獨得の大安賣とはいへ餘りに掛直をひき過ぎたり。蓋し西王母は猶蒼頡の如く。既に一人の固有名詞に非ずとすれば。此地亦全く其關係なしとは言ふべからざるも。當年穆王が八駿馬を驅りて往訪せる。崑崙山以西のソレと同一なりとなすに至りては。啞然たらざるを得ず。此誤謬の病源は。禹貢を以て現在の支那本部各省に宛てゝ解釋せるに起りしものにして。崑崙山の如きも肅州の西南二百五十里に在るものを以て擬したるなり。然れば西王母を解せんと欲せば。先づ大崑崙の所在を明らかにせざるべからず。大崑崙の所在を明らかにせんと欲せば。禹貢及び山海經を參照せざるべからず。禹貢及び山海經を解釋せんと欲せば。勢ひ禹其人より解剖し來らざるべからず。余や禹貢及び山海經を讀む毎に。其山川湖海の多く現在の支那に符合せずして。却て西域と合するもの多きを怪み。試みに之を西域に擬して解するに。釋然たるもの頗る寡からず。隨て禹の時代の所謂禹域てふものは。現今の支那本部に在らずして却て只今の天山南路なりしものゝ如し。而かも禹の出生地は。更に葱嶺の以西なる現今のタシケントに在り。禹に及びて葱嶺を越えて塔里木《タリム》の盆地に來り。終に于《ウ》闐《チン》に沒せしに似たり。西洋學者の中央亞細亞を探檢するもの其風俗習慣の總てが。バイブル中の記事と吻合するもの多きに驚くと聞けるが。余は今竹書註によりて。禹の人物を研究し。其バイブルと合する多きに驚けり。西人の或る者は言へり。禹の洪水はノアの洪水と同時代ならざる迄も。必ずや多少の關係あり。船字の舟に从び。八口に从ぶは。八人方舟に乘じて遁れたるノア時代の傳説より胚胎せしものならざらんやと。此説大概は皆斥けて附會の甚しきものとなす。然れども方舟の大なるもの。即ち八人を以て定員となす。所謂八人乘りてふものに乘じてノアも亦去たりとすれば」假令船字の制作に關係なしとするも。方舟に於ては既に彼此同一の形狀容積なりしと謂ふを得べし。況んや禹王の字音ウワンの變化は之を蒙古文字に記してゥの左傍に一點を附すれば。直ちにヌと響き得べく。ウワンは即ちヌワンにしてヌワンは又ノワンと轉じ得べきをや。是れ或はノア先きに出で〻。禹王其名を借りしか。禹王先きに出でゝ。ノア其稱を冐せしか。或は彼此同一なるか。又全く關係なきかは。猶幾多の研究を要すと雖も。禹が確かにノアと種族上の關係あるは。爭ふべからざるものあるを認む。今正さに之を證すべし。

▲バイブルと禹（一）

―高加索の峻嶺―荒誕無稽にあらず―炎帝の名火山に緣あり―柔道劍術の稽古也―一句一節皆事實に合す―英人の紀行文―井上雅二氏の說―禹がタシケントに生れたる證據―禹はスラブ族也―バイブルと禹と

禹は緜の子にして。顓頊の孫なり。顓頊は元國名なれ共。高陽氏此地より起ちて帝たるに及び。單に顓頊といへば。高陽氏のことゝなれり。此高陽氏の出生地は。若水といへば。今のシルダリヤなり。首に干戈を戴くといへば現今のヘブズール族と同じく。鐵兜を被りたる人種なり。ヘブズール族は。今退化して蠻族と呼ばるれ共。太古は嘗て開化を誇りし時代あらむ。現に高加索のアラグワ及びアルグキン兩水の源なる九千呎の高山峻嶺の谿谷に穴居し。其出づるや。頭に鎖甲を戴き身に鐵鎖衣を着け。鑽袴を穿ち。軍刀を腰にし。銃を負ひ馬に跨りて懸崖を馳驅す。食盡れば鐵衣を脱して水中に入り。魚蝦を捉へて糊口となす。平生武術鍛練を以て能事となすが故に。柔劍の道も亦觀るべきものあり。山海經は之を寫すこと最も委曲にわたる。而かも腐儒文字に拘泥して嘗て眞義を知らす。荒誕無稽として嘗て人の研究に資せざりしは惜むべし。大荒西經には有「互人之國」とあり。互人國はホレングの字音あり。即ちアラグワの轉なり。炎帝之孫曰《チ》「靈恝」。靈恝生「互人」とあるは。火山作用を形容して炎帝之孫といへるなり。即ち火山によりて涌出せるをいふ。名づけて靈恝《リングデー》と曰ふとあるは。アルグキン水のこと也。是能上《ク》下于天」とは蒸發氣の雲となりて昇り。雨となりて降るを形容せる也。互人國《ホレング》をアラグウとし靈怼《リングチー》をアルグキンとすれば。火山作用によりて先づアルグキン水を噴出し。更らに分れてアラグワ水を出だせしといふ義なり。此の兩水の名先づ符合す。而して此兩水の源地に在るヘビズールを寫すに何を以てせるか。曰く魚有り偏枯《カタヘカ》レタリ名ヅケテ魚婦顓頊《ユイフーセンチユイ》ト曰フ。死シテ即チ復タ蘇ル。風北ヨリ來レバ。天乃チ水泉ヲ大ニス。蛇乃チ化シテ魚ト爲ル。是レヲ魚婦顓頊ト爲ス死スレバ即チ復タ蘇ル云々と。是れヘビズールを指すなり。魚婦顓頊《ユイフーセンチユイ》は即ちヘビズールの原名なり。今訛りてヘビズールといふ。之を以て魚と爲すは形容なり。水泳に長するをいふ。偏《カタ》へ枯レタリとは鐵甲衣にして生肉をあらはさざるをいふ。死シテ復蘇ルとは柔道劍術の稽古の形容也。風北より來れば。アルグワ及アルグキンの水蒸氣寒冷に觸れて。雨となり。以て水泉を大にする也。蛇化シテ魚ト爲ルとは。鐵鎖衣の蛇鱗形を脱して。水中に躍り込むをいふ也。一句一節其事實と合せざる者なし。是禹の同人種たる顓頊の固有の風也。而して此アラグワ及アルグキンを離れて。東方に行きたるものあり。之を石夷《シヰー》來風《ライビン》といひ。譯して韋といふ。韋はナメシ革なり。蒙古語之をシラビといふ。

我國にても琴及弓の絃をシラベと云は。其初韋を用ゐて造りしによる也。山海經曰く有人名曰石夷《シ井》來風《ラビ》曰韋とあり而して姓苑に曰く韋は顓項より出ヅ彭《ポン》人《レング》ノ後。夏豕韋に封ズ。國ヲ以テ氏トナスとは是也。而して初學記九巻に洛書を引いて曰へるは。人有リ石夷ヨリ出デ地ヲ掘リ。代成《ヨヨ》鈴ヲ戴イテ玉斗ヲ懐ニス。と此の石夷より出づと禹を指せるなり。乃ち知る禹は石夷《シ井》來風《ラビン》族なり。竹書註に生禹于石紐とあるも同じ。而して山海經に西北海之外大荒の隅といへるより推せば葱嶺以西の地たるは爭ふべからず。葱嶺以西の地にして石の義を有する地名を求め。即ち塔什干を得たり。英人莫邇氏の紀行文にては。塔什は石にして。干は城なりといへり。友人井上雅二氏がシヱーラー氏の説なりとて記する處を見れば。タシとは石を意味し。ケントは市を意味すといへり。然れ共余が見たる俄屬遊記には。塔什干譯言石城とあり。元史西北地附錄の塔里干は此塔什干と同一なりといへば。塔里は蒙古語のチラの轉音にして。日本語石の古語トリと同じ。干は元と日本語のクムと同じく。組みたてたる義ならむ。漢譯すれば紐となるなり。即ち石紐とは石を組たてたる處にして。之を城ともいふべく。城下に市あり。之を市とも譯すべし。竹書註の石紐は現今のタシケンドたること疑ひなし。而して此邊一帶の居民は。磚牆を以て家とし。城亦石を以て築づけるは。邱處機西遊記に。十六日西南過二板橋一渡レ河。至二南山下一。即大石林牙《タシリンヤ》國。十八日沿レ山而西七八里。山忽南去、一石城當レ途。石色盡赤とあるにても知るべし。山海經の石夷來風《シイライビン》はタシケントの東なる塞藍《サイラブ》城なり。塞藍《サイラブ》は元史西北地附錄には賽蘭《サイラム》とす。アルハベットを有せざる支那にては借音的に種々なる文字を使用せる爲、一見兩樣の觀ある地名も、原音を辿れば皆一に歸するを妨げず。石夷來風《シイライビン》を意譯すれば、韋となる。韋は顓頊の姓なり。而して顓項の孫を禹といひ。禹は石紐に生れたりといへば。禹のタシケント管内なるサイラブ城に生れたること明白なり。而して韋を以て石夷來風《シイラビン》即ち賽蘭《サイラン》の譯として。之を解するに凡て韋の字を有する字義を見よ。偉は容貌魁偉の偉なり。此種族は皆軀幹長大なり。禹の如きも九尺九寸ありしといふ、圍はカコミなり。其族の牲畜を養ふ。多く土圍の内に置く、韋はアシなり。此地方シルダリヤの沿岸此草多し。緯はタテイト也」此族古來嘗て履を文ざるにタテイトを以てせり。而して韋は井に从び。吾に从ぶ。井は水の在る所なり。水は古代蒙古語及び朝鮮語ともにブルといふ。西遊記に納林河《ナリンガハ》を指して霍闌沒輦《ムレン》といふを見れば。此語の使用區域はタシケントにも及びたるなり。而して吾は古文　なり穴居の上に屋根を葺きたるなり。蒙古語グリ。日本語のクラと同じ。此に於て井《ブル》と吾《カリ》とを音に還せば。ブル、ガリアとなるなり。世界に於てブルガリアンといへば。スラブ族なり。スラブ族はセム人種なり。セム人種はジユースの一部なり。故に知る石夷來《シイラ》風《ビン》の急言は。スラブなり。而して禹は實に此スラブ族なり。スラブ族なりとせばジユースの歴史を示せるバイブルと符する處なかる可らず。

▲バイブルと禹（三）

——禹の先祖の住地——其證據——海の古義は砂漠の事也——ウミを今の海水と思ひたるは誤解也——無期徒刑とは名のみ——洪水にあらず洚水也——禹の治水法——論語の文句——十八史略の文句——根本の問題

竹書を按ずるに禹の父鯀《コン》の生れしは。顓頊の卅年なり。帝產二伯鯀ヲ是維若ノ陽一。居ル二天穆之陽一とあり。帝伯鯀《コン》ヲ是維若《シイルー》ノ陽ニ產ミ。天穆之陽ニ居ると讀むなり。是維若《シイルー》はシールダリヤのシールを音譯したるものにして。若水といふも此ことなり。當時スラブ族たる禹の先祖は。シルダリヤよりかけて裏海方面にまで版圖を有せしが如し。顓頊も亦若水に生れたり。天穆《テンモー》とは又大樂とも稱へり。今のテレクなり。グルジンの女王タマラは天穆《テンモー》の地名を取りて名とせしなり。此族は稍もすれば。西北方を好むと見え。有レ人名曰二石夷一來風曰レ韋とある次の句にも。處二西北隅一以テ司ル二日月之長短ヲ一とあり。陽の字は。山には南とよみ。水には北とよむ。是維若《シイル》の陽はシルダリヤの北なり。天穆之陽はテレク水の北なり。初めて暦象を作りしは顓頊なれば。此族が西北ノ隅ニ處リテ以テ日月ノ長短ヲ司ルト云フニ合せり。而して鯀《コン》が治河を命ぜられしは。堯帝の六十一年なり。此時崇伯とあれば。サメバ山に居城を賜はりしならむ。而して六十九年に黜けられたる也。其間九ヶ年の星霜たとへ非常の功なかりしと雖ども。死罪には該當すべからず。竹書には黜とありて殛と書かず。然れども書ノ舜典には殛鯀于羽山とあるより見れば。殛の字は今の無期徒刑なり。窮極死にいたるまで宥さざるなり。故に亟に从び歹に从ぶ。即ち極死の合字と見るべし。而て羽山とは何れなりやといふに。霍蘭又忽章とも書くが如く。シルダリヤの古名なり。羽の字に後五切あり。フの音を有すフシャンはホシャンと同じ。高架索より見ては。東裔なり。故に羽山は。東裔海中に在りと言へり。海は古義皆沙漠のことなり。今の所謂ウミにはあらず。而かも後世之を以て眞のウミの義となすのみならず。今の支那本部の東方に在るべきものとして。禹貢疏には羽山在東海祝其縣とし。史記五帝紀註には。羽山在沂州臨沂縣界とし。人々勝手に之れをあてはめんとせり。是れ偏へに堯舜の時既に今の支那本部に都せりと解釋せるに因る也。若し此根本にして明瞭となり。堯舜時代は猶西域に在りしものとせば。蓋し思ひ半に過ぎん。堯は聖人なり。たとへ鯀にして治水の功なしといふと雖も。豈之れを絶漠無縁の地に棄死するに忍ぶものならんや。況んや其子禹をして。猶其業を繼がしめんとするに於てをや。禹も亦其父を無期徒刑に處せられつゝも。而かも猶堯の爲に十二年の勤勞を抽んでたるもの。何等か堯の聖恩に肺腑を動かされたる處なからずや。而して羽山を以て霍閩とせば。即ち鯀はシルダリヤに放逐されたるなり。シルダリヤは若水なり。若水は鯀の故郷なり。故に鯀は無期徒刑の名を以て。實は故郷に追ひ返されたるまでなり。禹豈其仁德天の如きに感憤せざらんや。蓋し禹一家はエビジョール族として。水中を以て家宅となすものなり。其水利に明らかにして治水に長じたるは。彼の一家獨得の技ならざるべからず。但だ鯀や少しキカヌ氣の男にして。堯をして初めから命に方ひ族を圮ると豫言せしめたり。而かも第一期の洪水はへの字なりにも。之を處理し得たりと見るは。鯀の治河を命ぜられたるは。堯帝即位六十一年にして。其黜けられたるは同じ六十九年なり。而して禹の治河を命ぜられたるは。堯帝即位七十五年にして。其入覲して竣功を告げたりと思はるゝは。八十六年のことなり。六十九年より七十五年まで足かけ七年間の無事を得たるは。少くも鯀が排水宜しきを得たる功なしといはんや。書の堯典に據るに。鯀の時の洪水は眞の洪水なりしなり。帝曰咨四岳。湯湯洪水方割。蕩蕩懷山襄陵。浩浩滔天。下民其咨とあり。以て其如何に猛烈なりしかを見よ。鯀之を治めて九載績用弗成とあれど。排水スラも出來ざりしといふ意味は見えず。言はゞ積極的に水利を導いて。灌漑に應用するまでの腕前を缺きたるのみなり。开が禹を七年後に登用する時の文句はいかに。帝曰來禹洚水儆予成允《コトヲ》成功惟汝賢《ノミ》とあり。此洚水は水の逆行することなり。此はトルキスタンの地春夏の交必ず地震あり。地震に伴ふてアラル海の水海嘯の如くシルダリヤアムダリヤに逆行すれば。疏水工事無き爲田圃の荒れたる水害なり。故に禹の十二年骨折りしは。洪水に非ずして洚水なり。論語に禹は溝瀆すとあり。此水利は葱嶺を中心として。トルキスタンにも天山南路にもあり。印度ガンヂス河畔の水利法は範を此の方面に取りしものにして。近頃亞米利加に行はれたる水利法はガンヂス河畔の又弟子なりといふ。去れば鯀は創業の人にして害を除くといふ一方に働きたるなり。消極的なり。禹は守成の人にして。利を興すといふ方に重きを置たるなり。故に允を成し功を成すは惟れ汝の賢といふ語あり。而かも此の利を興すことの出來たるは。鯀之れが素地を造り置きたれば也。

此の功を無視して。禹のみを世界再造の大恩人の如く思ふは。大なる間違なり。況んや禹の治めたる洚水を以て。洪水と同一視するは猶更のことなり。此に於てか初めて知る。禹の功勞に付ては十八史略などに見ゆる鯀湮洪水。舜擧禹代鯀とあるとは。時期の差と事情の違あり。鯀の時は眞の洪水なりしも禹は灌漑事業に過ぎざることを。太古ノアてふものありて洪水を理めたるに非ざるも。洪水後各農作物の種子を傳へたることは。禹が洚水後の處分を善くして。民生をして耕耘收穫に遺憾なからしめたると相似たり。此點より見てノアの名稱を以て禹王に名づけしとせば。曩きに保留せる疑問の稍解釋に近づきたる觀あれど。余は此等末節の比較を以て。**禹**と**バイブル**との**交渉**を云々するに滿足せず。猶少しく歩武を進めて。**根本の問題**に觸るゝまで史海の波底を搜索せんと欲す。

▲日月兩文字の解

人の問に答ふ

先日余が本篇に於て天地の二字を解剖して天はテムの二片假名よりなり、地はタヤイの三片假名なりといふや、書を寄て猶他の漢字を解剖せよといふ者引も切らざる中、日月の二字元象形文字にして日は⊙たり月は☽たり而も此二字より音韻の拈出すべきあらば試みに之を言へといふものあり。余は漢字に付ては世間の多くが信ずる如く楷書より行書に移り行書より艸書に移りしものあるといふ一面には更に艸書より行書に移り行書より楷書に移りたるものあることをも信ずるものなり艸は艸創の艸なり毛筆の用ゐられたる始めには必ずこの婉曲なる筆法に由りしものなるべし而かも文字の根元毛筆以前の字體は或は鐵筆或は木筆孰れにしても艸書より楷書に適するの文具なり故に此過渡期にあらはるゝものとして此處に行書の一體起らざるべからず今日月の二字より音韻を探り出さんとするも亦此行書の一體を離れざるが如し而かも個々に之を分釋せば其分子は楷書たるを失はず楷書の一體として最初にあらはれたるはカタ假名なり日月の二字も亦カタ假名によりて其原音を探らん日は原音ニチなり月は原音エチなり北京音のユエと出づるはユエチの略なり故に此兩字に共通のチの字より說むチは蒙古の音字にてㄐなり羅馬字にてTなり縱橫の差のみカタカナにてチの字は橫線を縱線に貫けるのみ故に日の音ニチはカタ假名の二の字に。同じ假名のHの字を加へたる也即ち冃となる月の音ユチはユに加ふるに冂を以てせる也即冋となるニチユチの二チゲツとなるは音韻轉化の初步を學ばゞ半時にして之を領すべし

斯く言はゞ人或は象形文字を根本的無視するものとなさん然れ共象形文字は象形文字なり之を現用の漢字形に變ずる時其音韻の含蓄し得べきものは可成之を含蓄せしめんと試むるは亦是れ文字改造當時の先賢の苦心に存するのみ此類猶多し追々に之を說明せん

▲バイブルと禹と(三)

——百歲にして子を生む——家門を過ぎて入らざる事情——禹はいゝ一種の河童也——史家の迂濶——龍門とは何處——蛇身人面の神とは何ぞ——谷の字の解——波斯語と日

本語との一致點——類とは何ぞ——佃漁の農業に先ちし事情——バイブルと禹と

耶蘇紀元前一千九百九十六年に生れたるアブラハムは。從來の年表によれば。禹の在世より後るゝこと二百十一年の後なれども。其年壽は百七拾五歳を保ち。其百歳の時猶子を擧ぐるの體力を有したりきと傳ふ。上世の人の健康は各國倶に概ね勝れたりしと覺ぼしく。禹の父鯀の如きも。誕生より免黜の年までを算すれば。實に百九十一歳の長壽者なりき。而かも羽山に追ひ返されたる後。猶直ちに死せざりしとすれば。殆んど二百歳に達したるやも測り難し。王子年の拾遺記は。鯀に付て如何なる傳説を有するか。曰ク堯夏ノ鯀ニ命ジテ水ヲ治メシム。九載績無シ。鯀自ラ淵ニ沈ミ。化シテ玄魚ト爲ルとあり。此羽淵ニ沈ムといふを以て。舊解は皆溺死せる者とすれ共。余はエビジユール族の生活は水を離れて存在すべからざるを知るが故に。鯀の此擧は身投にあらずして。例の漁獵の爲なりと思ふ。渠れ一旦俸祿に離れて故郷に還る。其舊業に復するはありさうな事ならずや。春秋傳には曰く其神化シテ黃能ト爲リ以テ羽淵ニ入ルと。能とは熊屬の能に非す。爾雅釋魚に鼈ノ三足ハ能《タウ》とあり。是也去れば羽淵《フエン》とはサラブサン河の南岸より來會するファン水の音譯にして。鼈とはサマルカンドより手前にて二水の中間一島を成す。之をベアツアといふに符す。此島沃壤非常にして。居民蕃庶す。此河は夏期漲溢すれども。水退けば淤土の甚だ肥えたるを殘す爲め。農家は却て此夏期の漲溢を利とせり。拾遺記に禹の力を溝洫に盡したるを記して。行イテ日月ノ墟ニ遍ネキモ。唯ダ羽山ノ地ヲ踐マズ。といひ其理由を。皆ナ聖德鯀の靈化に感ズレバナリといふに歸すれ共。事實は此ベアツア島は水の漲溢を利として。其水路の變更を要せざるが爲なり。所謂舜擧禹代鯀。勞身焦思。居外十三年。過家門不入といふ。禹の家門とは此羽山を指すなり。此家門の地丈けは。禹の父鯀のあるあり。增水を利導して。田園に肥やしを入るゝの策を施せり。何ぞ復た禹の心配を要せんや。必竟するに。鯀も禹も皆水中に家居する程の民族なれば。河童の後身と見てもよき位なり家門に入らざるを以て精勤の證となせども。其實際は斯くの如し。從來の史家多くは河童に尻を拔かれたる

のみ。拾遺記は禹の神靈を說く爲に更に左の記事をのせたり。曰く

禹龍關ノ山ヲ鑿ツ。亦之レヲ龍門ト謂フ。一空巖ニ至ル。深サ數十里。幽暗ニシテ復タ行クベカラズ。禹乃チ火ヲ負フテ進ム。獸有リ狀豕ノ如シ。夜明ノ珠ヲ銜ミ。其光燭ノ如シ。又靑犬アリ行ク〳〵前ニ吠ユ。禹計リテ十里可リナルニ。晝夜ニ迷フ。既ニシテ漸ク明ナルヲ覺ヘ。向來ノ豕犬ヲ見レバ。變ジテ人ノ形ト爲ル。皆玄衣ヲ著ケタリ。又一神ヲ見ル。蛇身人面ナリ。禹因テ與ニ語ル。神即チ禹ニ八卦ノ圖ヲ示シ。金版ノ上ニ列ヌ。又八神アリ。側ニ侍ス。禹曰ク華胥聖子ヲ生ムトハ是レ汝耶。答ヘテ曰ク。華胥ハ是レ九河女ナリ。以テ余ヲ生ミタル也乃チ玉簡ヲ探リテ禹ニ授ク。長サ一尺二寸以テ十二時ノ數ヲ合ス。天地ヲ量度セシム。禹即チ此簡ヲ執持シテ以テ水土ヲ平定ス。蛇身ノ神ハ即チ羲皇也。

と。此記事中の龍門も亦是支那本部の龍門にあらず。龍關はシルダリアの水源地より一萬一千尺の所にあたるタラガインの音譯にして。龍門は其末流クルーメンタの龍門より來りし也。而して豕及び靑犬の如きは。皆裘を穿ちし形容にして。蛇身人面の神とは。エビジユールと同じく鱗形の鐵鎖衣を着けたるなり。此時代は穴居時代にして。八人口を以て一班をなせり。之をコタ

ニと謂ひ。ヤツと謂ふ。谷字の起りは是也。井田の淵源も亦此に存す。蛇身人面の側らに八神のありしも此故なり。八神を主宰するに一神あり。一神各一河を司る。即ち溝洫を業とす。之を九河の神といふ。神禹に答へて曰く華胥ハ是レ九河ノ女ナリと。此華胥とはホワスーの音あり。思ふに花剌子模《ホワラスモ》のことならむ。花剌子模はアラル海の西南裏海の以東アムダリヤの下游以西は皆是の地名にして。支那は周朝の初め頃にあたる波斯の火教書にも此名見え。春秋の時に波斯の箭頭字にも亦あり。我國の一名シネガミのホヅマの國といふ如きも。ホワラヅマの名稱と大に比較研究すべきものあらむ。ホワラヅムは波斯語の解としては地の低平をいふなり。若し之をハラ(平原)ズミ(居住)とせば。殆んど我國語の解とも相去る遠からず。我國名としても神代以前なり。支那史に見えたるも太古なり。此地は黃帝の時より頗る和樂の地なりしと見え。黃帝夢遊華胥之國怡然自得。其後天下大治。幾若華胥とあり。堯の時觀于華とある華も恐らくこの華胥の國の視察と出かけたるならむ。而して蛇身の神は是れ義皇なりといふ。義皇はシーホワムなり。亞剌比亞語にてシルダリヤをシホンといふに一致す。即ちシホムの神なり。此れは又鐵鎖衣に於て黃帝の時あらはれたる蚩尤と一致す。黃帝紀に曰く蚩尤作亂其人銅鐵額とあり。銅鐵額とは鐵兜銅面にかためたるなり。蚩尤の音はシユーなり。エビジユールのジユールと一致す。而してエビジユールはクリジン山に在り。書ノ呂刑蚩尤惟始作亂ノ註ニ九黎之君曰蚩尤とあるを照合すれば九黎はクリージンのクリーなるべし。此種族の聖德あるものは伏羲と呼ばれ。亂暴なるもの蚩尤となりたること。猶鯀と其子の禹の如きか。而して余を以て見れば。鯀も禹も伏羲も蚩尤も皆是れエビジユール族にして。ノアの洪水眞に世界を水底に沒せしことありとせば。農作よりも佃漁は始めに行はるべき筈なり。宜なりエビジユール族の一族の內らしき伏羲は神農以前世にあらはれて。而かも結網罟教佃漁とあることや。以上列記の關係上禹はシルダリヤ附近に生れ幵が同族の關係者は遠く高架索方面にまでも漫延せるを知らば正に禹とバイブルの記載とを比較するの時機に到着せるものといふべし。

▲バイブルと禹（四）

—例の私生兒—禹の出產の有樣—虎鼻大口—上野博物館の木面—トルハト王の吃驚—バイブル中の虎鼻の記事—禹の傳說とアブラハム傳說と—禹の耳の三孔の研究—創世紀の記事—益々一致す

竹書夏紀一に帝禹夏后氏とあり。余は此夏后氏を以てシャーホウチーと讀み。以てグリジンのジョウルチヤと關係ありと思考す。ジョウルチヤとヘブジョールとは幹枝同系の關係離るべからざるものあらむ。而してジョウルチヤはヘブジョールより進化せるものたるは疑ひなし。禹の家は其父鯀以前より裏海を渉りてアラル海を過ぎ。シルダリヤを遡りてタシケント附近に移住しつゝありけむ。顓頊も鯀も皆若水に生れたりといへば、シルダリヤの沿岸を離れず。竹書註に禹の母を記して曰く。母ヲ脩己ト曰フと。蓋し脩己の音シウチーはタシケント附近の河名シーチユー又シンチユーを以て名とせる也。支那書には之を神珠河とも。眞珠河とも。又質河とも書けり。出行見流星貫昴夢接意感とあるは例の私生兒又は密通兒の托名なれども。家柄が暦日に縁故ある丈け。流星ノ昴ヲ貫クヲ見テ接意ヲ夢ミテ感ズとは能くも考へたり。次に旣而吞神珠とある句の舊解は禹の母が何か珠でも吞んだやうに說くものあれども。事實は神珠河の水を吞みに往きたるなり。其次は脩己背剖而生禹于石紐とあり珠を吞んで懷妊したから。背を截ち割りて禹が出たと解するを常とすれ共。背剖はアォムケに倒るゝことなり。我國の俗語に喫驚仰天《ビツクリギヤウテン》とも、喫驚背剖《ビツクリヘイモウ》ともいふは。仰天して即倒し。背中を割りたといふ誇大の形容詞に過ぎず。禹の母は神珠河に水を吞みにゆき。辷りて轉んでアォムケに倒れた拍子に。禹が生れたといふこと也。石紐はタシケントたること。旣に說けるが如し。次に虎鼻大口とあり。此は禹の容貌を記せるなり。虎鼻とは虎の鼻の如く。鼻端を擴大せん爲に鼻環を加へて鼻孔を張りしことあり。この風習今も猶雲南のアイラウ族より西藏の境界ネポール族に及べり。而かも源泉はトルキスタンに在り上野の帝室博物館の古代木面に其一を存すトルホト王は一見直ちにトルキスタン族の木面を日本に於いて見るは一奇なりと絕叫せり。而して其木面によれば。鼻端に環を有すると倶に其口や頗る大なり。虎鼻大口とはいかにも寫實的なり。創世紀イサクの妻を娶る條下に。茲に駱駝飲みおはりしかば其人重《おもさ》半シケルの金の鼻環一箇と。重十シケルの金の手釧二箇をとりて云々とあり。バイブルの中に此虎鼻の記事あり。余はセム及びハムの出現地を以て。パミール高原と想像するが故に。アブラハムの事蹟もトルキスタン地方の口碑が。其民族と倶に西漸せるものなること。猶禹の事蹟が民族の東漸に伴なふて其傳説を東の地名に附會せると同一般ならむと信ず。故に禹に關する傳説を西方に移し。アブラハムに關する傳説を東方に引きかへせば。脊中あはせに逆行するもの。トルキスタンに於て相接觸すべく。而して一たび廻踵顧首すれば。何ぞ計らむ東西の一致を此に發見せんとは。請ふ更に進んで其次の句を見よ。曰く兩耳參鏤と。此は禹の耳に三孔を穿ちありしを云なり。此耳朶に環を有するは。各國倶に子女に於ては珍らしからず鼻環と耳環と倶に有するはネポール族とアイラウ族なり。創世紀に曰。「此に**於て彼等その手にある異神及び其耳に在る耳環を悉くヤコブに與へしかば云**

々とあり。而して此耳環の理由としては。出埃及記第二十二章に汝ヘブルの僕を買ふ時は。六年の間之に職業をなさしめ。第七年には贖を索めずしてこれを釋つべし(中略)我釋たるゝを好まずと明白に言はゞ。其主人これを士師の所に携ゆき。又戸或は戸柱の所につれゆくべし。而して主人錐をもてかれの耳を刺とほすべし。彼は何時までもこれに事ふべきなり云々とあり。錐もて其耳を刺し透すべしとは。其耳朶を穿つことなり。皷膜を刺されたら忽ち絕命すべし。而して是は能く主人の命を聽くといふ服從の證なるべし。此に於て禹の兩耳に各々三孔ありとせば。彼は其主を代ゆること三人ならざるべからず。果然禹の父鯀は高陽氏三十年に生れたれば。同帝の崩御の年までにても四十六歲となれり。其頃禹を生みたりとするも。高辛氏の一代六十三年。禹も亦五六十歲なり。彼豈出でゝ仕へざらんや。高辛氏の子摯立ちたれど九年にして癈せられたり。次は堯と舜となり。禹此三氏に歷仕す。其都度耳朶を穿たれたりとせば。參鏤の數に於て見事に一致せるに非ずや。更に其次の句に及べば。首戴鉤鈴胸有玉斗とあり。以前提出せる有人出石夷掘地。代藏成鈴懐玉斗とは此事なり。鈎鈴とは二ッ星也。前漢天文志註に曰く。旁有二星曰鈎鈴とあり。而して鈎は古候切なり。鈴は巨淹切なり。古《ク》候《ホフ》巨《ク》淹《アン》はゴムガオンの音あり。ゴムグオンはオムアホンの轉なり。是れ古代神呪を額上に點して二星を書きしものなり。我國のボーヽ眉の如きも。大に參照の價あり。而かもバイブルの明文は。一層比較の價値あり。出埃及記第二十九章に曰く汝純金をもて。一枚の前板を作り。印を刻むがごとく。その上にエホバに聖と鐫つけ。之を青紐につけて頭帽の上にあらしむべし。云々と。此エホバは彼土の神の名なりとすれど。アホムと同音同義なり。聖の語は原音何と響くや若し立ち入りて研究せば。オム若くは之に類似の聲を有せずや。开は兎も角も鈎鈴とは此の頭帽の金板なり。エホバに聖の文字或は二星の形をなしたるや否や明らかならずと雖も。既にエホバと言ひ又聖といふ二語を鐫りつける丈けにても想像に餘りあり。而して胸有玉斗とはいかに。此れ又此鈎鈴を記すると同時に此文句なかるべからざるものなり。

鼻環の面の研究

帝室博物館に藏する古面の一(第一圖參照)伊犁土爾扈特玉ガ一見トルキスタン種族の鼻環を寫せる者となせるは是れ也虎鼻大口正に是れ禹王の肖像と見るも妨げなし聖書中の鼻環の記事が東京に於て其研究材料を發見せらるゝは殊に妙也若し古樂の面を把りて仔細に撿覈せば人類學上の大發見は意外の邊より得らるべし。

◎龍文瓿(第二圖)盧江李氏　此圖はエピジュール族の鼻環を飾り鐵鏁衣を着け兩角狀の鐵帽を被ぶりしに象りしものなるべし。支那人もその由來する處を知らず。博古圖云龍文獸圖與二孔文父ノ飲鼎一ト相似。內有二二鼻一。必ズ以テ貫二提梁一。不レ知二何器一。說文云瓿甌也。大口而卑《ヒクシ》用レ食。疑爲二此器一。姑以レ瓿名レ之と云々。蓋し支那人は同族以外は貶して獸畜と名くる僻あり。四川の猓々の如きも久しく獸視せられたり。禮記に所謂猩々《シンシン》雖二能言一とある猩々も亦猎善《シャンシン》人の事なりといへば。此圖も亦エピジュールに擬するに獸字を以てせるものなるべし。山海經には此エビジユールを蛇と魚とに見立てたり。鱗形のクサリ帷子を形容したるなり。此鼻環の風俗は崑崙山脈より。南みしてネポールに入り。雲南に轉じて哀牢にも其跡を殘せり。猶馬來半島にも突出し。更に群島にも及びしならむ。通常崑崙と書きて。マライとよむは。崑崙山の高地に阿賴あり。之に大の義麻《マ》訶《ヘ》を如へて。麻《マ》訶《ヘ》阿《ア》賴《ライ》と呼びしものを其儘襲用せるまでなり。今はマライと呼びて馬來の二字を充つ。單に阿賴のみにて。麻《マ》訶《ヘ》を冠せざるものは即ち雲南の哀牢なり。此哀牢と同系なるべく思はるゝは。馬來群島中ボルネオのソヲ族を以て最も然りとす。ソヲの男子今其鼻環を有する者ありや否やを詳かにせずと雖も。女子の耳環は猶廢せられず。往昔鼻環を用ゐたりし形跡は。ソヲ族の用ゆる假面によりて之を察すべし。殊に其兩角狀の鐵帽が如何に。周漢時代の獸耳の圖に類せるや。實に驚くべきものあり。但だ鼻環は之を周漢の圖に比すれば。僅かに其痕跡と覺しき一線を留むるのみ。年所の久しき、奮鬪に不便なる。不知不識の間に之を去りしものにや。抑も此族をソヲと呼ぶは。ジユーの清音ならむ。猶獸字にジウとシユーとの兩音あるが

(一)
(二)
(三)
(四)
(五)
(六)
(七)
(八)
(九)
(十)
(十一)
(十二)
(十三)

如し。此ソヲ族は最も舞踏を好めり。圖に示す假面の如きも舞踏用なり。去れば書經に所謂百獸率舞とは。此ソヲ族が猶中央亞細亞に在りし時の出來事を形容せるものなるべし。周漢の瓿壺に依りて南洋風俗を比較するも。亦是人類一源の一證たるべき也。

◎第三圖は周百獸圜壺にて作獸首罶環爲提挈之具純緣作垂花足間以蓰草考它器所飾奇巧無過於是壺者雖周物亦出乎其類耳。

◎第四圖は周鶚耳雷紋壺なり、支那人は此奇面を鶚鵡狀といへども終に其類似を見出す能はず。殊に鶚鵡に鼻環を附するは未だ聞く所無し猶人面を以て獸面と誤認したると齊く不詮索の過ちなるべし。

◎第五圖は漢獸耳盃に現はれたる鼻環の細工物にてトルキスタン族の鼻環より思ひ付きたるものなり我邦にては火鉢のシカミに多く其形を存す

◎第六、七、八九、十圖は漢獸耳方壺なり。

◎第十一圖以下はマライ群島ボルネオのソヲ族に用ひらるゝ假面なり。

ソヲ族は鯨面文身の風俗あり下腮の横線は刺繡なるべし周漢の獸耳面にも縱

横の線多きは概ね刺繍と見て差支なし此面の鼻下に横はれる一線は鼻環の變形なりと知るべし。

▲祝融の神とシナイ山の神火

―禹の胸飾りの研究―舊說を打破す―バイブルの記事―東西古今の綜合―ヘブリウ語とスラブ語―祝融の神とシナイ山の神火―拜火教徒の靈場―洪範の九疇其實は十ヶ條―シナイ山の十戒と相似たり―モーセと孟涂は同人か―奇益々奇

胸有玉斗の解は鄭玄ノ注ニ曰ク。璇璣玉衡ノ道ヲ懷ニスル也と。姚氏は曰ク禹胷ニ黑子有リ北斗ノ如シ。と兩說孰レモ非也。此等の說孰れも禹を神聖にせむと欲して故らに曲解せるものなり。余は鉤鈐を戴くといふを以つて衣冠の飾りとなせり。玉斗を胸にするも亦。服裝の一端たるに過ぎずといふなり。蓋し斗は星なり。其初め五行星と七星とを合せ算して。十二となるを以て。斗の古文を改めて斗とせり。而して後北斗七星といふことのありし爲に斗といへば七星とのみなりて。五行星は忘れらるゝに至りたり。去れど太古は矢張り十二の數を總稱せしなり。故に胸に玉斗ありとは玉もて作れる十二の星の飾りありしをいふなり。バイブルは之を説くこと詳細を極む。曰く

汝また審判の胸牌を巧に織りなし。エポデの製の如くに之をつくるべし(中畧)。是は四角にして二重なるべく。其長は半キユピト。その濶も半キユピトなるべし。汝また其中に玉を嵌めて。玉を四行にすべし。即ち赤玉黄玉瑪瑙の一行を第一行とすべし。第二行は紅玉青玉金剛石。第三行は深紅玉白瑪瑙紫玉。第四行は黄綠玉葱珩碧玉。すべて金の槽の中にこれを嵌むべし。その玉はイスラエルの子等の名に隨ひ。其名の如くにこれを十二にすべし。

と。禹が胸に玉斗ありといひしは即ち是にして。當時はエホバの前に恒に記念たらしむべく。創作されたるものならむも。後は名譽の表章として。今の勳章の濫觴となりたりけむ。バイブルにエポデとあるは。今のエボレツトなり。東西古今の綜合探れば存外近きものなり。更に其次の句を一瞥せよ。曰く足文履己とあり。此句舊解にては。足《ノ》文《ヘ》履己とよみて。足に履己といふ文

字ありしかの如くに解せり。然れども此大なる誤解なり。此も猶服装の一端なり。抑も履とは皮にてつくり足を飾りて以て禮とするなり。爾雅釋言に履禮也といふは即ち是也。己は紀の略字にして。紀の字は絲別なり。絲數を別理する也とあり。去れば足文履己とは足ニ履紀ヲ文ルと讀むべきなり。脚部に紐あり。开を飾れるなり。バイブルの民數紀略第十五章に曰く

エホバまたモーゼに告て言ひたまはく。汝イスラエルの子孫に告げ、代々其の衣服の裾に縫をつけ。其の裾の上に青き紐を施すべしと之を命ぜよ。此縫は汝等之を見てエホバの諸の誡命を記憶して。其を行はしめ。汝等をして其の放縱にする自己の心と目の慾に從ふことなからしむるための者なり。

と邪念一たび動いて戀の渚におりたち淺い川じやと小褄をからげんとするとき覺醒を意味する青き紐の手に纒はるを見て。瞿然として面を改めしめんとする趣向は深切なりといふべし。禹の穿てる皮履は此種の敎訓を帶びたるものなりけらし。故名ニ文命一とは。履に關係なき名稱を故らに附會せる也。文命はウエンミンの音あり。即ちウエビの寫音なり。ウェビはヘビジユールのヘビ

の轉也。ヘブルに屬するジユール人の義なり。ヘブルはバベルの轉にして。バベルは水邊の義なり。故に文命とは水邊に生れたるより取りて以て名とせるものならむ。ヘブルはヘブリウと同じ。ヘブリウ語派はスラブ語派と兄弟なり。石夷來風をシイラブ即ちスラブとし。文命をヘブリウの音字とせば。禹は此兩派未だ劃然として境界を成さざるの時に出でたるなり。而して禹とバイブルとの關係は獨り之れにとゞまらず。余は禹の時祝融の神が崇山にあらはれたるを以て。モーゼがシナイ山に神火を認めたると同型となす。祝融は火神なり。其あらはれたる山は崇山なり。支那人は之を以て中岳嵩山と解せんとし。耶蘇教徒は之を以てアラビヤの地に引かんとす。夫崇山の崇はシユンとも響き。シユナとも響き。又シユムとも響く。崇山とシナイ山と音に於て相密邇す。而して崇山とサメバ山と又相似たり。祝融に神火と何ぞ相似たるや。余は曩きに禹の父鯀の居城崇岳を以て此サメバ山となせり。故に崇山も亦同一山なりとして。之れが研究に入るべし。サメバ山は高加索に在り。ズミンダサメバといふ。蓋しズミンダは夏后氏《シヤホーテー》の轉なるべし。此山頂にて日の出を觀は。歐洲第一の壯觀なりといふ。古來拜火敎徒の太陽を拜する靈場の第一に算へたる處なり。此拜火敎徒の祖にツアラッシユトラといふ名の出でたるは。ゾロアフターの訛りたる也。ゾロアフターはゾロアスターにして。即ち夏后氏《シヤロアフチー》なり。矢張り禹の系統なり。彼斯に入りて彼斯音となり。ツアラッシユトラと響き。グルジンにてはジヨウルヂヤと響き。カスベツクの山名にてズミンダと響くも皆一音の變化なり。而して祝融は何者ぞといふに。高辛氏の火正なり。高辛氏はカウスプ即ちカスベツクの地名を冠りたる帝嚳をいふなり。見よカスベツクの一名山ズミンダサメバを崇山とすれば。現今の地名と實情とに符を合する如きを。此山に付て山海經中ソレと覺しきものあり。山海經大荒西經には其位地を西南海之外赤水之南流沙之西とす。此西南海とは裏海を指すなり。赤水の南とはテレツク川以南をいふなりテレツクの水の濁流を赤水と呼べるなり。流沙の西とはクバンの曠原の西をいふなり。クバンの曠原今は多く草地と變じたれど。山海經當時には猶沙漠たりし也。此地に住せる人種は何者ぞや。曰く有人珥兩青蛇乘兩龍と。此兩青蛇は青線の形容なり。耳環を有せること禹と同じ。兩龍に乘すとは雲彩鱗文を繡へる履をいふなり。禹の履紀を飾れると同じ。其名を夏后開といふ開は漢人諱を避けて啓と書くべきを開とせるなり。夏后啓といへば禹の子なり。而かも禹の子以前に夏后啓といふ種族名ありしを禹の子自ら襲ふて其名とせるものゝ如し。三嬪を天に上つりとあるは。支那の竈の神は女形にして朔望晦毎に下民の功罪を天帝に具奏すといふ拜火敎の儀式をいへる也。サメバの名稱は。此三嬪を轉じて今に至れるものか。九辨九歌以下を得たりとあるは。洪範の九疇の如きものならむ。洪範の九疇も其實は十ケ條なり。シナイ山の十戒と何ぞ相似たるや。而してシナイ山の十戒を得たるものは。モーゼ其人なりといふ。豈而かも夏后啓の臣に孟涂《モウジョ》あり。モーゼと同一摸型の人たるに至りては。豈益々奇とせざるを得むや。

▲山海經とバイブル

——茲にも一致あり——バイブルのモーセと竹書紀年の孟涂との年代研究——釋迪

牟尼佛の年代の如く漢たるものにあらず——萬國歷史會の必要——巴蜀の巴と巴盧の巴及び巴比倫の巴(史味津々たり)——「夏」の暦と亞剌比亞暦との一致——禹何ぞヘブリウと關係無からんや

山海經海内南經に曰く。

夏后啓之臣曰孟涂是司神于巴。巴人請訟于孟涂之所。其衣有血者。乃執之是請生と

孟涂は孟余とも。又孟徐とも書けり。孟涂は孟徐と同じく。モージヨと讀む也。孟余は其扁を略したるのみ。音は猶モージヨと讀むべし。此モージヨはバイブルのシナイ山に神火を認めたるモーゼ其人の事蹟と同じく崇山《シユナサン》に神火を認めたる禹の後繼者啓の臣なり。而してバイブルのモーゼは訟をさばかざりしやといふに。申命記第五章に曰く。

玆にモーゼ、イスラエルを悉く召て之に言ふ。イスラエルよ。今日我が汝等の耳に語るところの法度と律法とを聽き。これを學び。これを守り行へよ云々。

と以下モーゼが法度と律法とに關せる記事頗る多し。而して巴と類似の名稱のありやといふに。此はバブルの轉たるヘブリウ族あり。巴盧《バロ》あり。巴比倫《バヒロン》

あり其衣《ニ》有レ血《リ》者乃《チ》執レ之に對しては。申命記第十三章に。唯堅く愼みてその血を食はざれとあり。モーゼは。イスラエルの徒が其獸畜を屠ふりて食ふを咎めざりしも。其血を食ふことを禁じたり。曰く。彼處にては。汝の神エホバの汝にたまふ祝福に循ひて。汝その心に好む獸畜を。門の內にて殺して其肉を食ふことを得。即ち汚れたる人も。潔き人も。これを食ふを得ること。羚羊と牡鹿に於けるが如し。但しその血は食ふべからず。水の如くにこれを地に灌ぐべし。又曰く犧牲を獻る時は。其血を汝の神エホバの壇の上に灌ぎ其肉を食ふべし。と幾回となく繰り返したり。而して其理由は。肉は食ふとも血を食はざれば。血は再び神に歸して。其物の生命を新にするの基となるべしといふに在り。モーゼは曰く。血はこれが生命なれば也。汝その生命を肉と倶に食ふべからずといへり。山海經には其衣《ニ》有レ血者《ハ》乃《チ》執《ラフ》レ之《チ》の理由として。是請レ《ヘバ》生《ナリチ》の三字に縮めたり。生は生命なり。生を請ふとは。生命の存續を祈望するの義なり。バイブルと對照して何ぞ其一致の甚だしきや。而して竹書紀年には。孟涂が巴に如きて訟に莅みしを。夏后啓の八年とせり。然るにバイブル中のモーゼは。何時頃の人なりやといふに。或は耶蘇紀元前一千五百七十一年の誕生なりといふ説あり。又紀元前千七百二十八年の誕生にして。同千六百四十八年埃及を遁れ同千六百〇八年死去せりといふ説あり。更らに敎授セース氏の説にては。紀元前千三百三十七年に生れ。千二百七十七年に埃及を遁れ。千二百三十七年に死せりといふあり。其生死年月の不詳なること猶佛敎に於る釋迦牟尼佛の年代に付て異説あるが如し。バイブルのモーゼを竹書紀年の孟涂に對照すれば。其差最も遠き者にて七百六十年。其最も近き者は。四百五十年に過ぎず。之を釋迦牟尼佛の入滅年代が。異説紛々五十二種の繁に渉り。兩極端の相距る實に二千〇五十四年の間隔あるに比ふれば。少も驚くに足るとなし。支那年代の如きも棚橋一郎小川銀二郎兩文學士の合編に成る萬國大年表によれば。孟涂の主君たる啓王の在位をタツタ九年に價《ね》切《ぎ》りたれども。竹書紀年には。元年癸亥、位に夏邑に即いてより。十五年武観西河を以て叛き。彭伯師を師ひて之を征し。武観の來歸を見たる其翌年まで。在位十六年と明記されたり。ソレかと思へば、眞誥十五には竹書を引くとして啓王の在位三十九年。亡くなりた年は七十八なりしといひ。路史後紀十四には。啓王在位二十九年。崩ずる年は九十八なりとあり。啓王既に一定の年代を詳らかにせず。孟涂も亦バイブルのモーゼと。段々接近して終に同一人たることを證明し得るの期なしともいふべからず。要するに各國の歴史は。各國俱に正朔を異にし。史官を別にせるが爲に。人の記憶により。人の手の先きに記されたる年暦のみを以てしては。ツイそこ／＼に合體すべきものにあらず。結局は萬國歴史大會を開き。或は彗星或は日月蝕。若くは地震大洪水の如き彼此共通の天變地異をつきあはせて。科學上より史暦の中心を一定し。それより追遡下降するに非れば。終に眞の年代を求め難し。眞の年代の明かに確定さるゝまでは。其人の名稱性行及び事相の連絡位にて滿足するより外あるべからず。斯思ひ見るときは。竹書紀年に八年帝使孟涂如巴蒞訟とある。其巴は巴蜀の巴にあらずして。巴盧《バロ》の巴《バ》なるかも知す。巴盧《バロ》はエジプト王のことなり。バイブルのモーゼは棄子といふことで。エジプト王の地に現はれたり。此棄子といふのは。夏后啓から派遣せられた以前の經歷を晦ます爲にいふたことかとも思はる。而して希伯來《ヘブライ》族を救ふべく起ちたる彼はエジプトを脱して巴比倫《バビロン》のシナイ山にて。神誡を受けたる後。神の法度と律法とを以て其民に臨める處より見れば。或は又巴比倫《バビロン》の巴《バ》なりとも考へらるゝなり。而かもモーゼを以て孟涂と同一の人なりとせば。孟涂が巴に行きしは。此の希伯來《ヘブライ》族の爲なりとせざるべからず。さすれば。夏后啓も希伯來《ヘブライ》人と關係ありやといふに。啓の親父禹が顓頊(ヘビジユール)の系統より出でたれば無論啓もジユール人なり。禹の服裝衣冠が。バイブルのそれと一致することは既に說き盡せり。若し夫れ孔子をして殷の輅、周の冕と俱に理想の一として推尊せしめたる夏の時なる暦日が。天方暦と一致する處あるに至りては。豈大吃驚の事にあらざらんや。天方とはアラビヤのとなり。アラビヤはヘブリウ族なり。ヘブリウ族の正朔を奉じたる禹にして。何ぞヘブリウと關係なしといふを得んや。禹は疑ひもなくヘブリウ種と俱にセム民屬の一に屬するスラブたると疑ひなし。而かも其魚婦顓頊のヘブジユールと稱せらるゝ所以はヘブルに屬するジユールといふとにて禹も或時はヘブリウを名乘りしとあらむ。是れ今日書卷の上の分類の如くヘブリウとスラブと劃然たる區域の未だ分れざる折柄なればなり。

▲廣東人と孫逸仙

――孔子の推尊せし暦日――昔日の浪人――今の廣東人は浪人の子孫か――表玄關と裏門――蚩尤は浪人の頭也――仇の字讎の字の研究――孫逸仙の出でたる因緣

孔子をして理想的暦日の推尊を拂はしめたる夏の時とは。如何なるものぞや。蓋し夏の時は。支那に於ける組織的暦日の祖なり。禹の祖父顓頊氏少昊代はりて帝となるや。九黎德を亂ることとあり。九黎はグルジンのグリーなり。グルジンはモーゼが取りて以て自己の子に名づけたるゲルショムと語根を同うせる浪人といふ義なり。臺灣にて客人《ケーラン》といふは。今專ら福建族より廣東人を指していふ名稱となりたれ共。其意義に於ては浪人の義を含ませ居ること。猶ゲルショムの如し。而してゲルショムは亦時に譯して客人の字を充つることあるより推せば。兇險にして亂を好む風ある廣東族は。當年の九黎なるかも知れず。而して黎は黑也。黧と同じ。黎首黎民とは。黑布を以て頭上を捲きたるをいふなり。今の廣東人も皆黑布を以て頭を捲けり。其君を蚩尤といふ。蚩尤《シユー》はズユールなり。ズユールヂヤをいふ。ズユールヂヤは即ちグリジンなり。此族夏后氏と俱に同一地點に現れたり。但だ顓頊は早く國を成したるも。蚩尤は猶浪人生活をなせり。此に於て亂を釀したれば。民神雜糅して方物すべからざるの大混雜を起せり。當時の神といふは巫祝の徒なり。巫祝の徒は太陽と神火とに事へ。一定の時を定て耕作漁獵に就しめんとす。浪人之を聽かず。百方抄掠を逞うす。此人種を今の廣東族に關係ありとするも此騷動は今の廣東地方で起りし事に非ず。矢張り地點は支那民族の第二期發足點と見るべきカスピアン地方なりけらし。而して現今の廣東族を形らざる原籍は。今のトルコン種と同じく。一般に軀幹長大膂力ありて。意氣の猛烈擧止の活潑を以て自ら許し。トルコマン人は。樹の蔭を借らず。人の保護を受けず。騎馬のトルコマンには父母もなく。兄弟もなし。市の在る處に猥なく。我等の行く所に平和なし。此劍一たび鞘を脱せば。何人も救ふを得じとて。

其黎黒の顔面と其黎黒の頭髪とを看板として。到る處に濁波を揚げたるものならん。此種族と他のジュール族との混製酒として醸造されたるが。今のケーラン即ち廣東族にして。渠等は印度河を降りて安南方面に廻り。表玄關より乗り込みし者と。天山南路に出で雲南より下り。裏門より潜ぐり込みし者との二種あらんも。倶に一所に會して今の廣東族を形りしや疑ひなし。而して廣東族は他の支那民團中に混入せる結果。恰も北京移住のトンクス族の滿洲八旗が言語氣風迄も漢人の感化を享けたると同じく渠等も今日にては一般支那的臭味に引き入れらつゝも而かも猶何處にか一種異なりたる色彩を存せり。开が原種の一たるトルコマン族は今も猶原形を保ちて故郷の天に在り其部族を分ちて九とす(一)アルエリス(二)エルザリス(三)ゲクル(四)ヨムード(五)カラ(六)サロール(七)サリク(八)テツケ(九)チヤウドル是なり此九の數や恰も九黎の九の數に合す書の呂刑註に九黎君曰蚩尤とあり。蚩尤は其當時の浪人頭にして他の部族よりは九黎の代表者として最も疾視を招きたりけむ。九黎の人たる意味に於て九に从び人に从びて仇字を構成し。蚩《シユウ》尤の二字音を一字に疊みて。讎《シユウ》字を生み出したるに視ても。如何に九黎が反逆仲間に呼びなされ。如何に蚩尤が謀叛人としてニラマレたるか。此血の流れし廣東族より洪秀全孫逸仙の徒を出せる寧ろ宿世の因縁といふべきのみ。

漢字は片假名より成る(三)。人の問に答へて星辰の二字を説明す。

星辰　星の原音はシイチンなり、シイを合して𡈼と爲りチンを合してヨと爲る。之れを顚置せるもの星と爲る辰はシインの合字則ち辰なりイは羅馬字のI蒙古字のち と日本のカタ假名ヤ行のイと皆一致す。

▲暦の根本(一)

——廣東といふ地名の謂れ因縁——銅鐵の額は何ぞ——暦の起源——十二支はバビロンに在り蒙古に在り印度に在り又メキシコに在り——暦日の大根本は西藏か

仇も讎も國訓はアダなり。アダはエデと轉ず。埃及の大敵國たりしエデオピヤは此の九族組の別名にあらずや。バイブルの記事以外にジョセフハス氏の著書に據ればモーゼは曾て埃及軍に將としてエデオピヤと戰ひ大に之を破りて非常の名望を博せりといふ、渠が長子に名ずるにゲルショムの義を以てせるは當年の戰勝を記念する爲に故意と敵人の名義を附けたること、猶蒙古の鐵木眞が幼名の由來と同じ風習より來りしものか否か、猶考ふべし。九族中にて最も猛烈なるはチャウドルとテッケ族なり。テッケを漢譯せる者は正に敵の字なり國訓にてカタキといふ語源は。カムテッケならむ。是は彼等が自稱に成る神の如きテッケといふ義なり。カムテッケの訛りて。カムトングとなりたる者。今の廣東《カムトング》てふ地名に轉用されたる所以なるべし。今はチャウドルよりもテッケ族の方慓悍にしてサスガの露西亞人も屢々手をやけり。彼斯人などはモノヽアハレに蹶ちらされたるを幾回なるを知らず。此族は昔から强かりしと見え支那の大英雄黃帝すら。涿鹿《トルク》の野に戰ふときには。隨分からき目にあひたるが如し。其人銅ノ額トいふは。兜もて眉上を被ひたるなり。能ク大霧ヲ作スとは砂漠の塵土を蹶立て。馬蹄の煙りに雲を起して。マッシクラに驅け付け來たるをいふなり。此種族は南へ南へと突進すること。今の露西亞人の南下を畢生の目的とせるが如し。故に黃帝も指南車をつくりて。戰雲たなびく涿鹿の野を南へ〳〵と追ひつめたる也。其時は幸に擒にしたれど。孫の顓頊の時代になりて。又候騒動を起しかけたること。廣東の洪秀全一たび亡びて。逸仙再び其跡をつがんとするに似たり。顓頊乃ち南方の事情に明るき南正重に命じて。天體のことを司らしめ。神のことは一切之に任かせ。北正（火正トアル書アレド火ハ北ノ誤也）黎とて北方の事に明るき役人には地を司どらしめ。民のことは一切之に任して巫祝と百姓とが。相侵瀆せぬやうに區劃を立てたり。それには天地神民の境界線を。晝夜と陰陽に繫ぎ置く必要ありとて。始めて暦といふものを作りたり。或ひは曰ふ。暦は黃帝の臣の容成の作りし者なりこと。イカにも受河圖見日月星辰之象始有星官之書。師大撓占斗建作甲子。容成作暦といふことが。黃帝紀にはあるけれども。此時の暦は。黃帝自ら宮中用として編輯して見た位で。未だ正朔として人民に頒ちし者にてはなかるべし。書の堯典に在る暦象日月星辰。敬授人時の註に所謂星四方中星。辰日月所會。暦象其分節。敬記天節以授人也との義に於て廣く一般に知らしめ。佃漁耕作の時を亂らざらしめたるは高陽氏の時をこそ指すべけれ。其れも明らかに紀年に見えたるは。顓頊の即位十三年なり。漢書の律歴志には。黄帝造㆓暦元㆒起㆓辛卯㆒而顓頊用㆓乙卯㆒とあれば。祖父の黄帝が辛卯を以て暦の根本と定め置ける者暫らく中絶して行はれざりしを。其孫の顓頊が代に至り。暦が無くては治まらぬことゝなりしより。辛卯の卯を乙卯に代へて。更に頒布せるものならむ。元來此十二支はバビロンにもあり。蒙古にもあり。印度にもあり。遠く東に飛んでメキシコにもあり。去れど黄帝と直接の緣故あるべきは。バビロムなるべく。而してバビロムの文化の基はアッカド人にして。アッカドはタングト人なりとすれば。暦日の大根本は。寧ろ西藏よりパミール高原に出で。アムダリヤを傳ふて西漸したるものが。黄帝の時に始て東に復歸し。顓頊の時にソロ〳〵綿密な者となりかけたるものか。今請ふ暦字を解剖して其本源を探り見む。

▲暦の根本（二の上）

——暦の字の解——光陰の意義——時の字の解——コヨミといふ言葉の意義——英語の

パザールの起源

暦の字は厂に从ぶ。厂は∧也。天幕の象形也。而して秝に从ぶ。禾は木禾をいふ也。太古は木上の菓物を取りて。禾に代用す。其二本の菓樹を東西に取り。北を背にして南に面す。是れ天幕生活の第一期なり。而して午前は東樹の蔭を以て測り。午後は西樹の蔭を以て測る。光陰とは。此日脚の影映をいふなり。故に暦字は日に从ふ。之を暦字の起源とす。後穴居に移るや。其縦穴若くは横穴の壁天井に虚隙を穿ち。其虚隙を漏る光線を測るべく。彩土を以て寸方を書き。或は刀を以て切り目をつく。之を漏刻といふは。漏れ來る光線を刻みつけるなり。之を時と書くは日の寸を土にて記せるなり。暦の國訓コヨミとあるは。カヨミなり。單數にて日の訓をヒといへども。複數にてはカといふなり。ヒテヒのヒは單數なり。フツカ以下トウカに至るまで。日を訓するに皆カを以てす。ヨムとは數をヨムことなり。日數を算するをいふ。此日數の標準は。月の始めてあらはれたる時より。月の全く見えずなりて。而かも再びあらはるゝまでを一區劃として。三十日を得たるなり。正字

通には

暦ハ日ヲ以テ主トス。故ニ日ニ从フ。其厤ニ从フ者ハ其經ル所二十八舍ヲ推シテ日躔ヲ正スナリ。暦法ハ始中、終、皆之ヲ擧ク。先ヅ日至ヲ求メテ、以テ暦元ヲ定メ。端ヲ始ニ履ムナリ。參ルニ昏星ヲ以テシ。正ヲ中ニ擧ルナリ。日ト天ト會シ。月ト日ト會スル盈虛ヲ察シ。齊フルニ閏ヲ以テシ。餘ヲ終ニ歸スル也

とあり其厤ニ从ブを二十八舍ヲ推スに歸したるは。窮狀見えて氣の毒なれど。其餘は大概ヨキ坪をあてたり。蓋し二十八舍は二十八宿なり。此は回回暦の八柵兒より起りしものなり。八柵兒は又八雜兒とも書く。或は又巴咱爾と書きたるもあり。毎七日に一回宛の市を開く。此市をいふなり。英語のバザールも其語源は此に在り。八柵兒《バツアール》八雜兒《バツアール》巴咱爾《バツアール》皆借音にして。文字に意義あるに非ず。一ケ月に四回の巴咱爾《バツアール》あり。四七二十八日を以て二十八宿に割りあて終りて而して復た始まる。一年五十二巴咱爾《バツアール》にして。三百六十四日を一歳とす。漢字今朔字を以て初一日とし。新月の有無を問はざれども。回暦は新月を見るに非れば朔といはず字義に於ては漢字の使用者たる支那人よりも回

回の見解を以て朔字の眞義とすべきなり。國訓之をツイタチといふ。ツキタチソムルの義にして。始めて新月を見るの意味あり。而かも我國に在りて舊暦の朔日に新月を見たることなく。新月は三日月と相場を定めたり。然れどもツキタチの訓は正しく朔の字の眞義と一致し。新月なくては叶はぬワケなり。請ふ見よ朔の字は月に从び屰に从ふ。月が屰の如く現はれたるをいふなり。屰字は古の戟の字なり。geki とも。又 haku とも讀む。haku の母音を變じて。hoko と記せば。國語ホコと一致す。支那の暦日を記したるものに哉生魄とか既生魄とかある魄は皆此ホコの轉たるhakuの音を借りたるまで也。屰は其形となる頭のは形の戟の鞘也。はなり。中心の一幹より左右に雙枝を開らきたるなり。正字通に雙枝を屰と爲すとあるは正しく是也。而して其の新月に似たるものも亦此雙枝なりとす。而して月朔に逢ふて。直ちに此屰形の新月を見るべき地は孰れなりやといふに。西域なり。回疆風土記に曰く。

京師(北京ヲ指ス)北斗ヲ望ムニ直北ニ偏ス。西域北斗ヲ望ムニ。少シク北ニ轉ツテ西ニ偏ス。一日ニハ則チ月チ見ル事綫ノ鈎セルガ如シ。地勢高ケレハ。星光燦爛トシテ垂ルガ如シ。

と。依りて知る朔字の制作は。現在の支那本土に移住以前。支那人種が猶西域に在るの時。此印象を得來りたるを。

▲暦の根本（二の下）

—夏暦と回々暦の一致—バイブルと易との一致—正月七日を人日といふ譯—三河萬歳の起り—町及び市の字の意義—夏の字の分析—シアガレ聲の事を何故嗄と書くか—正朔を奉ずるとの重大事たる所以

去れば夏暦はいかにといふに。夏暦は正しく此回暦と一致せり。書召誥に惟丙午朏とある傳に。朏《ヘ》明《ナリ》月《ノ》三日《ニ》明生《ズル》之名とあるは今義を以て古義を解せんとせる誤なり。朏は月の初めて出でたる故朔のことなり。周公此時猶夏暦を用ゐしことは。逸周書に詳らかなり。偖此の新月を見て。七日目には休息の日あり。バイブルの奴隷を使ふ掟にも。六年手元に使用せば。七年目には無償にて放てとあるも此義を擴張したる迄なり。易の地雷復の七日ニシテ復ルといふも此義なり。正月七日を人日といへるも犬馬に齊しき奴隷が人に復活せるをいふなり。此時西域に在りては。海蘭達爾《イランダル》といふものあり天窓に二筋の辮髪を剃り殘して無縁高頂の帽を戴き。紅藍の衣衲を着け。皷を打ちて歌唱跳舞す。其の儘我國の萬歳なり。Hairandarを訛りてBarandarとして見よ。ハイランダールがマンザイとなる中間にHとBとの中驛あり。ダとザの乘り替へありて。初めて三河名物に到着せるを見るべきなり。此マンザイは神を祭る巫祝なり。西域には祠堂を瑪自爾《マーフール》といふ。國語のマツルと同じなり。瑪自爾《マツル》が一轉して。其縁日の市を巴咱爾《バツアール》といへり。バザールはマーツールの轉なり。マツールは。更らに轉じてマチとなり。以て國語の市町《マチ》の町の義となれり。市の訓イチなり。巫女の訓イチメなり。市とは巫祝の祭日たること。猶今日神社佛閣の祭日縁日に市のたつが如し。之を日中の市といふなり。日中の市は夏なり。炎帝使㆓人ヲ日中ニ爲㆑市ヲ交易而退㆒カシムとは此事なり。前漢魏相傳に曰く。南方ノ神炎帝禮ヲ乘リ衡ヲ執リテ夏ヲ司ルと。而して夏字は〓の古字あり。

亼はテントなり。皿は店棚なり。疋は下人なり。即ちテントの下に店棚を出せる人なり。我國の縁日にてはテントの代用として。大傘を張る風あり。嗄を聲のシワガレたる義とするは。縁日商人の終日イラッシャイにて咽喉を痛めたるをいふ也。此マツリ即ちバザールの七日一回を根據として立てたる暦が夏暦なり。夏は又昰とも書く日を正しく測る也。而して顓頊が其在位十三年目にチャウドルやテツケ族の浪人共に對して。アルトキ拂の催促嫌ひを矯め直さんとせるは此暦日なり。マツリの當日にあらざれば。物々交換もならず。マツリの當日は北正黎が黒い目を見張りて市上の賣買を公平ならしめ。南正重が黒い貌をふりたてゝ。マンザイ共に開市閉市の相圖の皷を鳴らさせて居るのを見ては。イカに慓悍なる九黎の徒も強奪剽掠を逞うする能はず。イヤ〳〵乍ら夏の正朔を奉じねばならぬわけなり。後世正朔を奉ずると否とが國民が國家に對する服從心のバロメートルとなりしは由縁ありといふべき哉。

▲暦の根本（三）

—其の字の解—日本語と蒙古語巴比倫語の一致—碁の起源—碁石の數は何故三百六十か—銅の字の解—宮の字の由來—古代支那が夏暦を用ゐし證據—夏暦と回々暦

既に巴咱爾《バツアール》を以て區劃を定む。此に於て期限といふこと生ず。期字は古文は⿱六月なり。⿱丆日なり。⿰糸示なり。㫷なり。⿱六月は六に从び。月に从ぶ。六は机の象形なり。机の板面に刻みつけたるなり。回人今猶此流義を存す。カシガル城の東北十清里に。瑪木特玉素布《マムトユイスプ》の墓あり。墓の傍に石柱あり。一年一畫以て年を紀すること。今日も然り。⿱丆日も同じ。我國の俗語に整頓して區劃正しきを。キチヤウメンといふは。思ふに几帳面ならむ。之と同じ理窟にて爪にて木禾の皮に瘡痕を印し。以て四七二十八日の數を期したるが稘なり。而かも二十八日のみにては一ケ月を成す能はざるに及び。別に二日を添へたるが其の字なり。廿八の中に小なる二を加へたる也。斯くして㫷の字は作られたり。㫷より轉じて棊となり。終に今日の期の字となりたり。去れば(其)は國訓ソレとよみ。又ソノともいふ。ソレをサラとすれば月なり。蒙古語と合す。ソノをシナとすれば。矢張り月なり。巴比倫語となる。其字の古文を丌及び亣とすれど。亣は机なり。此机に一ヶ月の日數を刻したる數目より轉じて其の字は出來たるなり。之を棋といふ。棋の起源は十二月に三十日を乘じたる總數即ち三百六十の區劃を机につけたるなり。之に晝夜を象る白黑の石を配したるが碁なり。後には遊戲となりたれども。最初は算日に代用されたるなり。故に碁石の數は三百六十あり。西域圖志曰。回人無閏月滿三百六十日爲一年謂之大年とあり。然れども回彊風土記には。三十日爲一月。十二月爲一年。無閏。然算其一歲之終。皆三百六十四日。其實皆以八柵爾《バツアール》計算毎七日八柵爾一次。毎八柵爾五十二次爲一年。以故三百六十四日也。とあり。四日の端數は八柵爾の算用上から出て來るものにして。現今に至るまで然り。而して[罒其]の字は期の古文中一番面倒なる文字なり。此は三十日拂ひの錢の期限より考へ出したる字なり。富は國訓 tomu なり。此のトムはトムグより來る。トムグは借音にて騰格《トング》と書く。元はトロガム即ち頭といふ語の轉なり。蝶螺の葢をテンギといふは。貝を以て貨幣とせるときの遺語なり。即ち蝶螺のカシラといふ義なり。後鑛物の發見あり。先づ銅を以て貨幣とせり。此に於て支那にてはtongの音は銅に移れり。而して銅字の傍たる(〇)は其鑄られたる錢の形に象りたるなり。斯く言へば人或は太古の錢形は泉布を以て最上とすれば(〇)形のもの丶存在如何を疑はんも。泉布はトングよりも後れた方なり。日野少佐が新疆にて蒐集せし古錢を見るに。五千年前より以て今日現用の貨幣に至るまで。大小卌五種悉く圓形に非るは無し。其内阿《ア》古《ク》蘇《ス》の古錢は中間に一孔あり。(〇)字と正に相合す其表面漢字もて温宿と鑄出したれは。無論支那人の製造に成る者也。而して富の字の上半は正しく此(〇)字の變化なり。其下半部は田なり此は神の符なり。富を授るは神の寵光に依るとの義なり。其下に更に其を加へて期と同字となせるは。錢勘定の期限の意味なり。三十日《ミソカ》拂《バラヒ》をいふなり。此三十日拂は巴哈爾の七日拂を五月蠅しとて。後に簡略に從へるなり。而かも廿八に二を加へたる此等凡ての文字を見ても。廿八を正式にして。二を加へたるは便宜上より出でたること其結構に明らかなり。斯かれば古代支那の暦日は夏暦を以て其標準とせること最早疑ふべき餘地も無し。宜なり孔子が夏ノ時を理想とせるや。而して夏ノ時は即ち回々暦なり。回々暦は隋唐の頃にも數々支那に歡迎されたり。而かもモホメット出現後の回々暦は。回々敎の影響を蒙ふりて。夏暦と其節時を合する十分なる能はざるに至れり。开は敎祖難を避けて出奔せし日を紀念する爲其敎徒等此日を名づけて黒蚩拉といひ。元旦として相慶せり。後モホメットの繼續者ウイマルに及びて。一月の齊期をして四時に流行せしめ。歳に一定の正朔をたてざるに及びて。終に歳首は定月なきに歸し。夏暦の以孟春爲元とは甚だ軒輊あるに至れり。去れど其暦の骨子たる潤日を置いて潤月を置かず。凡そ三十年毎に十一日の差を生ずてふ根本に至りては。今も猶夏暦と異なることなし。故に夏暦が果して回々暦と同じきや否やは此根本より一瞥し來らざるべからず。

▲暦の根本（四）

―春秋後序―鄒鬆行の疑ひ―周室の横着―大公望の狸親父―閏日の研究―夏時は疑もなく回回暦―暦とヘブリウ―黄帝の研究に入らむ―大本山へ御賽錢

杜預春秋後序に云はく。

紀年(竹書チ指ス)皆夏正建寅ノ月チ用テ歳首トナス

と。此序によれば。竹書紀年の暦日は。悉く夏暦と思ふて然るべきに。郝懿行といふ男。竹書紀年通考を著して。杜預の言に疑を挿みたり。其申條を聞くに。曰く

今案ズルニ成王三年ニ夏四月初メテ麥チ嘗ムト書シ。平王四十一年ニ春大ニ雪雨ルト書キタルハ此レ夏正チ用井タリト爲スモ疑ヒナシ。而カモ平王五十一年ニ春二月乙巳。日之レチ食スル有リト書キ。景王十三年ニ春星有リ女ニ出ツト書キタル此二事ハ。具サニ春秋經傳ニ見ヘタリ。(督隱公三年春二月及ビ昭公十年春正月)若シ夏暦チ用ヒナバ。則チ周ノ春ハ。當サニ夏ノ冬タリ。周ノ二月ハ當サニ夏ノ十二月タルベクシテ。而テ五十一年ハ當サニ五十年タルベク十三年ハ當サニ十二年タルベシ矣。蓋シ紀年古本ハ倶ニ夏正チ用井タルモ。今本平王已後ハ。改メテ周正チ用キタリ。其書ノ前後外誤多キ所以也云々。

去れば夏暦の研究も竹書紀年全部に渉りては。試むべからず。宜しく平王以前に其資料を求むべきなり。而して平王以前に。周自らは如何なる暦日を用

ゐたりやといふに。逸書周月解第五十一に曰く。

春ハ生シ。夏ハ長ジ。秋ハ收メ。冬ハ藏ム。天地ノ正ナリ。四時ノ極ナリ。易ノ道ナリ。夏(國名)數ハ天ヲ得タリ。百王ノ同ズル所。其レ商湯ニ在リテ。師ヲ夏ニ用ヒテ民ノ災ヲ除ク。天ニ順フテ命ヲ革メ。正朔ヲ改メテ服ヲ變ヘ。號ヲ殊ニス一文一質。相沿ハザルヲ示シテ。建丑ノ月ヲ以テ正ト爲シ。民ノ視ヲ易フ。若カク天時ノ大變スルモ。亦一代ノ事ナリ。亦越ヘテ我周王ハ。伐ヲ商ニ致シ。正ヲ改メ械ヲ異ニシテ以テ。三統ヲ垂ル。民時ヲ敬授シ。巡狩祭享ニ至リテハ猶夏(國名)ニ自ル爲是レヲ周月ト謂フテ以テ政ニ紀セヨ。

とあり。イカにも夏暦は天を得たりと讃し。百王の贊同する處と稱し。殷の湯王のみは桀を討たる行き掛り上敵國の暦日は襲用されぬといふ意氣地から。夏の建寅の向を張て。建丑の月を正として。一寸民の目先を易て見たが。我周は其又殷を討たので。矢張り正朔を改むる必要あり。其れには別段天窓を使ふまでもなく。夏暦が一番正しいから。巡狩も祭享も。耕作田漁も。ミンナ夏の時を用ゐて然るべし。但し夏暦と言ふては周室の面目に係るから。名は周月といふて政に紀すのぢやゾといふ口上。周室一流のズウ〳〵しき處。

横着な處。ソシテ人氣を取るに如才なき處。大公望の狸親父がサシ曲尺《かね》らしき處あり。斯くて周月と號して夏曆を用ゐたること幾代ぞ。今其内の日時を記したるものによりて手掛りとせんに。武王より三代目の康王釗の十二年夏六月壬申王如《ユキ》レ豊《ニ》錫《フ》二畢公命《ニヲ》一とある文句(竹書紀年)を以て之を書經と對照すると。其畢命に全く符合す。畢命には曰く。

惟十有二年六月庚午朏。越《ヘテ》三日壬申。王朝《ヨリ》歩《シテヨ》自《リ》二宗周一至《リ》二于豊一以《テ》二成周之衆《ヲ》一命《ジ》二畢公《ニ》一保《ツ》二釐東郊《ヲ》一云々。

と此句によりて竹書を解すると。夏六月壬申とあるは。庚午の朔(朏の朔たる既に言へり)より算へて三日目なること既に明らかなり。書經に筆を改めて庚午朏と書きたるは事件が樞要なることとなりし丈け。史官か謹嚴なる態度を取りし也。其お蔭で今から三千年の曆日も。比較研究が出來るといふものなり。乃ち六月の朔日が庚午なれば。甲子六十一にして還る推算を以て。次の庚午は六月朔日より六十一日目の八月朔日なり。其次は十月朔日にして。又其次は十二月朔日なり。一ケ月を三十日として萬世増減無しとすれば。何千年でも此順序は同一たる可し。然るに幽王に至りて冬十月辛卯朔《ツヒタチ》日《ヒ》有食之とて朔日早々日蝕がありたとの記事を見ると倶に。其朔日は辛卯なりしといふことが目につくに至りて。庚午なるべき筈の十月朔日が。辛卯となりし原因を考へざるべからず。此は潤月なくして潤日ありといふ回々《フイ〳〵》暦《レキ》から推して潤日ありし爲に。中間に狂ひが生じたりと假定し置き。其潤日は何年目に何日あるやを調査すると。三十年毎に十一日の規定なり。此に於て康王の十二年から。同王崩御の二十六年まで十五年間あり。次は昭王が十九年。穆王が五十五年。共王か十二年。懿王が廿五年。孝王が九年。夷王が八年。厲王が二十六年。宣王が二十六年を經て。朔日に日蝕のありし幽王の六年までを合算すれば。總計二百二十一年となる。此二百二十一年を先づ三十年にて除し。其得たる數に十一日を乘ずれば。八十一日〇、二六となるなり。此れ即ち康王十二年六月朔日より。幽王六年十月朔日までの間に當然增加さるべき潤日の數なり。之に庚午の基點たる一日を加へて。八十二日目に辛卯の日がありさへすれば。注文通りの回回《フイ〳〵》暦《レキ》たること寸分も疑ふべからず。然るに竹書の計算は此豫定に一分のスキマもなく全然符節を合するなり。此に於て知る孔子が推尊し大公望が感服し。百王が賛同せし。所謂夏時てふものは。疑もなく回回暦なり。回回暦は天方暦といふ。天方とは阿刺比亞のことなり。夏紀帝禹夏后氏の條に曰く。

元年壬子帝位ニ即イテ冀ニ居ル。夏時ヲ邦國ニ頒ツ。

と顓頊の時代まではチヤウドルやテツケ族等に對し貿易市場の取締りに。期限の區劃を立つるまでに過ざりし此の夏の時は。禹に至りて渠が支配下の異邦萬國に頒たれたり。禹の衣冠服裝及び其骨格容貌がヘブリウ式たるのみならず。其精神の標的として天下の視聽を聚注せしむべき一國の正朔も亦アラビヤに據る。彼豈ヘブリウに關係なしといふを得むや。宜なり。彼の大先祖黄帝の文明が。バビロンと關係ありと論ずるものあるや。請ふ余は一歩を進めて。黄帝の研究に入るべきか。道ふを休めよ。穆王の遠征に關係なしと。穆王の壯遊は。元黄帝の雄飛に私淑す。豈此大本山にお賽錢をあげずして通過さるべけんや。

▲亞細亞研究の大問題

——萬國大年表の誤謬——尾崎文部大臣の演說——共和と共伯和——姓名が政體の語——ドンテウ芝居に近寄る可らず——文王は猶太人の私生兒——黄帝は何人種ぞや。

夏曆が天方曆たること明かになりしと俱に。竹書紀年の曆日が。算數上正確なること前條の如きを發見するに及びては。從來支那史研究に引用せる諸種の年表類にも。大變動あるべき筈なり。差しあたり早い處で。東京三省堂發行の萬國大年表の如き。文學士棚橋一郎同小川銀次郎兩氏合編の名に於て。公私學校の參考用とされ。本年五月三十日に。其第二十二版を發行さるゝまで信用を博したる書中にも。昭王の在位十九年が五十一年と記され。孝王の在位九年が十五年と記され。夷王の在位八年が十六年と記され。厲王の在位二十六年が。卅七年と記されたるが如き。僅か一頁に充たざる間に。五十七年の誤謬あり。殊に厲王と宣王との間に。共和の一欄を置いて。庚申卅八年王彘に在りて共和行政す。周公召公共に國事を理むる十四年とあるも。竹書に依れば。厲王は戊申の年春正月の即位にて。庚申は正に即位の十三年目なり。竹書に曰く十三年王在彘共伯和攝行天子事と即ち是也。此共伯和とあるは。共といふ地名の伯爵たる和といふ人のことなり。史記周本紀一たび共和を說いて。召公周公二相政ヲ行フ。號シテ共和ト曰フといふ謬說を傳播してより。正義には公卿和と相與ニシテ政事ヲ修ム。號シテ共和ト曰フといふ如き。岐路の辨まで涌いで出で。終には西洋の何とかいふ語の意譯として憲政黨內閣當時の尾崎文部大臣の有名なる演說にまでかつぎ出され。其れが爲に內閣一ツプチ顚す程の騷動まで起したる文字なれば。棚橋小川兩文學士が。殊に此の文字の爲めに一欄の棧敷をあてがひ。特別待遇せらるゝも左ること乍ら。支那の政事史上に故らに共和と標傍されたることのありや無しやといふことは。當局諸公ならざるも。血眼になりて詮索し置かざるべからず。斯くいへば頗る重大なる原因の伏在せる如きも。九月五日の燒打のキッカケは。日比谷正門の丸太一本が動機となりし如く。コレ丈け六かしき共和の文字も。

伯爵殿の御姓名に過ぎずと聞いては。聊か張り合ひの拔けざる能はず。呂氏春秋開春論に云はく。共伯和ハ其行ヲ修メ賢仁ヲ好ム。而シテ海内皆以テ來ルコト稽矣《オソシ》ト爲スと。伯爵はなか〳〵の人望家らしかりしなり。此人望家が厲王を輔佐して。天子のことを攝行す。言はゞ淸朝の攝政醇親王の格なり。莊子讓王篇釋文に共伯和王位ニ即クと書き。史記周本紀索隱に共伯王位ヲ干スと記せるは。孰れも聾の早合點なり。晉書束晳傳に紀年を引て。幽王既ニ亡ビテ。共伯和ト云フ者アリ。天子ノ事ヲ攝行ス。二相ノ共和ニハアラザルナリとせるは。夷王を幽王と間違たる誤はあれど。共和政體の共和ではないといふことは。今本と相同じ。今本註には。束晳が厲王と幽王とを誤たる如く解したれど。共伯和は厲王の死後に政治舞臺に立ちしに非ず。厲王の先代夷王崩後に。厲王を輔佐して攝政たりしこと。猶攝政醇親王が。光緒帝崩後に宣統帝を輔佐して攝政たるが如し。而して此共伯和が輔佐せる厲王は。果報尠なくも。即位の二十六年大旱魃の歲に世を去れり。ソコで周定公召穆公の兩人が。太子靖を立てゝ王と爲したのが。即ち宣王なり。今度は周定公召穆公二人掛りで。幼主を輔佐することになりて。共伯和といふ攝政は。冠を掛けて其國に歸れり。其國とは故郷の共の地なり。註に曰く共和遂ニ國ニ歸ル。和至徳有リ。之レヲ尊ブモ喜バズ。之レヲ廢スルモ怒ラズ。逍遥トシテ志ヲ共山ノ首ニ得タリと。コンナ人物でありて見れば。自分の姓名が三千年後に政體の譯語に應用され。三千年後に國葬本位の尾崎といふ名士の口に上り。飛んだ爆發物となりて。一世を震撼せんとは夢にも思ひかけざりしならむ。況んや厲王以外に特別席を設けられて。兩文學士の優待を蒙ぶらんなどゝは。兎の毛の尖程も期待せぬ處なるべし。抑も厲王は戊申の歳に即位して二十六年癸酉の歳に彘にて陟れたり。其の翌年の甲戌は。直ちに宣王の即位ありたれば。共和の棧敷の設け場所もなし。孫茶屋の若い者が孫々《まご〳〵》したる斗りにて。數多の見物にも迷惑かけたり。伯爵殿は共山の首に早速御歸館あそばされて。自今以後ドンテウ芝居の近傍には。忘れても御近寄りあるべからずと。言って退《の》けたき次第ならずや。支那史としては。比較的目と鼻の間なる周の時にして猶斯くの如し。文王が猶太人の私生兒にして。禹がヘブリウの衣冠をつけたりとて。努々御驚きあるべからず。禹既にスラブ種なりとせば。禹の祖顓頊に遡り。更らに其大根本たる黄帝の何人種たるやを究むるは。亞細亞研究上の大問題なり古は造父鞭を把れば逸馬なしと聞くも。余が筆を把る時は逸奔多し。穆王といふ天子。八駿馬に鞍置く時間の長サよ。ソレも無理ならず。黄帝以來の大遠征なればなり。之を記するの筆。時々ツツパシルも亦是れ廣邈無人の境を横絶するに際しては免かれ難き處なり。好し去らば暫らく雨師をして道を灑がしめ。風伯をして塵を掃はしめ。此大野を清めて以て。此の遠征の道開きせんかな。

▲黄帝と東洋古代の文明

——神農黄帝皆バビロニアの人——戸水博士の駁論——毒にも藥にも爲らず——女媧氏は沙漠の人——拾遺記に曰く——開墾業者得意滿面——大した景氣——晩酌の下物に山椒魚——彩色の雲——天文臺の觀測——霞を汲ふは法螺に非ず——膽を消す勿れ

余之れを戸水博士の温故録に見るに。terrien de lacouperie は。千八百九十四年に出版せられたるWestern, opigin of eahiy civilisationに於て。論じて曰く。

神農黃帝皆なbabyloniaの人なり。神農はsargonにして。黃帝はnakhunteなり。倉頡始めて文字を製したること。支那の歷史に見ゆれ共。倉頡はchaldeaのdungiにして。之が文字を製したるは。chaldeaに於て生じたるの事實なり。又黃帝は蚩尤と涿鹿の野に戰ひたること。支那の歷史に見ゆれ共。涿鹿はtigris河にして。此の戰爭は黃帝の本國即ちbabyloniaに於て生じたるものなり。黃帝は此の如き戰爭を終りて後。bak種族を率ゐて。耶蘇紀元前二千二百八十二年に支那に來りたり。而して此時既に支那には。澤山の土民ありたりと。

又曰く

堯は遷徒者の子孫なりと雖も。舜は然らず。土民の酋長なり。堯は舜に位を讓りて。支那帝國確立したりと。云々

是に關して博士は曰く。

此の說は恐らく信ずるに足らず。如何となればbabyloniaに於けるsargonの時代には。星學も大進步を爲し。其文明の程度は。支那歷史神農の時代の比に非ず。又黃帝が他所より支那に來りたりとの證據は。支那の歷史に見えざるのみならず。laeou-peaieの言ふ所は妄誕取るに足らず云々。

本論者たるラコウペリー氏の説も簡短にして。反對論者たる戸水博士の駁論も頗る簡短なれば。單に之れのみにては。未だ東西兩文の接觸に向て。毒にもならず。藥にも爲らず。されど百尺竿頭一歩を進めて。在來の研究範圍より更に新生面を開拓せんと試みたるは。サスガに泰西の學者なりけり。我國にて斯くの如き大膽なる新説を提供せんとするものあらば。世人皆初めて地球説を唱道せるコロンブス時代のそれに對する如く。驚きの眼を以て之を迎へん。去れど世界は矢張り圓きものなり。大西洋の終りは。大東洋にして。大東洋の終りは。大西洋なり。地球既に兩極の一致を見る。歷史豈東西關聯なしといふを得むや。唯其研究の淺深によりて。見る處の遠近あること。猶船檣愈々高ければ。觀望いよ／＼廣きに渉る如くならむのみ。去れば神農を以てサルゴンとなすが如きも。單に其名稱の近きのみにて。同一人なりといふことには。直ちに贊成する能はざれ共。去りとて神農時代の文明がサルゴンの當時とドレ丈けの懸隔ありしやといふことは。未だ分明ならず。女媧五色の石を錬ること錬瓦製造の始めにして。蘆灰を聚めて以て滔水を止むることが。人造漆灰《シックイ》もて。護岸工事を起せし濫觴なりとすれば。伏羲の次の頃にても中々馬鹿にされたものに非ず。女媧は神農以前なり。神農以前既に然り。况んや神農に至りては。ウント開明なるべき筈なり。然るに却て斷《テ》木《ヲ》爲《シ》耜《ト》。揉《テ》木《ヲ》爲《シ》耒。始《テ》敎《ヘ》耕作蜡祭《ス》。以《テ》赭鞭《ヲ》鞭《チ》百草《ヲ》。始《チ》有醫藥。敎人《ヲシテ》日中爲市。交易而退《ク》とあるに至りては。ドウシテも舞臺が釣あはず。此に於て知る女媧氏は。風力強き沙漠の人にして木を得るに難き爲。石室を造ることを發明し。兀山多くして水の汜濫多き爲。漆灰を用ゐたるに反し。神農氏の居所は。草木鬱葱たる大深林を開拓するにつとめたる傾あれば。女媧氏の世界と。神農氏の世界とは遠く其國を建るの地點を異にせり。神農氏若バビロンの人サルゴンならむか。然らばサルゴンをして初めて三苗族の窟宅する鬱樹綠草の世界に移住せしめよ。タトヘ本國のバビロンは如何に文明なりしにせよ。新地開拓には直に發達せる星學をフリマツス可くも非らず必ずや先日常の居住農作を致へ。次に衛生次ぎに商買の順序に出づべきは爭ふべからず。况んや荒唐に似て而かも往々論據を逸せざる拾遺記の如きは。神農時代の文明を說く事頗る觀るべきものあるをや。拾遺記に曰く。炎帝始メテ民ニ耒耜ヲ致ヘ躬ラ畎畝ノ事ニ勤ムと。文明國より來て榛榛狉狉の境を開拓す。斯うなくてはあるべからず。百穀阜ニ滋ク聖徳ノ感ズル所著レザル無シと。辛抱は金なり。萬方は倉なり。開墾業者得意滿面の處。此樂なくては土ほじりがやれたものに非ず。神芝ハ其異色ヲ發シ。靈苗ハ其嘉穎ヲ擢ンヅと。大した景氣に非ずや陸池ニハ丹藻生ジテ葢ノ如ク。香露滴瀝トシテ下リ。流レテ池ト成リ。瀦リテ豢龍ノ圃ト爲ルと。寸地も餘さざる用意を見るべし。此豢龍の圃とは畫にかいた雲龍のそれにはあらず。多分兩棲動物中の有尾類に屬する山椒魚のことなるべし。山椒魚は龍の形を爲せり。而して其丹藻といふ如きも。亦是れ槐葉蘋科に屬する山椒藻の一種をいひしならむ。山椒藻は水上に浮生す。葉は三個宛輪生し。其中の一は廣楕圓形にて。空氣中に出で。一は細長糸の如く水中に垂るゝ處。正に拾遺記の本文に似たり。此藻の池に此魚を養ふ。深山の民にも晩酌の下物はあらむ。朱草街衢ニ蔓衍スレバ。卿雲ハ叢薄ニ蔚藹タリと。此は染物の原料に用ゆる茜草の栽培宜しきを得て。見るから彩色の雲の如きをいふなり。次に圜丘ヲ築テ以テ朝日ヲ祀リ。瑤琚ヲ飾リテ以テ夜光ヲ揖スと。此處等はどう見ても天文臺を築いて。天體の觀測に從ひしと見る外なし。漢文言約にして辭文れり。飛んでもなき御幣かつぎと解せらるゝは痛歎なり。九天ノ和樂ヲ奏スレバ百獸率キ舞ヒ。八音克ク諧ヒ。木石モ潤澤スと音樂も旣に發達せり。時ニ流雲ノ酒液《シヤヱキ》アリ。是レヲ霞漿《シヤーチヤムク》ト謂フ。之レヲ服シテ道ヲ得レバ天ニ後レテ老フといふは。酒液《シヤヱキ》即ち國語のサケなり。蒙古語のサリケなり。流雲とは雲氣を流動すといふ義にして。蒸溜せしめることと也。其蒸發氣が霞の如きより之を霞漿《シヤーチヤムク》と名づけたり。所謂仙人霞を汲ふといふことは。法螺でも揑造でもなき事實なり。大概太古の酒の製法はカモスの語の示す如く最初は釀造の原料を口にて嚙み碎き。そを密藏して釀酔せしむるを常とすれば。ドブロク式が御定まりなり。然るに神農は蒸溜法を用ゐしとすれば。隨て蒸溜機械もなかるべからず。其頃蒸溜機械ありしとすれば。戸水博士の輕蔑し玉ふ如くサルゴン以下にしてはなかりしと見ゆ。其驚くべきは此れのみならず。當時旣に發電の原料を發見したる記事あり。之を石璘の玉といふ。石璘の玉とは何ぞや。次回に於て之を述べん。西洋の文明に眩惑する者。東洋古代の發達に膽を消すことなくんば可也。

東洋古代文明の實例（上）

——檞はドングリ也——米器は和名ドンブリ也——エレキはウロコの轉——壬子年の評——石璘とは何ぞ——オロシテルは電氣發生の原料——電氣滅金を見ても驚かす——聖武時代の金銅盧舍那佛もメッキ也

拾遺記神農條下に曰く。石璘ノ玉アリ。號シテ夜明ト曰フ。闇ヲ以テ水ニ投ズ。滅セントシテ滅セズ。と璘は玉に从ひ。粦に从ふ。粦字は米に从ひ。舛に从ふ。舛は夕とヰとの合字なり。夕は説文月半バ見ルニ象ル。即ち勺字の字源なり。勺は杓なり。半月形なり。ヰは升字の字源なり。桝の形なり。ヰは方にして夕は半圓なり。方圓相背するを以て舛字は説文に對臥也。从夕ヰ相背といふ。而かも勺は合となり。合は升となる。米器たるに於ては一なり。米器は兀と桝の字の示す如く。槲の實より思ひ付ぎたるなり。槲はドングリ也。テングリオグラの形に似たるより。其名生ず。之を米器とせるが和名ドンブリ也。ドンブリは俗字丼と書く。井の中に物ある形なり。此丼の外面にはの如く桝蒂に摸したる波紋を書たるが起源にして。粦字はウロコの義となる。而して魚鱗の夜明あるを見て。粦は夜明の訓に轉じ。以て磷及び璘又燐の字に應用せられたり。偖此石璘とは何者ぞといふに。石璘とは腦砂のことなり。西域總志庫車《クツチヤ》列傳に曰く。

腦砂《ハ》出ニ腦砂之山一。在《リ》ニ城北《ニ》一。其山多《ク》ニ石洞一。春夏秋洞中皆火《アリ》。夜望《メバ》如ニ萬點《ノ》燈光《ノ》一。人不レ可レ近《ク》。冬日極寒大雪《スレバ》。火息《ヤム》。土人往《テ》取レ砂《ヲ》。赤身《ニシテ》而入《ル》。砂《ハ》產ニ洞中一。如《シ》ニ鐘乳《ノ》形一。

とあり。西域見聞錄又同文なり。嘗て之をトルホト王に問ふ王曰く腦砂とはズンガリー語にてオロシテルといふものなり。電氣發生の原料にして。天山南北路の人は之を把りて直ちに銅鐵を磨擦し。其熱起るを待ちて之れに黃金をスリツクレば。直ちに立派なメツキとなることを知るが故に。今日電氣メツキを見ても左まで驚かぬなりと。依りて思ふに現に日本の古墳古冢より發掘せる幾多の金環及び寶刀類が。どう見ても其金色を電氣メツキと同一にせりと鑑定せる某西洋人の説を聞いて。亞細亞の太古に電氣メッキが行はれてたまるものかと冷笑せる連中は。少しく顏を洗ふて出直さゞるを得ざるべし。聖武時代の金銅《コンドウ》盧舍那《ルシヤナ》佛《ブツ》といふ金銅も。銅の素地に。電氣滅金をかけたものなりと聞ては。愈々以て舌を捲くに足りぬべし。電氣の原語 Electricity が訛りて Elector となりしといへど。city は氣の蒙古語と一致すれば。殘る所は矢張 E lectri なり。エレキはウロコの轉にして。粦の字に該當す。テルはトリ叉チロと同じく。石のことなり。故にエレキテルとは。粦石といふ義なり。猶ソープストンを釋して。鹼石といふべきを。それでは口調惡しき爲に石鹼といひ馴らしたる如く。磷石も亦漢文にては。石磷と並べたり。此物神農の時より。既に發見せられ。殊に水に投じて電光を起すことまで考へ出されてありしなり。これでも神農時代の文明は。バビロンに及ばざる遠しといふべきか。請ふ王子年が次の評を見るべし。

▲東洋古代文明の實例（下）

——田舍にクスボリ居たる王子年——二汁五菜のオヒラ——雷霆の聲地下に在り——合歡木の櫃——一向に合點が行かず——純金の贖罪所——ケルピムと元龜——開明の獸——髣髴として認むべし

王子年曰ク斯ノ時ニ當リテ漸ク庖犧ノ朴ヲ革メ文物ノ用ヲ辨ズと。王子年其人が磷石はオロシテル也。オロシテルはエレキテル也と承知して書いたものならば。バビロン時代に超駕せしむべく。有心故造の筆を使ひしとも思はるれど。晋武の當時、田舍にクスボリて。聞いたまゝを筆記せりとふ忠實なる此著者にして。豈千百年後の論爭に貲すべき爲め。手前味噌を並べ置かんや。庖犧時代の朴《ほく》人參《にんじん》が漸次皮を剝ぎ毛を去りて。二汁三菜のオヒラに加はりたる次第を想見すべきのみ。拾遺記の其次の句には九穗禾を植ゑたることあれど。神農に農事はアタリまへとして之を略し。終の數句を擧げてバイブルと比較すべし。曰ク踆鍰ノ銅ヲ采リ以テ器ヲ爲ル踆鍰ハ山ノ名也。下ニ金井アリ白氣其上ニ冠ス。人其間ニ升レバ雷霆ノ聲地下ニ在リ云々と。依て思ふに此れは火山に鑛物が溶解して滿山震動しつゝある形容なり。而して其溶解せる鑛物を記して曰く。井中ノ金、柔弱以テ縢ヲ緘スベキ也と。縢とは何ぞや。書經に所謂納㆓冊ヲ于金縢之匱中㆒とある傳に請命ノ書を爲リ。之レヲ匱ニ藏シ。之ヲ緘スルニ金ヲ以テスとある是れ也。書の金縢は周代なれども。其起源は神農の頃既にありたるものならむ。此金縢と相同じきものバイブル中に在り。以て金縢の註疏と見ば彼我の接近いよ〳〵分明なるべし。出埃及記第三十七章に曰く。

べザレル合歡木をもて櫃をつくれり。その長は二キュピト半、その寛は一キュピト半、その高さは一キュピト半、而して純金を以て其内外を蔽ひて。其上の周圍に金の緣を造れり。又金の環四個を鑄て。其四の足につけたり。即ち此旁に二箇の輪。彼旁に二箇の輪をつく。又合歡の木をもて杠を作りてこれに金を着せ。その杠を櫃の旁の環にさしいれて之をもて櫃をかくべからしむ云々

と。是豈に書經の金縢の匱にあらずや。而かもバイブルは其體を記して詳らかなること書經に過ぎたるも。其用を記すことは終に書經に及ばず。單に此の紀文のみにては合歡木の此櫃が。何等の働きをなすや一切合點行かす。去れど次に純金もて贖罪所を造ることあり。此贖罪所と此櫃と離るべからざる

記事の照應あるによればバイブルの合歡木の櫃は。猶書經の金縢の匱の如く請命ノ書ヲ爲リ之レヲ藏スル所たること明らかなり。書經に

成王ノ二年秋大ニ熟シ。未ダ穫ザルニ天大ニ雷電シテ以テ。風フキ禾盡ク偃レ。大木斯ニ拔ク邦人大ニ恐ル

とあり。此時成王と大夫と其天譴を恐れ。其罪を贖ふべく金縢の匱を啓きたることあり。而して其中より周公が身を以て成王の疾に代はらんと祈りし請命の書を發見せり。其請命の書には曰く。

惟レ爾ザノ元孫某。厲虐ノ疾ニ遭ヘリ。若シ爾ザ三王。是レ丕子ノ責天ニ有ラバ旦チ以テ某ガ身ニ代ヘヨ

と。明らかに贖罪の文句なり。殊にバイブルの贖罪所にはケルビムあり。金縢の篇中には玄龜あり。ケルビムは翼あることバイブルに明らかなれども。元龜には翼ありや無しや。蓋し元龜は神龜なり。拾遺記に曰く神龜長一尺九寸。有二四翼一と他の書には之を開明の獸とせり。開明はカイミンなり。ケルビム。の音譯に似たり。二者の一致此點にまで及べり。獨り周室が猶太族と關係

あるのみならず。神農の頭既にバビロンの文明と共通の點ありしこと髣髴として認むべからずとせんや。

▲風雨電電の字解と電氣滅金の研究（上）

科斗假名より漢字を合成せる例として。天地日月星辰の六字を説けるに。次に風雨雷電の四字を解剖せよと望む者あり。依りて左に答へ併せて電氣滅金の研究に入らんとす。

風

風字は厂としてイとロとより成る。先づ厂はハ也しはンなり。厂のハたる一見即了すべきも。Vのンたるは少しく解説せざるべからず。蒙古字にてノはOに非ればnoなり。しはAに非ればnaなり。阿行の奈行と相通ずるは。禹王とノ゛ヽワの名稱論中既に之をいへり。蒙古のノのnoと響くば我片假名も同じ。而して之にnaのしを加へたる者は平假名のん字なり。平假名のん字は羅馬字のnと接近す。去れば平假名の或者も亦。科斗假名の合成と見て差支なし。之を以て考ふるにん字は單音に非ずしてnanoの切より出でたる複音の符なり。之に反してㄥは單音のンなり。今風字の上半部は厂のハとㄥのンと合す。ハンの聲あり。之にイとロとムと加ふ。イはイ也。ロは勹なり。厶はムなり。勹イムの三音に前記のハンの二音を冠らしむれば。ハンクイムとなる。若しハンをハヌとし。切音フを生ぜしめ。クイを切音に歸してキと響かすれば。フキムといふ聲を發す。フキムは吹きむなり。日本語と一致す。更らにフキを切音としてヒを生ぜしめ。之に最後のムを加ふればヒムとなる。風《フウ》の古音はヒンなり。ヒン轉じてホンとなり。H音變じてF音になれば。現今の北京音フホンとなる。故に風はハンクイムの六個の假名より成たるなり。此六個の假名の中にて。最も微妙なる働きを有するは。ロの字なり。ロは左の直線を除けばコにして。右の直線を除けばヒなり。而して斜に兩斷すれば。其左傍にト字を發見すべし。故にロは羅馬字のCの如く。加行音と多行音とを含める外に。支那音の喜の字の如く。キとヒの響きをも兩つながら備へたり。去ればハンクイムは。又ハンチイムともなり。又ハンヒイムともなる。集韻に風字《フウ》を方馮《フハンピン》切とせるも。正韻に方中《フヘチユニ》切とせるも皆合す。

其唐韻に方《フヘン》戎《ルン》切とせるは。ロの字がラリルレロのロとなる働きにして。韻學上よりは多行の濁音はラリルレロと交換作用を有する者なれば也。

雨

はワンチイなり。ワとンとTとイより成る。丁は羅馬字のTと同じ。科斗假名にてはイの丁と識別せん爲に。肩上に一點を加へてテとせり。蒙古文字にてはエなり雨字のヨミは唐韻集韻及び韻會とも。並に王矩切《ワンチユイ》とせり。ワンはワヌなり。ワヌはウとなり。ウチは中となる。之に最後のユイを加へて。キユイといふが北京音なり。キユの切がウとなりて。イを省きしものが漢音ウの聲なり。

ワンはワムとしてワムアム即ちアメとなり。チユイの炬《チユイ》は巨《チユイ》の原音其《チ》呂《リユイ》切に還ればアメチルー即ちアマタレといふ日本語と一致す。雨字の象形はの如く。室中に洩れ來る水をいふ。故に又た宗とも書けり。ワンチユイをウワウターとすれば。英語の水なり。

はレフイなり。凵はレなり。左傍に一直線を加ふれば儿となる。凵の頭に一横線を加ふれば匚となる。匚を横にして左面せしむれば口

となり。ルを縦にして左面せしむればラとなる。其の字根はしの一字に在り。しは羅馬字のLと一致す。我國音にR音ありて。L音なしとは。先天的無しといふに非ず。中絶したるものといふこと此字根より探り出し得べし。蒙古にてもし又はLと書くは。羅馬字のLと同じきなり。Rにはあらず。Rはワなり。rと左右の向を異にせるのみ。rの草體𝓻を以てワに比せば。殆んど其の尾の一棹の差のみ。フは蒙古にては。喀行の變音として。別に文字なきも。相通を求むれば正にアの頭なり。羅馬字FはHとフの複音エフなり。FよりHを除けば。フを發見し得べし。Hは片假名のエの横書せる者のみ。イはIなり。イなり。再説を須ひずして明らかならむ。即ちレフイの三音相切磨してレイの音を生じ。レイを遡れば漢音のライに達するを得べし。依りて其切音を求むるに。唐韻魯回切とあり。集韻正韻及び韻會には。盧回切とあり。悉く科斗假名の解剖と合す。殊に魯回及び盧回の回は。漢音クワイにして。唐音フイなり。蒙古字のアは。喀行のケにして。又哈行のへに響く。其相通の理法に至るまで秋毫も差ふことなし。フの横線を稍斜に引ばクとなると同じ。若しルクワイを切してルキとなし。ルキの聲又レキに轉ずれば。雷を霹靂といふ。其レキ音の由來を發見し得べく。而して之に不定冠詞のAを加へて。エレキとすればフ、ラ、ン、ク、リ、ンが雷より電氣を捕へ來らざる以前早く既に雷にエレキの名のありしを覺るべし。

電はチレレンなり。エのIたるとしのLたるとしのnたると皆な既に説けり。而うして電音テンの聲は。チレの切テとなり。テレの切猶ほテとなり。之れに最後のンを加へて。テンとなるなり。若しチレのレ音を刺奈《ラナ》兩行の相通より。noと響くこととすれば。チレレンは。チネレンなり。轉じてチンレンともなる。之を漢字の切音に求むるに。電字の音は。唐韻集韻及び韻會ともに。堂練《タンレン》切とあり。正韻にも蕩練《タンレン》切とあり。四字典悉く我が科斗假名の解剖と合す。一點の疑ふべきなし。而してチレレンの約テレンとなり。テレンの變尾音テリとなれば雷電の二字を聯結してレキテリとなる。之に不定冠詞のA字を加ふれば。エレキテリといふ語となる也。此エレキテリは初め粦石《リンテリ》の義より出でしこと既に探險記中に説けるが如し。而して此エレキテリを二字に分配して。雷にエレキの音を含ませ。電にテリの音を含ませたるは。漢字制定者の手腕といふべし。然るに支那人の電母を畵けるものを見るに。一美人の双手明鏡を把りて下界を照らすの圖案を出せるは。テリの義轉じて鏡《テリ》となりたるより思ひつきたる趣向なるべし。此は技巧に走りし後世の考案にして上古は。直ちに粦石《エレキテリ》の實體より類似點を求めて。地下の物名を其儘天體應用にせるのみなれば。美化的工夫は缺けたれども。科學的研究には寧ろ其明截を多とすべし。

▲風雨雷電の字解と電氣滅金の研究（中）

ウラルアルタイ語派の天山南北路の言語たるエレキテルてふ語が。何故にモノシラズム語派の支那文字に疊み込まれて。雷電の二字を形りしかといふ疑問は起りさうなる疑問なり。此は一語にて足れり。世界文明の大先祖はウラルアルタイ語派のアッカド人種にして。印度もバビロンも支那も其の繼承者たるに過ぎずと。此故に漢字は元來アルハベットを以てウラルアルタイ語を綴りしものが。凝結して固形體を成したるものなれば。之を分解するに從つて原始のウラルアルタイ語に復歸するものと知るべし。去れば支那文字は從來他國の言語と毫も關涉なきものと誤解せられ。久しきあひだ繼子扱びの虐待を蒙むりしも。名乘りて見れば。矢張り親類の片割れなるのみならず。其文字は形、音、義の三要素に於いて。他國の文字よりも。更らに多くの含蓄を有するが故に。之れが研究の結果は歷史地理人類考古學等の上に。多大なる貢獻を爲すものたるを疑はず。今一例として鑑の字に付いて言はんに。鑑の字は鑒字と同じく。金に从ひ。臨に从ふを本體とす。鑒の鑑となりたるは。臨「金皿」の三字を一字にたゝみたる也。臨は臨字の變體なり。鑑とは金皿に臨むなり。說文に大盆なりとあると相符す。太古の人民は。金皿に水を盛りて。自己の容貌を照見せるなり。此遺式は西藏及び蒙古の喇嘛《ラマ》廟に於て。其佛前の靈鏡を見よ。悉く凹面の黄銅鏡なり。日本語にて言はゞ金椀《カナマリ》なり。之れは鏡の起原にして。鏡としては平面鏡或は凸面鏡よりも遙かに古き體型なり。周禮秋官司恒氏にも鑑ヲ以テ明水ヲ月ニ取ルと有り。月夜の冷液を金皿に承けるを謂ふなり。此冷液は糸瓜《ヘチマ》より取りし也。之を方諸(fanchumu)といふ。ファンチヨムウとは。カシブの轉にして。カシブはカシクの轉なり。カシクとは鏡の古語なり。蒙古語にもあり。我國の神鏡奉祀の神殿をカシコ所といふも是れなり。蒙古にては喀《カ》行と哈《ハ》行は同じ文字なり。滿洲文字にては其識別に便する爲に。喀行文字の右傍に一圏を添へしのみにて。直ちに哈行文字に轉用しつゝあり。我國にてもカツ〳〵といふべき處を。ハツ〳〵といひ。クスブルといふ處をフスブルといひ。カヽ樣といふ處にハヽ樣といふ類。皆喀《カ》と哈《ハ》と相通の適例なり。去ればカシクはハシクとなり。ハシクは。ハシブとなり。ハシブは。ハシムとなり。此に方諸の支那語を生ず。而して我國にてはハはへとなり。シはC音のチとなり。ムはマとなりて。金皿に明水を供する糸瓜を指示せるヘチマといふ名詞となれり。本紙の柳下踞言中に秋旻氏が。明月の夜に糸瓜から水を取るは關係がありさうで探りて見れば關係がないと言はれしは。まだ〳〵探りかたが足らぬといふべし。夫れ既に鑑字は水を盛る器なり。之より轉じて陶器の甓の如き氷壺にまでも應用されたり。(周禮天宮淩人註參照〕而して一面には凹面が平面となり。黃銅が白銅となりて。終に所謂マスミの鏡とまで發達せり。而して其マスミといふは國學者多くは十寸見と書き。益見と書けど。其實はハシムのハ音がマ行に轉ずるの例によりたるのみ。矢張り鑑といふことなり。名刀の氷及以て人面を鑑すべきもの之を賞してマズムといふは蒙古にもあり。我國にては更にn音を加へてマズムンとせる者。轉じてマザムネとなり。終に正宗として鍊刀の名匠を呼ぶ語となりたるなり。マはハとなり。ハはワとなり。ムはマとなり。ネはノとなりしもの。ワザモノの一語となりて直ちに名刀を呼ぶ名詞となりたり。此等元皆鑑の源語カシクより來る轉語なりと知るべし。然らば鑑の字中にカシクの音ありやといふに。唐韻には鑑は革懺《カシンク》切とあり。集韻、韻會の二書倶に居懺《キヨシンク》切とす。左傳註には工暫《カムザンク》切と出でたり。孰れもウラルアルタイ語のカシクを疊みたるなり。而して鑑の字中には。日本語のカカミといふ音ありやと顧るに。廣韻、正韻、倶に古銜《コカム》切とあり。集韻及び韻會にも居銜《キヨカム》又は居咸《キヨカム》とあり。孰れも皆カカムなり。鏡の字にも居慶《キヨケム》切あり。キヨケムはカカムなり。然らば蒙古語の鏡をテリといふ音ありやといふに。韻補に居亮切とあり。之を唐韻によめば。チユラングなり。チユラン即ちテリの音と一致す。此テリは思ふに。石器時代石を磨して形像を映せしより起れる石鏡の石ならんかと思はる石は蒙古語チラなり。日本の古語にてはトリなり。トリは日本にては照《テ》りと轉じ。蒙古語にては鏡《テリ》の義となりたり。以て漢字の鑑及鏡の字音にウラルアルタイ語のカシクとカヾミとテリとの三語を含蓄するを悟るべし。去ればヱレキテリてふ語のテリが一面鏡の義に通ずるを以て電母に明鏡を持せたるも。全く據所無しとは謂ひ難し。然れ共ヱレキテルの本義は矢張り礬石《エレキテリ》なり。而して之を雷電の二字に配合したるなり。去れば電氣の發明も西洋人よりか我がウラルアルタイ語系の人種の方が先鞭を着け居たる也。去れど東方一帶凡ての文明が中絶せる如く。最近に至るまで。自國の文物研究を忘れたる爲めに我々亞細亞人種は立ちおくれを取りたるなり。此點より見て漢字其物は今猶有力なる古代文明の證明者として。歡迎せらるべき資格あり。否今後は益々此研究熱の沸騰を來たすべし。現に歐米に在りては。漢字研究の熱度次第に加はり來りて。油斷をすると漢字使用の本家筋をも凌駕し兼ねまじき勢ひなりといふことなり。我國にても漢字研究を漢學者仲間の玩弄物視に非ざればに神佛視する程度に委するに甘んぜず。各專門家の新學說發明の資料として一指を染めるに至らんことを切望に耐へざるなり。借エレキテリの語が電電の二字に疊まれたる所以明らかになりし以上は。進みて古代の人類が電氣應用の狀態を探るべし。

▲風雨雷電の字解と電氣滅金の研究（下）

電字の訓は國語伊奈豆流比《イナツルビ》。一に云伊奈豆萬《イナツマ》。又云ふ伊奈比加利《イナビカリ》なり。此の中伊奈豆流比《イナツルビ》の豆流比《ヅルヒ》は。漢字切音の堂練《タンレン》と符合し。伊奈豆萬《イナヅマ》の豆萬《ヅマ》は電《デム》の音demのdumaと響きしものと見れば差支なし。伊奈比加利《イナビカリ》の光りたるはいふ迄もなし。然るに三語共有の伊奈とは何ぞや。舊解は皆曰く電に伊奈のつくは稻が交《ツルム》なり。稻の妻なり。稻が光るなりと。此れ以上新發見なきものゝ如し。而も伊奈を以て稻の義とすれば。交《ツルム》といひ妻《ツマ》といふ。人格化も餘りに飛び離れたり。況んや余は此場合に於けるツルビもツマも。交及び妻の義に非ずとする者なるに於てをや。思ふに伊奈は阿奈の轉訛なるべし。太古の石窟中四壁に圓石を壘ぬること魚鱗形のものあり。土板を以て屋を蓋ふも亦魚鱗形なり。此れ等をウロコより轉じて。アレキといひ。又オロスといふ。皆穴のことなり。然るに其エレキテリのエレキを以て莽石《エレキテリ》の莽《エレキ》と解せずして。穴居の義と取りたるが。阿奈の轉の伊奈なり。ズンガリー語のオロシテリも此オロスの方より解したるるなり。去れど本義は漢字の證明せる如く。ウロコのエレキと轉じたるより來りしものに相違なし。而かも國語もズンガリー語も。倶に穴の義に受取らるは何故なりやといふに。此は電其物が穴居人民の燈火代用として日常缺くべからざるものなりければなり。西域總志の腦砂を庫車《クッチャ》の石窟中に取る條を見ても。穴居時代の置き土産たることを悟り得べし。拾遺記より數々引用せる夜明の珠とは此事なり。山海經にも異樣の神を記述せる場合。出入必ズ光リ有リとあるその光りものは。必ず此の腦砂なり。オロシテルなり。我國の古事記中にも。穴居の神は其の名の示す如く大穴持命なり。一名大國主神をいふ。此穴居の神を助けんとて。海より依り來る神の狀を記して。有光《テラシテ》海《ヲ》依《リ》來《ル》之神とあり。此は拾遺記に所謂石磷の玉あり。闇を以て之を水に投ず。滅せんとして滅せずとある神農條下のそれと同じく。此海を照らせるものもエレキテリの一名オロシテルその物たるや疑ひなし。大穴持の種族は穴居なれば。穴中を照らすべき材料は稱々講究せられたるならむ。而して太古の人民が最も容易に手に入るべきは魚鱗の夜明なり。次ぎに發見せられたるはエレキテリなり。直に魚鱗に代はるべき意味に於て粦石の義ウロコチラと命名し。轉じてエレキテリとなり。穴中に常用するに至りてオロシテリとなり。アナテリヒともなりたるなり。去れば大國主の命の如きは。自家鍾愛の女子をさへ。此の靈物の名に呼びて。オロシテリ姬と名づけたるは。神代記天若日子葬送の條に在り。但だ音字なき爲。漢字の下《オロス》の字を以て埋めしより。後世傍訓を施して。シタテルヒメともシモテリヒメとも讀ませたるは。皆名稱の起源を探らざる誤釋なり。此のオロシテリは穴居族の間には久しく珍重して傳へられたるものと見え。神武天皇條下にも縱穴住

居の井氷鹿《ヰヒカ》を記述して。生《ル》尾《チ》人。自《ヨリ》井出來《チル》。其井有光とあり。我國の古墳よ
り。電氣滅金と同質の金環金鐶の出づるは。此のオロシテリを以て滅金せるものなりとは。トルホト王の寶話にて想ひ合はされたり。トルホト王の祖先も。清朝に復歸の禮物として。曾て金錯刀を獻せしことあり。錯は説文に金涂とあり。涂は塗なり。滅金のことなり。今は其陽文を滅金《メッキ》といひ。陰文を象眼《ソウガン》と呼び分けたれ共。元は漢字錯の一字より割り出したるなり。錯は唐韻集韻倶に倉各切なり。ツアムカウ也。ツアを略してムツカウのみを取りたるかメッキなり。滅金《メッキ》の字を工夫せるは。日本人の器用なり。ツアムカウを訛りて。ツアウカムとせるが象眼《ソウガン》なり。此れも器用の考へつきといふべし。メツキも。ゾウガンも。皆西域傳來のものなり。此西域と同文明のもの。我國の古代既に之れ有りしとすれば。彼此の關係は十分研究の價値ありといふべし。而して此傳來の徑路は南洋を經過して入れる者もあらむ。北大陸を迂回して來れるものもあらむ。東大寺の大佛が金銅盧舍那佛たる事は。人の遍ねく知る處なれど。其の金銅とは銅に滅金《メッキ》せる者にして。其の滅金は。今日の

電氣メッキに勝るあるも。劣るなしといふに至りては。一異聞なりと謂はざるべからず。前年余が奈良に遊びしとき。大佛修繕の工事中。地下より滅金《メッキ》造《ツクリ》の寶刀を一口掘出せりとて。頗る評判高かりしが。余は之を一見するの機會を得ざりしも。此寶刀も亦聖武時代大佛殿建立の當時。地鎮祭か何かの爲に。地中に埋めたるものなるべく。其滅金《メッキ》は金銅盧舍那佛の滅金と。同質のオロシテル作用に成りしものなるべし。盧舍那佛に塗りたる金は奥州始めて貢したるの黄金《ワウゴン》を用ゐしならむとは。三才圖繪の説なり而して。其當時オロシテルの滅金の技術に熟せしは何人なりやといふに。此は百濟出生の佛工國《クニ》中《ナカ》ノ連公麿《ムラジキミマロ》といふ者を措いては外になし。此國中ノ連公麿《ムラジキミマロ》といふは。其祖父德《ト》卒《ソ》國《コ》骨《ク》富《フ》の時亂を避けて。我朝に歸化せるものなり。而して百濟はクダラにして。西域庫車《クッチヤラ》の分岐して。東漸せるものなり。庫《クッ》車《ヤラ》はオロシテルの本場なれば。大佛の電氣滅金も國中の連の手にかけてワケなく竣功せるものならむ。後治承中平重衡の兵火によりて堂宇一たび灰燼に歸したるを後白河法皇の勅願にて再建せる折には。此オロシテルの滅金術猶傳はり居しや否や。貴嶺問答に東大寺大佛其功巳に成り鑄師唐人今朝可歸本國云々誠是權化之所爲神明之結搆也。とあるは正に此時の冶工宋の陳和卿がことなるべし。陳和卿は此時當初の佛頭燬壞したるを再造し其右手の鑄造をもなしたりとの事なれども。現今にては其佛頭すら早くも失なひて元祿五年の新物とかはり。双手のみ壽永のものなりとぞ。去れば聖武天皇創造の儘なるは。胴體の大部と蓮座の花片十餘枚のみなりといふ。其故にこそ奈良の大佛の御面貌は鎌倉の大佛の御面貌に劣ること數等なる所以なれ。然れ共猶蓮座の存するあり。天平時代の美術を探りて。エレキテルの餘光を研究するの强ち不可能事に非るを喜ぶなり。若し夫れ佛經中に所謂如來眉間の白毫を開いて大光明を放つてふ其光明も。近世に至りてフランス人キユリー氏により發見せられる元素ラヂウムと同質のX電光ならむと覺ぼしき事あれど。开は猶數多の研究を經後日の發表に讓ることゝすべし。兎に角雷電の二字より踏み入りたる學界の狩獵は斯くの如し。是れ猶山麓第一歩のみ。若し此道に趣味を同うするの士あらば。相携へて大に卷狩を試むべきのみ。

▲黄帝はアブラハム也

——余はラコウペリー氏にも戸水博士にも賛せず——何よりも先づ星學の研究——羅葡一本も作れず——バビロンよりも東方か本家——華胥の國とは何處——黑幕を垂れたる一代記の半面——衆生の祖、衆生の宗——果して異人か同人か

斯く言へばとて。余は直ちにラコウペリー氏に雷同附和して。神農を以てsargonなりとする說に賛成する者にあらず。去れど戸水博士の說の如くsorgon時代の文明と神農時代の文明は。今日支那史上の簡短なる配述に基いて相像する如く。左樣に甚しく懸隔ありとも思はず。同博士が同じ濫故錄の他の方面に於て論じられたる如く。インド及びバビロンの開化の元祖は。却て亞細亞族の血を引きたるアカヂス人なりとせば。バビロンのサルゴンより支那史の神農が今少し早く文明的なりしやも知るべからず。星學の如きも單に拾遺記の築二圓丘一以祀二朝日一。飾二瑤階一以揖テ二夜光一といふ支那流の對句を以てしては。却て浮華に聞ゆれども。遊牧の民は航海の民と等しく。一望萬里天と草と水平線

なるの曠野に在りては。猶水空一碧の大洋に漂ふ時の如く。目標にするものは。天體なり。即ち星なり。月なり。銀河なり。去れば何の學問よりも。星學は尤も早く。研究さるべき運命を有すること。東西皆同じ時代の同じ必要より起りしことなり。此故に庖犧の時既に八風ヲ調和シテ以テ八卦ヲ畫シ。六位ヲ分チテ以テ六宗ヲ正ス。時ニ未ダ書契アラズ。天ヲ規シテ圖ヲ爲リ。地ヲ矩シテ法ヲ取リ。五星ノ文ヲ視テ。晷景ノ度ヲ分ツとあるも。誇大なりとして一概に排斥さるべきものにあらず。斯うなくては沙漠旅行は一日もやれたものに非ればなり。それが神農の時となりては。沙漠旅行より變じて耕作時代に入らんとせるなり。下種收獲何から何まで。寒暑と風雨の氣節を知らでは。蘿蔔一本つくれぬが農業の狀態なり。大陰曆の土用、八せん、つち、入梅、天一天上の如き名稱まで。夫れ〳〵必要に應じて案出されたるものなり。曆と農業との密接なる斯くの如し。此の農業を敎へんとする神農にして。星學に昧からば。何として百姓衆を導びくべきや。去れば圜丘を築いて以て朝日を祀るとは。日出前の天候にて。風の方位を知らんとせるなるべく。瑤階を飾りて以て夜光を揖すとは。日沒後の雲行きにて雨の有無を觀測したるものならむ。加之神農は例のバザールの起源たる日中市場公開の發明者なり。市場に期日の必要なる旣に說きたることの如し。此れも又曆なしにはやれぬことなり。凡て斯くの如きことは、バビロンよりも東方が本家なるべく思はるゝなり。去れば余は倉頡を以てタングト人種と信ずる一人なり。隨つてChaldeaのDungiも亦タングト人なりと考ふること旣に述べたる如し。それのみならずChalleaの地名も。タングト族が西藏より降下して第一の宿場たる于《ウ》闐《チン》のクルデアを其儘持ち越して寄留先きの地名に用ゐたるものなりと思へり。左ればサルゴンと神農と若し同一の人ならば。バビロンから東方に移住せるものに非ずして。却て東方からバビロンにこそ遠征したりとは申すべけれ。其間東西の關係絕無なりとば言ふべからず。神農旣に然り。然らば黄帝は如何にといふに。ラコウペリー氏は黄帝を以てnakpunieなりとし。其支那に入れるは耶蘇紀元前二千二百八十二年なりとせり。之れにも戶水博士は全然反對して黄帝が他處より支那に來りたりとの證據は。支那の歷史に見えざるのみならず。ラコウベリー氏の言ふ所妄誕取るに足らずと一口に喝破されたり。然り黄帝が他所より來りしといふ證據は明らかに見えざるも。之と同時に他所より來らずといふ證據も明らかには見えざるなり。渠が出產地たる有熊の國とは。現在の支那の何れにして。渠が夢みし華胥の國とは。抑も何れを指したるものか。有龍垂胡髯下迎。帝騎龍上天とある天とは元來何の謎なりやといふことは。從來の學者に依りて論定されたるものあるを聞かず。黄帝一代記の半面にはまだ〳〵黒幕のプラサガリ居ること斯くの如し。之を以て黄帝を外來者なりといふ說に對して。妄誕取るに足らずとの一喝を飛すは。少し早や過ぎはせずやと思ふ。去りとてラコウベリー氏の說に全然贊成かといへば。余は黄帝を以て nakpunte とするには。全然反對なり。耶蘇紀元前二千二百八十二年に支那に來りしといふにも反對なり。然らば外來者なりといふに反對なりやといふに。從來の學者が信じたる如く。黄帝を以て支那の直隷省の東北より出でたる如く解釋せるものから見ては。余は全然反對にして。此點から言へば函谷關以西の其又以西寧ろ葱嶺よりも猶以西のフェルガナ州方面から出現せる人なりと信ずるものなり。而かも其一家は矢張りパミール高原のあなたより出でたるものにして。一たびは西方に移住し。再び東方に復歸せるの人なりと思ふなり。而かも其人はバイブルのアブラハムと同一の人にして。其一代の傳説が葱嶺を境とし。東西兩方面に兩趣を有すること。盧山の面目地に依りて其觀を異にするといふべき秘密の伏在を認めざるを得ず。彼れに在りて衆王の祖なりと崇めらるゝアブラハム。此に在りて衆王の宗なりと尊はるゝ黃帝。果して異人なりや同人なりや。

▲天下分け目の大問題

—耶蘇敎と道敎—黃帝の墳墓と高天ヶ原—是博浪の鐵椎也—穆王は歷史に忠實なる天子—東洋史家の一大怠慢—本能寺の濠深さと碩學鴻儒の巨頭寬胸—奇に似て奇に非ず—黃帝は婆羅門族の一人—耶蘇や老子も佛門に歸入せむ—學界の新開地—無形の大疏水

黃帝とアブラハムと。抑も異人か同人かといふ問題は。耶蘇敎と道敎と天下分け目の大問題たるのみならず。一面直ちに東西文明探源上の大問題なりと謂はざるべからず。而かも此事穆天子傳に何の關係かある。穆天子傳に曰く、

吉日辛酉天子崑崙ノ丘ニ升リ。以テ黄帝ノ宮ヲ觀テ。而シテ豊隆ノ葬ヲ豊ニシ。以テ後世ニ詔ゲ

從來の漢學者が黄帝之宮や黄帝の墳墓を以て銘々勝手な方角に引つ張りつけ。甚しきは北京を去る遠からざる薊州方面に軒轅丘てふものを拵へて以て。恰も我國の神道家が。高天ヶ原を以て。各々自己の故郷の地名に强嫁せしめんと謀りし如き態度を執り來りし千百年來の陋見僻解を打破するには。唯此一節の文字が。博浪の鐵椎秦皇を愕死せしめんとせるにも似たらずや。黄帝の墳墓旣に直隷省にあらず。却て直隷省を去る一萬數千淸里外の西方崑崙山脈の一支峰に在りとせば舊解釋と新發見と其見解の距離も亦一萬數千淸里の懸隔ありと謂はざる可らず。穆王は或方面より見て歴史に忠實なる天子たりし也。其左史戎夫に口授して。筆記せしめ朔望の兩日宮中に讀誦して以て自誡

の一端に供したる周書の所謂『史記』の一篇を見るも。支那古代の歴史に精通貫到せる實に驚くべきものあり。此天子にして自ら黄帝の宮を觀て自ら豊隆の葬を增封せるのみならず。後世の歴史家をして疑惑の迷霧に彷徨せざらしめん爲に『以て後世に詔ぐ』と迄明記せる此的確明瞭なる一史實を湮沒して。以て今日に至たる者。豈東洋歴史家の一大怠慢に非ずして何ぞや。舊解釋の如く。黄帝若し直隷省の出身にして。軒轅丘もと薊州方面に在るとせば。山海經の記事が根本的虚妄に屬するのみならず。西王母の所在も亦其位置の曖昧を來さゝる可らず。更に波及しては人類の發生以來。幵が故郷の地として世界の歴史に公認されたる。支那の西北にして而かも歐洲の東北たり。印度より見ては北方の高原に屬すてふ搖籃の區域も亦。其存在を無視せざるを得ざるに至りぬべし。斯くの如き矛盾と不詮索が。今日まで平然として。學者社會の頭腦を占領し來りたるかと思へば。余は思はずも本能寺の壕の深さより。先づ當世の碩學鴻儒の巨頭寛胸が。其大きさ幾尺なるかを知らんと欲する者なり。穆天子傳の一書幸に存するあり。今にして黄帝の墳墓が崑崙山上に存在すてふ論斷を下さんとするは。奇に似て決して奇に非ず。寧ろ其當然の尤も當然なるものにして。夙に此處に氣附かざりし幾多の東洋歴史家の研究ぶりこそ。奇の最も奇に。不思議の又不思議なる者と思はざるを得ざるわけなりかし。東西文明の淵源は。穆天子傳の此一節によりて相接近すること一朝にして壹萬數千淸里。若し又他の材料の發見によりて。アブラハムの東歸を促すこと。一朝にして一萬數千マイルならしめば。離魂病的にうろつきまはりし彼等の遊魂も。忽ち元の本身に復歸して。始めて異名同人たるのみならず。史實と語義の上より。全く同名同人たるを證據立つるの日ある亦絕無の事と謂ふ可らず。耶蘇教の根本は道教の根本と一致し。天下分け目の大問題。此に平和の局を結ぶの後。更に進んでアブラハム即黃帝。黃帝即アブラハムたる其人は後。釋迦牟尼の取りて以て佛教建立の用材とせる婆羅門《バラモン》族の一人たるに過ぎざる證據を握らば。世界の宗教も亦一源たる斷案を下すの時期も　亦餘り遠きに非ざるべし。期くの如くんば。アブラハムたる黃帝も。黃帝たるアブラハムも佛門無緣の人に非ず。況んや其末裔たる耶蘇や老子の如きも。相率ゐて不二の妙門に歸入せざるを得ざるべし。而して开が研究の端緒は。穆天子傳の此一節が如何なる價値を有するや之を検討するより先きなるは無し。斯くて其投じたる鋤犂の先に。回敎の起源も亦憂然として相觸るゝの聲あらば。學界及び敎界の未開拓地が。漸く一道の共同灌漑渠を貫通して。滿目の荒蕪を變じて。始て人類休息の一大樂園を形くるを得む。此事一寸考へて六かしそうなれど。禹の神靈若し來つて筆硯を祐くるあらば。余は請ふ腕によりをかけて此無形の大疏水を試みん。

▲黄帝の墳墓

——黄帝死して影なし——墳墓は橋山——橋の蒙古語——烏號の意——豈隆と橋山と義は同一也——「ンコを踏む」の語源——イプキの意義——イプキ丈の由來——崑崙の活火山——雷師と大壯との關係

舊説にては黄帝の墳墓を以て何の地に安置せりやと問ふに。列仙傳には黄帝長逝の情況を記して曰く

自ラ吉凶ヲ擇ビ、群臣ト辭ス、卒スルニ至リ、還リテ橋山ニ葬ル、山崩レテ柩空シ、尸無ク
シテ唯劍舃在ルノミ焉、

此は書名が書名だけ。雲を呼び風を招き。灰吹から蛇を出す流の仙筆に成るなきかと。猶能く他書を調ぶるに。統譜に曰く。

黄帝橋山に葬フル。子孫塚ヲ守ル。因テ氏ト爲ス。

支那にて橋姓を名乘るの人は。黄帝の子孫中にて。墓守りたりし因縁あり。其地名を襲用せりといふに至りては。列仙傳のいふ處之と相符す。疑ふべきなし。而かも穆天子傳には豊隆の葬とありて橋山どいふ墓地見えず。二說孰れか是にして孰か非なると。一寸疑惑の起りさうなれど。余は二說俱に是なりといふに躊躇せず。イカにも黄帝の墳墓を以て支那本部の橋山といふ地名に强賣するは。大不賛成なれど。單に橋山といふ地名に葬ふりしといふ丈けならば。敢て異議なきのみならず。是れあるが爲に穆天子傳の正確は。愈々其光輝を加へ來ればなり。何となれば豊隆の二字を音字に還源して。フオングロングといふ聲を出せば即ち橋と云蒙古語のホゴロコ　に一致すれ

ば也。然るに蒙古語を以て黄帝時代の地名を推すは。何の本據ありやと問ふものあらば。余は之れに答へて曰はん。黄帝の弓を烏號といふ。群臣黄帝の上天を悲み其遺愛の弓を抱いて烏々《ウウ》として悲號せる故に名づくとは。後人の附けたりにして。其眞義は黄帝時代の用語にて弓といふ名詞に過ぎず。夫弓を稱して烏《ウ》號《ガウ》といふ。號《ガウ》はH音とM音との相通作用により。後世の轉訛はマウとなる。之に烏音を冠すればウマウ也。ウマウは蒙古ノマウの急言にしてナムとなりたる者の原音也。ナムとは弓のことなり。我國のナマヨミのナマは即ち是也。黄帝時代既に此蒙古的單語の使用されたる形跡あり。今其地名を釋するに。蒙古語に據る豈唐突なりといふべけんや。古人之を悟らず。今人も亦此に着眼せず。穆天子傳註に郭璞の説として。豐隆は筮師雲ニ御シテ大壯ノ卦ヲ得タリ。遂ニ雷師ト爲スとあるのみにて。豐隆の葬の橋山と同一たるには曾て言ひ及ばず。韓非子註にも楚辭の吾令ニ豐隆《ヲシテ》乘《セシム》雲《ニ》兮を引いて雷公たることをいふのみ。思玄ノ賦註も亦然り。其何故に大壯の卦は豐隆に應ずといふことすら説明を缺く。遺憾といふべし。蓋し大壯は易の ䷡ なり。

下象傳に雷在天上大壯。君子以《テ》非禮弗履とある是也。若し此卦を以て西域の地理を研究せば。☰は堅き物即金なり。金山なり。七金山の主幹たる崑崙なり。崑崙の山脈に☳あり。☳は☲の火の噴騰して其口を破ぶり。震動の聲、雷の如きに象る也。之を大壯といふ。壯は側況切《ザァキャム》。即ちサカムの音あり。爿に从ひ。士に从ふ。爿は古文の㠯なり。㠯は力士の兩腕を内に曲げて滿身の力を筋骨に貯へたる形なり。なり。此時の態度にて。其足を左右に蹈み張り。腰をスヱたる形が爿也。之も原形に復せば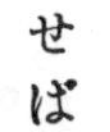なり。二者を合して之に士を加へ見よ。即ちとなる。是れ力士が地取りにて吽《クン》と力みたる姿なり。其上半部を縦にして㠯となす。是れ古文なり。其下半部縦にして爿となす。是れ今文なり。㠯の爿と開閉の形を異にして。而かも其義の一たるは。之れが爲のみ。漢字側況切《サクキャム》は即ち國訓サカムと一致す。而して其態度をシコを踏といひ。シガミつくといひ。古事記のサガミニサガミといふ。皆同義なり。兩手泰山を抱ゆるが如く。兩脚深淵を踐むが如く。力を臍下丹田に貯へて。一口の氣咈《ブッ》と兩唇を破ぶるの時。之をイブキといふ。イブキは熱火を噴くなり。大壯の象此に於て成る。醫用ヒテレ艾ヲ一灼ス謂二之ヲ壯ト一とあるも此義なり。火山に命ずるにイブキ山の稱を以てするも此義なり。イブキの名物に艾を出すも此義なり。然れば則ち䷡は噴火山に象りたる者といふべし。然る後更に崑崙山脈に火山ありやと問ふに。山海經に曰く。

崑崙ノ丘、其下ニ弱水ノ淵アリ。之レヲ環グル。其外ニ炎火ノ山アリ。物ヲ投ズレバ輙チ燃ユ。

と是によりて之を觀れば。山海經編輯當時は。崑崙山の一支峰に猶活火山ありしや斷じて疑ふべからず。此一支峰の原名こそ。即ち豊隆の漢字に音譯されたる。フオングロングロング山なり。思ふにフオングロングとは『火の神殿』の義にして其始め山岳崇拜の觀念より命名したるものなりけむ。フオノアラグはフオノガラグと轉じ。フオノガラクはホゴロコとなり。終に橋山の譯名を負ふに至れるものなるべし。而かも穆王當時は猶其原名を原語の儘に音譯して。豊隆の二字を以て之に擬したり。其豊隆が何故に雷師と呼ばれたるか。其雷師が何故に易の大壯に關係あるかは。既述の説明にて十分なるべし。去れど余は猶。雞頭花の一株。其莖まで紅なる研究を徹底すべきか。

▲黄帝の採鑛業

――橋の字の解――黄帝の銅山――紅の字の解――伊香保溫泉のイカホの語源――クレナヰは吳藍にあらず――赤をレッドといふ語源――天上の雷に問へ

橋字は木に从ひ喬に从ふ。喬は沃字の偏略と高字の頭略と聯結して成れる字也。試みに之を數學の式にて現せば。則ち左の如し。

(沃ーシ)+(高ート)=喬

故に之を原形に復せしむれば。沃高の二字に歸す。沃高とは何ぞや。『沃ノ野ノ高所』を謂ふ也。『沃ノ野』とはアムダリヤシルダリヤの兩大河の流域をいふなり。山海經之を說くこと頗る詳細也。『此沃ノ野ノ高所』にあたりて亭々空を凌ぐ者之れを喬木といふ。喬木の枝横へて谿川を渡る者之れを橋といふ。人あり丸木の一本橋を過ぐ。其態をヒネリ。腰をアヤナス之を嬌といふ。女の姿態に似るをいふ也。其岸に近づくに及びトン〳〵とヒタ走りをす。之を趫といふ。若しそれ山の峻絶なる者即ち嶠といひ。兩嶠對立箭文を以て音信を通ず。其發射の態度を矯といひ。繩に縋りて谿間を渡る。其乘り物を轎といふ。凡そ文字の喬に从ふ者。其義の依りて生ずる處を求むれば。概ね西域の地理風俗に合するを見る。フォングロング山。既に弱水の上に在り。橋字を以て譯出する。亦全く緣故無しといふべからず。然れども豐隆の二字の原音を含蓄して而かも意義の併び至るには如かず。去れど後世の地理書には豐隆の二字に代るに。葛祿の二字を以てせるが爲に。ホゴロコの省頭音ゴロコの音のみ殘れるが故に。橋山の原名とだにも思ひつくもののなきに至れり。葛祿嶺は西域疏勤の西に在り。疏勤は今のカシガル也。神農記に所謂『峻鋑の山』は此の疏勤の同音異譯なり。峻は私閏《スールン》切なり。鋑は胡關《ホコワン》切なり。二字の原音はスールンホコアムなり。此短音はスールクなり。即ち疏勤《スールク》の漢音と合す。而かも語尾のK音を鋑にてあらはしたるは鑛物の名を含めたる也。鋑は黄鐵也今の銅をいふ。去ればこそ峻鋑の銅ヲ采リテ以テ器ヲ爲ルと有るなれ。其解に曰く。峻鋑ハ山名ナリ下ニ金井有リ。白氣其上ニ冠スと。黄帝の時も此白氣は猶熾に立ち升りたるなり。黄帝自ら以て雲師と爲るとは此の銅の採礦に從事せるなり。雲とは白氣を指したる也。仙書に黄帝首山ノ銅ヲ採ルとは此カシガルの銅をいふなるべし。首山の首はカシガルの轉カシラ蒙古語コゴリ(脖項《クビ》)なり。現時はカシガルのカシを以て。回語《フイゴ》の各色の義。日本語の數々の數と同じき喀什に充て。ガルは回語《フイゴ》の磚屋の義、日本語の瓦と同じきゴワラとして。喀什噶爾即ち日本語のカズガワラと同音同義に譯したれども。此地名はホワルヅムの地名と同じく。最古の稱を後世に復活せるものなりと知るべし。古義としてはカシガルのガルはアの鼻音より出でたるガにして。カシアルなり。カシアルは。アに接するル文字が。偕調の爲にラと響きカシアラ即ちカシラの訓となる。蒙古にてはカシガルのシ音を減じて。カガルとなり。更にクグリとなりたるなり。此クグリは。グリの反切ギとなり。クギとなり。クギのギがGとVとの轉換律によりて。クビとなりたるが今の日本の俗語なり。而して漢字の首の音切は書久なり。喀書久爾《カシユークル》の略頭省尾なり。此地葱嶺の要所に在り。東は塔里木《タリム》の盆地を控し。西はトルキスタンに通じ。人體の首に比すべし。首は咽喉の在る所也。此地の此名を得る由來ありといふべし。而して首を以て易に擬すれば䷡なり。大壯の乾卦愈々明らかなり。而して雷師の解としては。噴火山の沸騰を記して曰く。人其間に升れば雷霆の聲地下に在りと。䷡の義益々動かすべからず。此のカシガルの奥の院が。即ちホングロング山。今の葛祿嶺是也。此葛祿嶺より發してカシカル城の西に至り。分流して東に流るゝ者を赫色勒河といふ。フオシルク河は。元とフオクルク川也、今やC音は變じてS音となりたれど。フオクルク山より出る故に其山名を負ひしが起原なり。而してフオクルクの水名と轉ずるや。其水礦分を有して紅色を呈せるより。終にフオクルク即ち紅の音義となれり。紅は戶公《ホコク》切なり。フオクルクのルは拉那《ラナ》兩行の相通よりnuとなり。即フオクヌグとなれば。紅《フオンク》の音切と相符す。紅字は工に从ひ糸に从ふを以て。普通手工に用ゐる糸の義となせども。靑白黃紫孰れが手工に用ゐられざるべき。説いて斯くの如きは。總てに共通する性質は。特種の定義となすべからずの一句にて。根本から崩るべき恐れあり。抑も紅の原音フオンクルクの語は。元來火神殿の義たるホノアラガに出でたるものなれば。赤色の灻字が土に从ひ。火に从ふ如く。紅字にも亦火の象なかるべかからず。之を探らんと欲せば火の字の根本が易の☲より出でたるものにして。☲を縱寫して。其中軸に陰數を示したるが☲なり。猶水の☵より出でゝ。之を縱寫したるが氺となりたるがごときことを忘るべからず。故に一圓相中に氺の字を書すれば。坎卦六の數忽ち現はるゝことと。⊛の如し。之と同じく。一圓相中に☲卦を書かば。亦以て六の數を得べきやといふに。今度は實體に於ては五線にして。虛白に於て六隙を發見し得べし。去らば火の卦☲は如何にといふに。是亦實體に於ては四の數にして。虛白に於て三隙を認め得べし。故に其實體の數に合せざるを棄てゝ。其虛白の數に合する者を取り☲を表はすに工を以てせるなり。工は☲の虛白の三隙を書けるなり。之れを烘雲托月の法といふ。故に紅は糸に从ひ火に从ふと同じき也。火の川の鑛泉にて染めたる糸なり。火の川とはフオンクルク河なり。今の赫色勒河なり。唐書に所謂赤河なり。而して穆天子傳の赤水なり。日本語赤色をヒといひ。火をヒといふ。其アカと訓するはアカホなり。之はイカホより來る。イカは大なり。ホは火の壯なるをいふ。イカホとは大火の壯に燃ゆるを謂ふ。即ち大壯也。アカとは火の色を呼ぶ詞が火の色と同じ他の色にまで應用されたるなり。温泉場にイカホの名稱あるは。噴火時代の遺稱なり。其紅の國訓をクレナヰと呼ぶは。『呉《クレ》の藍《アヰ》』に非ず。『火《カラ》の井《ヰ》』といふこと也。火は蒙古語カラといふ。漢字呼果《コラ》切又虎果《コラ》切と合す。日本にては之にヒの一音を加へて。光の訓ヒカリとせる外に。單に火《ホ》と呼ぶは。唐音と同じく。其火《ホ》は虎果《コラ》の唐音ホロの約と同じ。火《カラ》の井《ヰ》とは白氣常に其上を冠せる鑛坑をいふ也。井は又イケとも轉用さる。更にアカと呼べば銅と聞ゆるも此イケ、アカの轉用也。紅の異訓ベニはホヌのヘニと轉じたる者也。孰れも火の義を離れず。赤の字は烈土の色といふ義也。烈は火の燃ゆる謂也。烈－列＋土＝赤なり。故に赤字に包含せる原音はレットーなり。赤をレッドといふ西洋の語に似たるものあるは奇か奇ならざるか。大壯の卦天上に雷あり。之に向て其當否を問へ。

黄帝の宮趾は堪蘇に在り

——豊隆の葬は葛祿の嶺——カシガルは首の義——頭陀とは有髮の行者——黄帝の宮趾は堪蘇に在り——千古の遺物を發見せむ——世界一等國は無形の一戰に忽ち敗國たらむとす——死者を埋めて踏ましむる千頭の駱駝——峠の越すに一本の箭と五彩の帛——鶴見のお穴様——鳥子紙の原品——更に金黄な光明を放たしめむ

赤水の名稱の起源は以上の如し。穆天子が豊隆の葬を增封する前日には此赤水の陽に宿したるなり。赤水の附近に鵰鳥山あり。鵰鳥は鷲鳥なり。葱嶺附近に最も多き鷹鳥類の一にして。日本語にてはトンビなり。トンビは爾雅釋鳥に『晨風《チンピン》ハ鸇《セン》』とあるソレなり。鸇は鵰と同字にしてチンピンはトンビと同じことなり。トンビを漢字にて晨風《チンピン》とも書き。又齊盤《チーパン》とも書く。現在の地理書には多く齊盤山と書けり。是れ即ち穆天子傳の鵰鳥山也。既に赤水あり又鵰鳥山あり。黄帝之宮今其舊跡を沒すと雖も。豊隆の葬は。確かに葛祿の嶺なり。依りて思ふにカシガルの古音カシアラは即ち首の議にして。首は日本語オプトなり。西域にてはオプトマンは帝位をいふなり。去れはカシアラは元西藏語のカンソ(帝)カラ(城)の轉ならずや。カンソはカシバ也。西藏高原のタングト族の元首を指す詞也。此族支那に入りたるを西蕃と號し其地を呼んでカンソといふ。甘肅《カンスー》は其音譯也。而してカンソは甘肅の漢字の示す如く。漢音にすればカムシクなり。此のクはKにしてHと轉じ得べきものなれば。カムシクはカムシフ又カンシハとなり。終にカシバと轉ず。カシバは。佛經には迦葉《カシバ》と音譯し。金色の頭《ヅ》陀《タ》の名とす。金色とは黄色をいふなり。頭陀とは有髮の行者也。黄帝の面貌と名稱とは。カシガルの地名中よりも摘出し得べきが如し。即ち知る穆天子傳の『黄帝の宮』は確に。現在のカシカル城の附近に在りたるを。依りて最近の地理を案ずるにカシカル回城より西北行八里(日本里程)にて木什素魯克《ムシスルク》あり。是れ漢代の疏勒《スールク》と關係ある地名なるべし。此木什素魯克の木什は國訓ウシロのウシにあらずや。東北蒙古の一地名アルコチンののアルは日本語のウラオモテのウラなり。ウラはウシロのシの略せられたるものなり。而してウシはウシロのロの略せられたるものと見るべきに似たりウシの轉じてアスとなりたるものが。アスタラカンのアスなるべし。歐洲語のトランスカスピアン及びトランスアライのトランスと同語なるべしと思はる。然れば前方に素魯克《スルク》ありて。後方更らに素魯克《スルク》を名乘れるより。前後を分つ爲に後方疏勤の意味にて。木什素魯克と名づけたるものに相違なし。此の地より日本里數の七里にして安鳩安《アンチャン》あり。安鳩安より十一里にして堪蘇《カンス》あり。此堪蘇は正しく西藏語の帝の義カンソなり。去れば黃帝の宮趾は此地に在りたりと覺えたり。先年英人あり。カシガル街道の土巴《トツパ》山を發掘して少からざる古器を得たりとの事なるが。今若し此堪蘇の地を發掘せば千古の古物を發見して大に歷史研究に資する所あらんも知れず。併し乍ら日本の富豪は趣味下劣にして。斯くの如き事業に黃金を投ずるの襟懷なく。徒らに前栽の石燈籠や銅の手水盤の古きを誇るのみ。日本の學者は抱負菲薄にして。斯くのごとき事業に身魂を勞するの勇氣なく、漫りに西洋人の糟粕に滿足して飜譯的智識の受け賣りの早きを見榮とする傾きあり。地下若し黃帝時代の遺物あり。遺物若し靈あらば。世界一等國は乃ち無形の方面に於ての一戰敗國たらんとするを慨歎すべけんなり。斯くの如きの遺物は獨り此堪蘇の地のみならず。西域到る所新來の知己の手を下すを待ちつゝあらむ。去らば余は先づ紙上の案内のみにても其任を盡しなむ。堪蘇《カンソ》を發足して五十九里即ち喀喇鐵列克達坂《カラテレクタハン》あり。喀喇《カラ》は大なり。尊稱詞なり。達坂《タハン》はタブケなり。日本語のタフゲと同し太古は死者を埋むるに平野の中に於てし。千頭の駱駝をして其上を踏ましむ。而して母子の駱駝の母のみを屠り。之れが血を濺いで其地域を祭り。他日再び墳地を知らんと欲する時は、其子をして其地を嗅がしむ。吊の訓トモラフのトモとは駱駝のこと也。ラフはオラブの略頭音也。即ち駱駝の子の悲叫《オラビ》に依りて當年の墳地を知るなり。後水害を恐れ。又駱駝の得易からざるに及びて。人を葬ふるには。山路の要岐を以てし。其土を封ずること駱駝形にす。之れをトモオグラといふ。駱駝山といふことなり。トモオグラの轉は。トボグンとなり。トボグンの轉は。タバガンとなり。タバガンはタバンとなりて漢字には打坂とも達坂とも書す。日本語にてはタフゲにて。蒙古語にてはタブカなり。人若し此のタブカを踰えんとする時は。一本の箭に五彩の帛を附けたるものを携ふ。之をヌンサモといふ。ヌンは布《ヌノ》なりサモは箭のこと也。布は以て蚊蚋を拂ひ。箭は以て豺狼に備ふ。無事に其山を踰え終れば。其スンサモを以てタプカの神に供し。恭しく神祐の厚きを謝して去る。我國百人一首の菅家の歌にヌサモとあるは。此布箭《ヌノサモ》なり。布箭の二字を一字に纒めて訓したるを幣《ヌサモ》とす。今はモの字を以て。テニオハの意に解すれ共。古義には非る也。而して其神をタムケの神といふ。タプカの轉なり。此神の幣《ヌサモ》を謂ひて紅葉の錦を以て代用すべしといへるは。以て五彩の帛を附けたる證とすべし。其山形の駱駝狀なるは。日本各地に珍しからず。近くは鶴見の奥のお穴様を見ても察すべし。通常其墳形を瓢形といふ。何ぞ知らん瓢の字は却て此山形より案出したる會意文字ならんとは。瓢は票に从ふ。票は西の示也。示は神也。西域の神の義なり。此神の形の地をピヤウといふ。其建造物をミヤウといふ。日本語のミヤと同じことなり。木什素爾克の附近に明約洛《ミヤウルク》の地名あり。此地名はカラテリクタバンの遥拜所なるべくもや。既にカラを大とし(場合にては日本語のクロの義となれ共。此の如き用所にては英語のグレートのグレーの音義に近し)タバンをタフゲとせば殘る所のテリクとは何ぞや。テリクとは西藏の金黃色の義[illegible]にて。漢字にては葛勒と音譯す。即ち葛勒嶺と相符す。豐隆の葬をいふ也。此地銅脈あり。金黃色の義を生ずる所以なり。而して此の金黃色の義より轉じて回々《フイフイ》にては。其史書の黃卷に在るものを陀《タ》犁《リ》克《ク》といふ。其陀犁克の紙の製法を北日本の文明注入口敦賀にて受け取りたるがタリコ紙なり。陀犁克今は鳥《トリ》ノ子《コ》と書きて。日本語の解にしたれ共。其原料たる雁皮からして西域罽賓《ガイビン》の輸入種なり。此れも今は雁皮《ガンピ》と書きたれど元は罽賓《ガイビン》なり。カイビンの約カミとなりたるが日本語カミ也。カの轉ハとなり。ハイビンとなりなるが。埃及語のPapyrusの語源なり。Papyrusよりペーパーに轉じたるは人の能く知る所なり。末斯く多岐にわたると雖も。要するにタリクとは金黃色なり。請ふ黃帝の墳墓をして更に金黃の光明を放たしめん。

▲黃帝上天の解

――橋寺と橋姫――荊山は黃帝の太子の宮所――鼎を鑄て上天す――重大なる意義こ

の徑に存す――金器相傳の儀式――梵天國なきめたるなり――龍とは駱駝の事――八翼の駿馬とは何ぞ――飛んでも無い旨い處――繹の字の解剖――日本とは現在の我國に非ず――平田篤胤の軒下――黄帝とアラビヤ

カラテレクタバンは葛勒嶺にして。葛勒嶺は橋山也。カシガルは疏勤にして疏勤は首山なり。二者倶に語義の契合疑ふべからず。獨り仙書に所謂黄帝鼎を荊山之下に鑄るてふ其荊山に該當すべきものは如何に。蓋し荊は楚木なり。音は居良《キヨラン》切にして。カラを含み。擧卿《チユイチン》切にしてチヤチを含む。漢唐二音を合してカラタチの音あり。是れ此植物の原名なるべし。蒙古に喀喇沁《カラチン》あり。此地元棘城の舊稱あり。棘は荊と並びにカラタチなり。故に喀喇沁《カラチン》はカラッチンとよむを正しとすべし。元是れ荊棘を植ゑて以て藩籬とせるに起る。其樹にチヤバガといふ者あり。チヤバガは今は棗のことゝなれり。元チヤツバガ也。バガはバアの轉にして。バアはバナとなる。チヤチバナとはチヤツバガより出でたるなり。チヤチバナのチヤチはカラチヤチのチヤチなり。周禮に所謂橘《タチバナ》踰《コヘテ》淮而北爲《スレバ》枳《カラタチ》とは元來同種の變形なれば也。而して此のチヤチバナは太子の宮殿に多く植ゑらる。故に我國にてタチバナの文字あるものは。多く太子に關す。橘寺も橘姫も皆然り。蒙古にはバナを略して臺吉《タイチ》と謂ひ。漢には太《タイ》子《フ》の二字を充つ。去ば荊山は黃帝の太子の宮所ならざる可らず。太子の宮所ならば東方に在るを例とす。今カシガルを以て黃帝の都城とし。夫より東に向て之を求むるに。東北八十淸里にして阿拉圖什城あり。阿は其字傍の示す如く可音を有し。什は其南音の示す如く。知音を有す。阿拉圖什は即ち可《カ》拉《ラ》圖《ト》知《チ》なり。之を一字に譯すれば荊字なり。荊山とは此の地に相違なし。其の地土田廣沃。果木繁茂とあれば。稻も橘も不自由なし。常食にも水菓子にも事を缺かず。太子の宮にはあつらひ向きなり。而して黃帝は何故に此地に鼎を鑄たるや。何故に鼎を鑄て間も無く上天せるや。是れ從來の學者の曾て研究せざる所なり。而かも重大なる意義は此裏に存するを知らざるべからず。黃帝は既に弓を愛し亦其墳墓を尊重するの風は。等しくスキタエ種族に一致すスキタエはシキテンともいふ。シキテンはシキツアンなり。烏斯藏《ウレキソアン》なり。斯《シー》は息《ソク》移《イ》切なり。シキの音あり。此族は。塞《サク》族と同系なり。故に黃帝も亦塞族ならざるも之と遠からざる婆羅門族なるべし。婆羅門もシキテン族も。俱に西藏より出でたる種族なり。而して此の西藏一帶に遺物崇拜の觀念ふかく。其子に家督を譲らんとする時は。金器相傳の儀式あり。一般のスキタエ族には四個の金寶として鋤、軛、斧、盃を傳へて寶とし。毎年之を祭る風あり。釋迦牟尼の如きも。其妃耶輸陀羅女より國王相傳の四個の金盃を其子羅睺羅に傳へんことを乞はれしことあり。後世佛家の衣鉢を繼ぐと稱する鉢は鐵鉢なり。直に鼎に代用せらるゝものなり。去れば金器の主なるものは食器なり。黃帝が太子宮の所在地荊山に於て鑄たる金器も亦食器なり。其食器は鼎としてあり。此鼎の鑄造終るや間もなく上天せりといへば。此れは疑ひもなく西藏の風俗に從ひ。其子に遺産として相續せしむる爲に思ひたちたる事なり。去ればこそ相續者の太子宮に於て之を鑄たるなれ。黃帝が此所存は重い者の喩へに引かるゝ鼎を持ち運ぶ丈けの骨折りでも省かせやらんとの親の慈悲と見えたり。西域聞見錄に云ふ。喀什噶爾《カシカル》回城《ハ》、與二鎭城《ト》一相《ヒ》連《リ》極《メテ》繁盛。習二技巧《テ》一。攻《シ》レ玉《テ》鏤《メ》レ金《ヲ》色色精巧と。黃帝鑄鼎の餘技。其流亞を汲む者多き亦由來ありと謂ふべし去り乍らイカに聖徳靈智ありとはいへ。遺産の鼎が竣功すると同時に。龍あり胡髯を垂れて下りて帝を迎ふとは。餘りに靈現が著《イチヤ》つこ過ぎたり。此れは何でも黃帝カシガル城以東を經營して政績既に塔里木《タリム》の盆地に遍く行き至りしを幸ひ。父祖傳來の遊牧のハンキさ忘れ難く。留守は攝政左徹に任し置いて丁度百歳の一段落の年、地震がありたる混雜のドサクサマギレに己れは是れから上天するのじやと能い程に仙人めかして。駱駝に乘りて漫遊と出かけたものと思はるゝなり。實は末子の昌意も夙くからシルダリヤの流域にて一家を搆へ。初孫韓流を生みたるに。それすら丁度三歳なれば可愛さの盛なり。それにも逢ふて抱いて見たし。地震の善後策も面倒なり。內に居ればどうかせねばならず。それやこれや兼ての工夫は。葱嶺を踰えて西の方へ旅行するには如くはあらじと。梵天國をきめたるならむ。此時乘りた龍といふは。駱駝のことなり爾雅釋畜に馬《ノ》高《サ》八尺《ナルヲ》爲《ス》レ龍《ト》とあり。普通の馬でも八尺からは龍と形容しても差支なし。而かも駱駝は馬に非ずといふものあらむ。然り駱駝は馬に非ざるも支那人は馬の同類と見て其字馬偏に搆へたり。和漢三才圖繪にも『らくだのむま』とあり。況んや彼地の古諺に。駱駝の肉峰を見て。馬の腫背と爲したりてふ滑稽談すら成り立ち居るをや。駱駝を以て馬の仲間とすれば優に八尺以上なり。大威張りにて龍と名乘るの資格あり。而かも眞正の龍もかなはぬ『八翼の龍馬』と呼ばる。八翼とは肉峰のことなり。八は集韻に補内《ホナイ》切音背《バイー》とあり。背八《バイバイ》相通にて。背《バイ》の代用に八《バイ》を書きたるなり。翼は與職《ヨシヨク》切杙《ヨク》なり。杙《ヨク》は斷木《ボツフイ》也。故に八翼《バイイヨー》とは背杙《バイイヨー》の代用文字にて。背中に斷木《ボツクイ》の如き者あるといふことなり。肉峰の形容を美化せるのみ。露骨に背杙《バイヨク》と書きては龍馬といふに副はざるを嫌ひし也。背《バイ》を八《バイ》はまだしもなれど。杙《ヨク》を翼《ヨク》とは飛んでもない旨い所を探しつけたもの也。ソレでも隱せぬ證據には。其名を乘黄といふとうたふたり。乘黄はチャンホワンなり。駝の字唐何《トンホー》の切と同じくトモといふ語の托名なり。トモは駱駝なり。人に从ひ牛に从ひて伴の字をつくり。國訓之をトモと訓するも。お供の内の牛ばは。駱駝に。牛ばは人といふより來れり。斯くいへば。日本人は駱駝を用ゐしことなしと言はんも。日本にある鐸《ヌリテ》の多くは、駱駝の首の鈴にあらずや。鐸字《ヌリテ》は左の如く(驛－馬)+(鈴－令)＝鐸《ヌリテ》から來たものなり。驛路の鈴のことをいふ也。之を門の扉につけて。用事のあるときガラン〳〵と引いたのは。氣轉の利いた應用にて。癈物を呼鈴に代用せしのみ。象《キサ》潟《カタ》の象《キザ》の字訓はサンスクリットの象の音にして。お江戸の何處からかも象骨の發掘されたることのありとしいへば。日本人のトモの内に駱駝の加はり居し時代も無しとはいへず。斯くいへば迚黃帝外傳に所謂。乘黃は日本より出づとあるを。直に取りて現在の我國なりとして仕舞ふは餘り早まり過ぎて。平田篤胤の軒をも潜ぐり難かるべし。此時の日本といふは我國名に關係絕無には非ざるべきも。現在の我國にはあらず。ジホムジホムといふアムダリヤシルダリヤの原名にて。ジホムは所謂若水也。シルダリヤ也。シルダリヤをジホムといふは。アラビヤ語なり。此ジホムを日本《ジホム》と音譯せしものとせば。黃帝は。半面アラビヤに關係あるや否や。是より其堂奧を伺はんとす。

△黃帝の妃は猶太の女

――若水の本家本元――餘程の奮發――山門を出れば日本の茶摘歌――生母の里家へ

移轉──女の髪の毛と千石船──黄帝の妃は猶太の女──長子よりも少子──お祖父さん來て御覽ぜよ──黄帝の系統その覆面を脫せむとす

黄帝外傳の乘黄の出産地を日本とし。其日本をアラビヤ語のジホンの音譯とすれば。此のジホンのnの鼻音にかゝりしを。Gとして。ジオングとなる。漢音の若水《ジヤクスヰ》又は弱水《ジヤクスヰ》は。此のシホングの音を寫したるなり。而して其若又は弱の字を擇んで之に充てたるは。西域に鹹湖鹽池多く。鹽水の比重は容易に物を載せて沈めず。支那人は之を見て水の壯にして强なるものと解せり。之に反して淡水は。若にして弱なるものと定めたる也。即ち後世亂用の若水又は弱水は何でも搆はず淡水でありさへすれば。概括的に之をアテガヒたれ共本家本元はシルダリヤのジホングを音譯せる傍ら。會意に近き文字を用ゐしが濫觴なり。其ジホングにジヤク音の弱若二字を假りたるは。ガンヂス河の音譯を恒《カン》河の恒《カン》で帳消しとせるより見れば。餘程奮發してあるといふべし。此若水即ちシルダリヤから。駱駝を以て黄帝を迎へに寄來《よこ》せし者は。誰ぞと調ぶるに竹書に曰く。

七十七年昌意降リテ若水ニ居リ帝乾荒ヲ産ム

黄帝上天の前三年に其末子昌意は若水に移住せしなり。茲降りてとある降の一字で。黄帝の一族が當時葱嶺の高所に居たるをホノメカせる手腕は。黄蘗山にて『山門を出れば日本の茶摘歌』とよみたる俳人の用意と同じく。反映法の妙筆いふ斗りなし。偖て昌意は何故に若水に移住せしかといふに。此は其の生母の里方に引き越したるなり。孰れの國にても王者遷都の内情を調査すると。其撥亂反正の必要以外には。多くは生母若くは妻女の里方に接近するが普通なりとか。我國の上世太平無事の各朝に於て。歴代頻々として遷都の行はれしを怪み。水戸の弘道館にて取り調べたる所によれば。其十中の八九は皇妃の鄕里に接近したる形跡ありとの事なり。女の髪の毛には千石船も繋ぐべく。大象の鼻も引くを得べし。昌意が生母の里方に引き越したるは無理ならぬ事情あるべし。敢て問ふ昌意の母とは誰ぞや。山海經に曰く

流砂之東黒水ノ西朝雲ノ國司彘ノ國アリ黄帝雷祖ヲ妻リテ昌意ヲ生ミ。昌意降リテ若水ニ處リ。韓流ヲ生ム

と。此處の流砂とは。所謂饑原《フンチルステツペ》の沙漠にして、其黑水《カラムリン》と指たるは。崑崙山より出るソレ也。黑水《カラムリン》の西にて饑原《フンテルステツペ》の東にあり。朝雲《チヤツユン》の國とは。丈夫《チヤンフ》の國と呼れたる安集延《アンチヤン》のこと也。チヤンフとチヤウユンと皆同音異譯なり。此安集延《アンチアム》は黑水の西といふ文句に照して餘に離れ過たれば。猶能く其原住地を求るに黄帝の帝號を意味せるてふ葱嶺街道の堪蘇《カンス》より日本里數にて十一里手前に安《アン》鳩安あり。正しく是也。余は曾て猶太のジユーと稱らるゝは。丈夫《チヤンフ》の漢音チヤウフと一致すと説たるに。人或は其强牽を疑ひしが。篤學の士高島北海君は大に其説を可として。佛語にては猶太人をチユイフと呼ぶ即ちヂヤウフの音まで明らかに存せりとて。態々報じ越れたり。今や黄帝の硏究に入りて益々安鳩安《アンチアム》の丈夫國《チヤンフ》にして。丈夫國の猶太たるを信ぜんとす。而して朝雲國《テヤチユン》も亦丈夫國《チヤンノ》なり。安鳩安《アンチアム》なり。猶太なり。請ふ其朝雲國《チヤオユン》の別名として提起せられたる一稱を見よ。曰く司彘之國とあるに非ずや。司彘の字音 Jhithey は取りも直さずデユデイアの音譯なり。黄帝は猶太族より娶りたる也。而かも其夫人の名の雷祖は又纍祖とも書く。此の雷祖はスラブ語派なりけらし。世本に云く。黄帝西陵氏ノ子ヲ娶ル之ヲ纍祖ト謂フと。古は地名族名は直ちに其氏名となりしより推せば。西陵はシーリンブ即ちスラブなり。此のスラブは若水の部分名稱サラブサン川のサラブより取りしものとせばサラブは金といふことなり。サンはサラの義より見て。大陽ともなり。天ともなる。纍祖の産みし長子青陽が。金天子と名乘るは。其母の故鄕の地名を名乘りしなり。此金天氏は昌意の爲には實兄なり。然れども此當時は長子よりも少子を愛せし時代也。蒙古にても然り。我國の上古に於ても然り。所謂母權時代の常として長子よりも少子を可愛がり。長子をオイテキポリにして。少子を連れ行くも珍らしからず。此時西陵氏の一族は一たび同族を訪ふて。朝雲國《チヤオユン》に寄寓せるも。事情ありてサラブサン川の舊地にかへりしものと見えたるが。其娘纍祖が黄帝との結婚は。此の朝雲國《チヤオユン》の寄寓時代成立せる者にて。長子少昊、少子昌意を産みたる后。纍祖は故鄕忘れ難しとて。己れが最愛の末子昌意を携へ。葱嶺を踰へて本國に復歸せるものならむ。其れが程經て昌意にも嫁が出來。嫁にも可愛の孫か出來たれば。お祖父さんも來て御覽せよとて。偕こそ駱駝を迎へにやりたるなれ。去れば黃帝も招きに應じて。嚊《かか》と息子《むすこ》と孫《まご》の顏見に。若水クンダ《バ》リまで出掛けたるなり。偖此駱駝は漢時鄯善《シャンく》國に多しといふこと。前漢西域傳に見えたるが。其鄯善《シャンく》とはサラブサン川のサラブ族が。東方に移住したる後猶其原住地を名乘りしものらしく。シャンシャンはサラプサンならむ。其一名樓蘭と稱ふるは。ラブブルハムといふ彼れが東漸後の自稱なるべし。ラブ、ブルハムのブルハムとは即ち黃帝の系統にして。西藏種族の最高貴族なり。見よ黃帝の系統も漸く其覆面を脱せんとす。

▲遺憾なき解決

――婆羅門とスラブとの混合種――駱駝の本場――コロコダイルは胡髯を有せず――
遺憾なき解決――崩と陟と――君も臣も共に朕と稱す――史筆の深意

ラブ、ブルハンのラブは。ラブ、ノールのラブなり。即ちラブ、ノールの湖邊に住するブルハン族といふことなり。ブルハムは漢字に音譯して婆羅門《ブラフモン》といふ今西藏の西南に藩屏たるクルガ族は即ち是れなり。此の婆羅門とスラブの混合種が鄯善《シヤン〳〵》なり。鄯善《シヤン〳〵》は佛典中には。東方勝神《シヨンシン》州とある勝神《シヨンシン》のことなり。去れば彼等の東漸も年所久しきを經たりといふべし。此鄯善《シヤン〳〵》の駝は無論本國サラブサン地方より移したるものなるべし。サラブサンは駱駝の本場也。昌意が駱駝の本場に在りて。駱駝を迎へにやりたると悉く符合するなり。それのみならず。龍が胡髯を垂れて下り迎ふといふ其胡髯を。百僚がつかまへて別れを惜みたるに。胡髯が拔けたとある本文によりて判ずるに。眞の龍ならばコロダイル族なり。コロダイル族なれば胡髯は無し。書にかいたものも龍鬚といへば。茫々と頬にさがりしものに非ず。然るに胡髯の二字は茫々と頬にさがりし髯なり。ピン〳〵とハネたる鬚にはあらず。此胡髯を有する者は。コロコダイルに非ずして駱駝なれば。此處にも免かれ難き證據を殘せりといふべし。而して黄帝が此駱駝に乘りて百僚と別れし地點は。鼎湖といへば。喀《カ》什《シ》噶《カ》爾《ル》の上方チヤクマクルの地名に應ず。チヤクマクはチヤングルーの水名より出でたるものなるべし。其の極峻の處を昆臺といふとは。ホングロンのホングを兼ねて昆崙の高臺を響かせたる也。拾遺記は黄帝の遠征の模様を記して曰く。

世チ昆臺ノ上ニ厭ヒ。其冠劍佩舃チ留メタリ焉。昆臺トハ鼎湖ノ極峻ノ處也。館チ其下ニ立テタリキ。帝雲龍ニ乘ジテ而シテ殊鄕絶域ニ遊ブ。今ニ至リテ望ンデ祭ル焉。

去れば余がテレクタパンを以て。橋山の葬となし。其橋山の葬は。眞の墓地たるか將た後人の望祭地たるか。猶研究すべしといへりし一語は。此拾遺記によりて遺憾なく解決を與へられたるのみならず。黄帝去るに臨み其冠劍佩舃を留めたりといふ一句を以て。列仙傳の山崩レテ柩空シ。尸無クシテ唯ダ劍舃在りといふ其理由も亦分明に受取らるゝに至れり。是れを以て之を見れば黄帝が百歳を以て一段落をつけ。其餘の晩年を遠征に送りたりとは。愈々以て想像し得べき説なり。然るに肝腎の竹書には一百年地裂クとある次に。帝陟スの二字あるのにて。百年以後の記事に及ばず。去れど其崩と書かずして陟と書きたるに深き意味あり。陟は爾雅釋言に陞《ノボル》也とあり。説文にも登也とせり。書舜典には汝陟《ノボル》帝位《ニ》と謂ひ。大甲には若陟《シノボル》高《トホキニ》必自《スルカ》邇《チカキ》といひ。立政には其克詰《シテ》爾《ノ》戎兵《チ》以《テ》陟《ノボル》禹《ノ》之迹《ニ》といひ。詩の周南には陟《ノボル》彼崔嵬とあり。孰れも高き若くは遠きに登る象を云。而して其高きに登る中にも崑崙に登るを本義とすることは。爾雅釋山に『山《ノ》三襲陟』とあり。疏に『山之形若《シ》三山重累《スル》者《ハ》陟』とあり三襲は三位になりたる也。爾雅に又曰く『山三成曰《フ》崑崙《ト》』といふ。去れば崑崙山に登るを以て本義とせるや疑ひなし。陟は歩に从ひ阝に从ふ阝は古文なり。之を書に復原すれば。左の如くなるなり。

此の圖の上の形は三襲なり。下の方の三は三成なり。其の側面のへゴミたるは。崑崙の三成は。玉其中成に在るを以つて。採掘の結果自然に其の形の減殺されゆくをあらはしたる也。此の地を歩すを陟といふ。陟は竹力切チユリクなり。即はち崑崙山中にてもテレクタバンのことを指したる也。黄帝の蹤えたりしは彼のテレクタバンにあらずや。然れば陟の字を以つて崩の字に代へたるは。後世の登仙若くは登遐の如き美化的意味にあらずして。修辭よりも。寧ろ達意に書かれたるなり。そが顓頊以下にも襲用されるに至りて。初めて修辭的の意味を成したるのみ。猶孔子獲麟に筆を

擱くは。達意的なりしが。後世の町儒者共が。候文の仕舞にまで。草々獲麟とヒネクルに至りて。修辭に變じたると大小の差のみ。書の舜典にすら舜生レテ三十徵庸セラレ。三十在リレ位ニ。五十載陟レ方乃チ死スとあり方ニ陟ルとは南巡して崇梧の山に陟りしこと也。而かも出先きにて崩御せるを死スといふ字で結びたり。此頃は君も臣も。銘々朕と稱して怪まざりし程なれば。史筆は孰れも愛嬌ヌキにて書かれたり。之を見ても黄帝の卷末を陟の字で結びたる史筆の深意を推し測るべし。斯くても猶黄帝の殊鄕絕域に遊びたりしに疑念ありとせば。余は更らに進みて竹書中より其遠征の事實を證し見む。

▲阿古屋の琴唄と陟の一字（上）

——隱現二樣の結構——阿古屋の琴責——我夫はアキより先きに——岩永悟らず——景清の隱れ穴——天風に彩雲を颺す——李白の醉筆——俄に墮落せる謫仙——果してお拂ひ箱——瑶臺の二字——隱微綫に得て探る可らず

佛道に顯密二敎の存する如く。文章にも亦隱現二樣の結構あり。淨瑠璃の阿古屋の琴責めに。阿古屋が飽く迄も知らぬ〳〵と言ひ張りつゝ。而かも重忠のみは義あり信あり涙あるの士と見てとり。景清の所在をホノメカスも。大事無しとの確信。慧敏なる彼女の星眸に映じ來るや彼女は朱唇を開いて琴歌に托し。虫唧鶯囀の婉調もて。我夫はアキより先きに云々の一曲を奏で。以て重忠の情けある判斷に訴へんとす。重忠其意を諒し得てモウヨイ〳〵と抑止す。岩永解せず。飽迄も嚴詰せんとす。安んぞ知らむ。阿古屋は既に白狀し了れるを。岩永悟らず。觀客も亦知らず。是れ作者の狡を弄する處にして。識者の痒を感ずる所。現筆には阿古屋の節を守れる意氣を寫し。隱筆には阿古屋の情にもろき女性を描く。何等の奇構ぞや。蓋し岩永はアキを以て秋と聞とれり。重忠はアキを以て安藝と默識せり。アキより先きといへば。防長二州の内なり。但し九州かも知ず。其關東に潜伏せざるは明かなり。重忠此に於てモウヨイと許容す。果然景清の隱れ穴とて。長門美禰郡アカノゴウの鍾乳洞窟に其遺跡あり。作者は之を應用せる也。即ち阿古屋をして白狀せずして。而も立派に白狀せしめたる處。仙女無縫の衣ゆくりなくも天風に舞て表裏倶に彩雲を飜すの觀あり。其斯の如きは。獨り我國の戯曲に於て然るのみならず。支那にても孔子は春秋の一書に於て。一字一句の間盛に此隱筆を揮つて百王を慴伏せしめたり。後世詩より入りて此春秋の骨髓を傳へたるものを李太白とす。此男、玄宗皇帝に召されて。楊貴妃稱讃の詩を獻ずべく仰せ付けらる。太白一斗詩百篇。彼は淋漓たる醉筆を揮て。美人の艶容媚態を描寫し來りて遺憾なかりき。其一に曰く雲《ニハ》想《ヒ》衣裳《ヲ》花《ニハ》想《フ》容《ヲ》。春風拂檻《ヲ》露華濃。若《シ》非群玉山頭《ニ》見《ル》。會向《テ》瑤臺月下《ニ》逢。と何等の瑰麗ぞや。彼れは楊貴妃を以て群玉山頭の靈人西王母に擬し。此兒仙界の尤物にして人間の有する處に非ずと言はん斗りにホメタテたり。楊貴妃蛾眉を開いて嫣然たり。玄宗龍準をウゴメかして莞爾たり。傍人は謫仙俄かに墮落してタイコモチとなりたるかと怪めり。而かも李白は依然たる謫仙なりき。退朝の後。賀知章、李白の肩を打つて曰く。兄が苦諫も亦甚しい哉。瑤臺は夏王の淫荒以て天下を喪ふ處。楊貴妃を以て末喜に比す。余に於て異議なし。而かも今上の惑溺、猶桀とするには遠し矣。陛下知るあらば兄夫れ久しきを得ざらむかと。李白後果してお拂ひ箱となれり。去ど其一身の利害を外にして。玄宗に頂門の一鍼を下し。唐朝の社稷をして玄宗の朝に覆滅を免かれしめたる者彼が諷諫の功や没す可らず。其諷諫の字眼は二十八字中結句瑤臺の二字に在り。坦々たる玉堂、瑠璃の庭。階下三尺にして爆彈電發す。書を讀で眼光紙背に徹せずんば。此危辭の伏在を知らず。隱微終に得て探るべからざるなり。

▲阿古屋の琴唄と陟の一字（下）

――陟の一字――其の傍證――太平御覽と博物誌と――何ぞ七年の後を待たむや――餘りにノンキ千萬也――是れ仙術の奥技――アラル海で海水浴――種々の藥喰ひ――アブラハムに身を現す――聖人愛民の本意

余は竹書陟の一字に於て。黄帝四海の周遊を隱筆せるものたるを言へり。而かも猶其傍證を擧げよと言ふ者あらん。太平御覽七十九巻に抱撲子を引いて云はく。

汲郡冢中竹書ニ言フ。黄帝既ニ仙去シテ其臣ニ左徹テフ者アリ。木ヲ削リテ黄帝ノ像ヲ爲リ。諸侯ヲ帥井テ之レニ朝奏ス。

と謚行は此れを以て。舊註なれば宜しく本文に列すべしといへり。博物志卷八史補の部に曰く。

黄帝登仙シテ其臣左徹テフ者。木ヲ削リテ黄帝ヲ象リ。諸侯ヲ帥井テ以テ之レニ朝ス。七年還ラズ。乃チ顓頊ヲ立テ、左徹モ亦仙去セル也。

と竹書は正に博物志と合す。路史に紀年を引いて。

黄帝死シテ七年其臣左徹乃チ顓頊ヲ立ツ

とあるは。今其文缺脫し。恐らくは路史が陟字を以て直に死の意に解釋して。補塡せるものならむ。黄帝若し眞に死去せしものならば。左徹態々木像を造りて何にかせん。若し路史の引く所の如んば黄常の死すると同時に。繼承者を立てゝ可なり。何ぞ七年の後を待たんや。然るに七年間空位を其儘にして置きたるは。確かに黄帝の遠遊より歸來するを待ちたるなり。此に於て博物志の七年還ラズ乃チ顓頊ヲ立テ、左徹モ亦仙去スといふは事實なりと謂はざるべからず。況んや拾遺記の如き。列仙傳の如き。皆黄帝の遠遊を傳ふる頗る據るべきものあるをや。去れど人或は言はん。人壽一百歳。正に年貢の納め時也。ソレカラボツ〳〵四海の漫遊とは。餘りにハンキ千萬也と。然り此のハンキ千萬なるが仙術の奥技なり。列仙傳に曰く。

容成公ハ自ラ黄帝ノ師ト稱ス。周穆王ニ見ヘ能ク補導ノ事ヲ善クス。精ヲ玄牝ニ取ル。其要谷神ハ死セズトハ。生ヲ守リ氣ヲ養フ者也ト。髮白クシテ更ニ黑ク。齒落チテ更ニ生ズ。事ハ老子ト同ジク。亦曰フ老子ノ師ナリ。

と。此の容成公の穆天子に見えたるや否やは。直ちに穆天子傳に徵して之を檢すべし。穆天子傳に曰く。

癸己群玉之山ニ至ル。容口氏之守ル所。群玉田山ト曰フ。□知阿平無險。四徹中繩先王ノ所謂策府ナリ。

此容口氏といふ容字下の一缺字は恐らく成ならん。群玉山は李白の詩にある西王母の仙府なり。山海經に之を言へり。穆天子傳には此處別に西王母に言及せず。思ふに穆王の頃は。西王母の領地更に西方に縮まりたるならむ。去れど『先王ノ策府』とある丈けにても。帝王藏書の處と知るべく。之れを預る者は優に王者の師たる人格ならざるべからず。然れば則ち穆天子傳の容口氏は容成氏たること疑ひなし。容成は黄帝の爲に曆を造りたる男也。曆は正朔の出づる處。先王の策府を守る者。彼の系統を措いて誰にか求むべき。列仙傳の言實に穆天子傳と符す。以て據るべき也。其言に所謂精ヲ玄牝ニ取ルとは。鹽水浴のこと也。谷神とは浴神の略字たること實證あり。黄帝は其頭既に今の海水浴を實行し居たる也。其海水浴場は何處ぞ。曰くアラル海是也。黄帝の遠遊も一は此湯山保養に在り。ハンキ千萬なりといふべし。而かも黄帝は海水浴のみに滿足せず。種々の藥喰ひも試みたりと見ゆ。博物志に云ふ。

黄帝天老ニ問フテ曰ク。天地ノ生ズル所豈之レヲ食ヘバ人ヲシテ死セザラシムル者アルカ。天老曰ク太陽ノ草名ケテ黄精ト曰フ。餌シテ而シテ之レヲ食ヘバ以テ長生スベシ。太陰之草名ケテ鉤吻ト曰フ。食フ可ラズ。口ニ入レバ立ロニ死ス。人鉤吻ノ人ヲ殺スヲ信ジテ。黄精ノ壽ヲ益スヲ信ゼズ。亦惑ハズヤ。

と黄帝既に守生養氣の方を盡す。其活動の天地豈葱嶺以東にして終らんや。即ちアブラハムの身を現じて葱嶺以西の民を化せんとするは正に聖人愛民の本意なりと謂はざるべからず。

▲寒暑冷暖有無とおでんの研究（一）

寒の字はウを屬劃とし。𡗗を主劃とす。音は主劃より見ざるべからず。主劃の𡗗はキとキと大とンの假名より成る。四假名の中大を除く外は悉く日本五十音圖に在り。而して大は一見初對面に似たれとも。決して生面の客に非ず。アイウエオのオの原形なり。此オは單音に非ず。AeOの三音の連合聲なり。凡ての物體に原始細胞の存する如く。文字にも言語にも原始的要素あり。之を稱してオサナといふ。日本語の幼の義なり。而も此オサナてふ要素は。直ちに其文字及び言語の主體となりて。其形音義に發現するが故に。オサナの下略音オサとは主《オ》長《サ》の義となるなり。微なれとも元首たるの權威あり。故に日本語幼名をアザナといふ。アザナはオザナの轉なり。而して漢文にてはアザナを字の義に推す。故に此字の點劃中には總ての言語及び文字の原始的要素なかるべからず。今試みに之を解剖すれば。字は左の諸點割より成る。

 先づ最下部の　は。Oなり。其上の乀はAなり。其上のノはIなり。其上の一は⊖なり。其上のつはUなり。故に之を頭部より讀下すればウエイアオの五音五割を連結せる者が。なり。之に加へられたる極頭の丶《シユツ》點はシユツなり。主の義を有す。六書正譌に曰く。丶《シユツ》古文、主、字鐙中火丶《シユツ》也。象形借《リデ》爲《ス》主宰、字」とあれど。丶《シユツ》は原來陽の火より陰の水に變じて出で來れる父母合成の一滴を指したるものにして。シユツとは其一滴の發射の聲なり。衆類未生以前の眞種子。生成蕃殖して以て無窮に傳はる。其狀恰も鐙《アブラサラ》の火の一點より傳へて。千點萬點に至り。窮極する無きに似たるなり。轉じて鐙中の火に擬したる也。ウエオアオの五音五割も亦斯くの如し。依りての頭上に丶點を加へて。の一字を形れり。漢音之をジといふはウエオアオの約オにシユツのシユを加へ。シユオを變じて濁音とせるなり。唐音之をツウと呼ぶは。主《シユー》のチユにオを加へて。チユオとせるなり。是れ文字の大根本なり。以て世界各樣の文字研究に資すべきなり。今羅馬字のAを言はんか。ノはオ

なり。一はエなり。㇏はアなり。オエアの三劃合して。一Ａ字を成したるなり。オエア合してアとなる。去れど其アは單音に非らざるが故。時ありてエとも響き。又時ありてオとも響く。Iは㇏のアと。｜のイと。一のエとの合字なり。エアイの約はイなり。されと卒讀する時は猶アイと響くは。其含まれたる聲の發現するなり。Uはしのウに一のアあり。｜のイあり。故にアとも響き。イウとも響く。ウとも響く。Θは(のウに。一のエあり。故にウエ｜の發音を根本義とす。Oは右曲の㇏のアと。左曲のォと合抱せるなり。アオの約はオなり。去れど時ありてアと同音に響くとあり。皆其持ちて生れた天性を發揮せる也。羅馬字のＡよりOに至るの音聲。悉く一の字の字より解說し得べし。今Ａはオエアの合字にしてOはアオの合字とす。然らば日本の假名のオは何より來るかといふに。Ａ字に含まれるエ點の一を推して外に出し見れば則ちѪとなる。ㅊの原形なり。然るに何故にＡはエ！とよみて。同要素より成れるォは。Oと響くかといへば。此はオエアとよみて。左より右に涉れば約音アとなるに反し。アエオとよみて右より左に涉れば約音ォとなればなり。要するにアは下より起て上に向ふ音なれば。其讀方も之に從ひ。オは上より起て下に向ふ音なれば其讀方も亦之に從はしめたり。其間一絲亂れざる用意の周到を見て。今更に古人の苦心を驚察するの外なし。寒字解剖に際し。筆は端無く文字の大根本義に渉れるも。此原則に通ぜざれば。他日大に扞格を生ぜんを恐れ、豫め秘中の秘義を示し置くに過ぎず。其文字の文の如きも。直ちに類推するを得べし。頭上の｜はIなり。一はΘなり。其下なる

乚はUなり。ノはOなり。＼はAなり。先づアオウエイと下より讀みあげアはオなり。オウはウなり。之にエイはエンなりといふを加へて。ウエンの音を生ず。是れ唐韻なり。現在の北京音も然り。之れを漢音にしてブンと響くは。Uの轉はVの聲なればなり。文字の二字既に明かなれば。亼のオたるも亦明らかなるべし。今寒の字はキキオンの合字なれば。羅馬字にすれば則ちkkonなり。依りて切音に徵するに。集韻、韻會、正韻の三字典とも、河干切なれば正しくkkonの綴りと相合す。唐韻の一書には胡安切とあり。此安は興《ヒン》安《カン》嶺《リン》の安《カン》の如く。濁聲に響くを以て。矢張りコガムなりコガ

ム』とは屈身なり。人寒氣に逢へば反身《そりみ》になる者なく。俳句の所謂『くに寢てもへの字に寢ても寒さかな』の形となるなり。故に寒の字音カンはカガムの約にして。カガムは日本語の屈身と同じきものならんかと考ふ。之を蒙古語に徵するに。蒙古語にてはチヾカグン即ちチヾカヾムといふ音あり。字書に窮窘なりとあるに相符す。寒くて縮《ちぢ》窘《かゞ》むを謂ふ也。說文には凍也とあり。凍はコホル也。コホルのホはゴの變音なれば。復原すればコゴル也。英語のコールドも元はコホルド。其元はコゴルドなるべし。斯く見來れば日本も蒙古も漢字も英語も同義同音を以て寒を呼ぶにあらずや。余は此寒字に緣故あるの故を以て。序でに穆天子傳中の一たる寒下の二字を說明し置くべし。

▲寒暑冷暖有無さおてんの研究（二）

穆天子傳には。古文字の難解なる者頗る多し。而かも其文字平易にして。其意味の不明なるは。穆王が河宗を祭る一段の記事中『奉璧南面立于寒下』の一寒字に如くは無し。古來穆天子傳の註解を試みたる者尠しとせざるも。皆此平易なる一寒字が。何故に此の河宗の祭に挿まれたるかと講究して得る所なく。孰れも寒下未詳の四字を以て。筆を投じて茫然たるのみ。蓋し亦比較研究の一法を解せざりし舊式の過ち也。寒字は𡨄に从ひウに从ふ。音字の合成なると同時に其音字は象形的に組み立てられたる者なり。故に分解して原始的要素の音字を發見し得べきと倶に。畫として古代の狀態を窺ひ得べし。寒字を象形とすれば左の如し。

此は觀音開きに。格子に供水なり。即ち水神を祭る祠堂なり。太古遊牧の時代に在りて水は人畜の性命なり。一池半井の甘水を得れば隨つて之を祭る。其地自ら人畜の集合點となり。終に要街樞衢となることあり。蒙古之をホトカといふ。ホトカはブルドックの轉なり。ブルドは水なり。ブルドのブルの約はブとなり。ドは諧調の爲にヅに變ず。之をブヅといふ。日本語ビヅの語源なり。ビヅ今はミヅとなれり。蒙古のウスもブヅの轉なり。ホトカは佛《ホトケ》なり。人に从ふを佛《ブツ》とし。水に从ふを沸《ブツ》とす。沸水を佛視するの謂なり。此處に於て水神樣の崇敬起る。見よ漢字程の訓のホドも亦ホドガよ

り生ず。程字は禾に从ひ口に从ひ壬に从ふ。禾は穀物馬糧の類なり。壬はミズノヱなり。老水をいふ。穀物馬糧あり。老水あるの地點は驛程の定まる處なり。太古は里數に依りて道程を豫定せず。其水草のある處を。一夕一朝に傳ひ行けるのみ。西域旅行は今も猶斯くの如し。此驛程をイクツ算へたりやといふが。イカホドといふ語の起原なり。之より轉じて權衡斗斛律曆に應用されたるなり。說文の程は品也。十髮爲程。十程爲分。十分爲寸といふが如きは。後人の小區分せる者にして。程字本來の眞義にはあらず。人も馬も口より可愛きものはなし。故に程は口に从ふなり。蒙古の大英雄チンギスカンが。サマルカンドの遠征途次或る回回の一老人が。自ら水を汲んで年中行人に振舞へるを見て。奇特なりとして一生免租せることあり。沙漠旅行が如何に水を神佛視するかを知るべき也。故に塞の字には觀音開きの格子の前に二個の水盤を据ゑたる形あり。一は人に供給し。一は馬に供給する也。斯くて人の水神を祭るにも。何より先づ水の初穗を奉り。其身も水《ミツ》垢離《ゴリ》を取るを例とす。水《ミツ》垢離《ゴリ》の垢離《ゴリ》はコヾリの音譯に會意を通はせたる也。耶蘇敎のバプテスマのバテも此ホドと同じく水のこと也。ホとバとテとドと轉換せるなり。プスマのプは蒙古語のビなり。日本語のミなり。身のことなり。スマは日本語の清《スム》なり。漢字の洗なり。即はち水もて身を洗ふといふこと也。之を洗禮といふ。洗禮は耶蘇教の專有にはあらず。佛教には灌頂といひ。神道には水《ミツ》秡《ギ》といふ。皆同義なり。殊に水《ミツ》秡《ギ》の秡の字にはバテプスマのバテの變音バッまでも現はれ居るなり。宗教一源の理は此處にも發見し得べし。我國の辻觀音の堂祠は多く皆な此の觀音開きの寒字形なり。觀音は元南海フダラクを司どる。フダは水のブッより來る。甘露水を以て衆生を救ふの意義に於て。フダの義始めて働きあり。而してフダの原音はプルタなりプルの轉はムルともなり。ムルはマリともなる。マリヤとは水宮のこと也。耶蘇の母マリヤを祭れる堂宇が。我國の辻觀音の堂宇と一致して。觀音開きを有するも皆此寒字形なり。マリヤを母とせる耶蘇がバテプスマに重きを置くは。彼れの家系よりも觀察すべき餘地あるが如し。斯くの如く比較し來れば。古代水神を祭れる堂宇は。寒字形たると東西相一致せり。此に於て漢文學上より見たる寒字に。水神の縁故の有無を探らば。穆天子傳の寒字の註解は。初めて其眞義に到達し得べし。左傳昭王四年に曰く。黑牡和黍以テ享ル二司寒一ヲと。註に曰く。司寒ヘ水神と。又曰く。司寒玄冥水神也と。愈々符節を合するが如し。而して穆天子の祭れる神は何なりやといふに。河宗也。河宗は水神を謂ふ也。其堂宇は言はずと知れた寒の字の形せる觀音開きなり。穆天子が壁を奉ジテ南面シタとある以上。此の寒字形の水神堂は。北面の搆造ならざるべからず。然り司寒は玄冥水神也とあり。玄冥は北方☵の掛なり。北向きの堂宇は其當さに然るべき處なり。天子は南面して此寒字形の堂下に立ちし也。之を『奉壁南面立于寒下』といふ也。千百年來の不審も比較研究して見れば。一朝にして氷解する斯くの如し。

▲寒暑冷暖有無とおでんの研究（三）

寒の字にコゴル又チヾカムの義あることは。音韻解剖上より見て既に明らかなる處なれど。猶之を肉心兩樣より觀察せんに。此寒字形の堂下に立つ時は、其人上半身を盛裝することはあれど。下半身は裸形なるを本義とす。故にイカに衣冠の美を盡すも。裳袴を着けざるが定例なり。獨り裳袴を着けざるのみならず。脚部も亦跣足ならざるべからず。此跣足參りの點は東京の寒參りと同じやりかたなり。穆天子傳にも天子大服冕褘、皷帶、搢笏夾佩と矢鐍に六ケしく並べたれども。一字も裳字及び袴字に及ばず。又履物の形容もなきを見れば。穆王此日の服裝は。無袴跣足たるや疑ひなし。釋迦牟尼が過去に於て。大願成就を祈誓し玉ひし時にも。無跨跣足なりしとて。西藏の喇嘛《ラマ》敎にては。今も猶。無跨跣足にて昇殿讀經するの儀式存せり。古人釋迦民族を記するに塞の宇を以てせることあるを見れば。塞の寒と字劃上共通の構造ある如く。釋迦民族は寒字形の堂宇と離るべからざる關係あるもの丶如し。印度の佛畵及び石刻類を見るに。其佛像安置の場所が。多く我國の觀音開きの如く造られたるに徵して。如上の想像の適中せることを知るに足らむ。此觀音開きに寒詣でをす。而かも無跨跣足とありては。豈サムカラザルを得むや。既に堂宇の前に來れば。身を屈して足をつまだつ。是れサムイ、コゴルの訓と同時に。チヂカムの義の生ずる所以なり。蓋し丼はキキオの合成にして。約音カなり。之にウを冠するも。亦同じ。即ち丼《カ》は唐韻火《カ》許《ガ》切。集韻には虚許切音蟐《ク》とあり。之にンを加へて塞《カン》となり。土を加へて塞《ソク》となる。然れば土はソの音なかるべからず。此ソの音は土の上半十に在り十は漢音にてはジウ唐音にてはシイ也。我國にても十をソといへるは八十《ヤソ》梟師《タケル》五十《イソ》鈴川《スヾカハ》等の古訓に徴して疑ふべからず。　這はソの字に乀の阿點を加へて。乂となるより起りしものなり。ソアカ即ち釋迦の字の代用に塞字を以てせるも之れより來れり。字書には最後の一を長くして。土《ド》となし。短かくして士《シ》とヨミ分けたれども。塞の字の土は土《ド》に非ず即ち形の神の像なり。此像は印度のみならず。埃及にもサネと名づけて神となせり。印度にては天上天下唯我獨尊の形に見立てヽ總に之を誕生佛にして仕舞ふたれど。釋迦牟尼はお袋の脇腹をつき破りて。娑婆に飛びだし。生れ落つると同時に。口幅廣いことを怒鳴りたつる如き妖怪變化の者にあらず。末世の衆生を有り難がらせんとて後世の賣僧《マイス》共が絶世の偉人をヒイヰのヒキ倒しにせんとするは勿體なきことならずや。は十字形なり。十字形を以て神の符とすることは。耶蘇の十字架より起りしものに非ずして。却て耶蘇の十字架こそ。神の符より起りたるなれ。去れば。耶蘇以前凡そ世界の宗敎といふ宗敎に十字の伴はざる者なし。漢字にても神の字は示に从ひ申に从ふ。申はサルにはあらず十にムを加へたるなり。十は乂にしてソァなり。ムはムなり。ソアム即ちシンの原音なり。而して此原音を表はすに乂を十字に正寫して象形となすのみならず。ムを〇として光輪の一圓相となし。となしたり。回々《フイ〳〵》にては此一圓相を☾の月として。を劍として寺觀の屋根の神體とせり。佛敎にては卍字となしたり。卍字をマン字とよむは摩尼捍子《マニカンツ》より來る。摩尼捍子《マニカンツ》は旗竿なり。此旗には三尊佛あり。太古は日月星を以て之に充てたるものなり。而して此三尊の旗を吊す竿は十字形なり。西域聞見錄に塞克《シャク》の國風を記して。人家の院落中ニ各々木竿ヲ立テ之に向テ禮拜スとは此摩尼捍子《マニカンツ》を指したるなり。今塞字の土は此神體とせられたる十字形の十字よりソ音を出す者と悟るべし。去れば釋迦種族は耶蘇以前より十字を以て神體となしたること明らかにて。其證據は佛の金剛座には。金剛杵を十字に交叉して。之を無上の寶器とせるのみならず。眞言の九字の如きも空中に向て十字を書く者に外ならず。禪宗の和尙の左手に掛けつゝ。禮拜の式に用ゆる敷物には。明らかに⊞の十字形あり。余が馬關の骨董店にて見たる法華の團扇太皷の古物には。中央に✝の十字形を黑出しあり。北京にてアチヤホトクトより頂戴せる喇嘛教の樣子にも⊕の十字形を染め出せり。此等皆耶蘇を眞似て十字を書きしにはあらず。耶蘇は以前より佛典中に存在せるものを。今に傳へて忘れざるのみ。若し相互の間本末ありとせば。年代の古き丈佛教は其本にして。耶蘇こそ其弟子分たるべき役割なれ。去れど耶蘇教にては十字の神符を誤解して耶蘇十字架礫刑の後始めて十字崇拜の起りし如く思ふもの。比々皆然り。豈に迷へるものにあらずや。

▲寒暑冷暖有無とおでんの研究（四）

抑も此十字を神とする觀念は。日月星の三尊が。天柱の頂上に在るを以て祭天の義とし。須昧の四水が。流れて世界を潤すを以て祭地の義となし。天の文と地の理と倶に。十字に歸するを以て。十字即神といふ意義を生じ來れる也。故に此の十字に對する禮拜の法は。肱を張りて兩手を中央に合掌しての三尊形を擬するか。左なくば笏の末端を握りて。胸の中央に置くかを第一義とし。笏の稍中程に近き處を握り。若くは耶蘇敎のソレの如く。胸に十字を畫くは第二義とす。此塲合に於て首を拔き出すは。神の福音を聽く爲に耳を聳つる形にして。其面の俯向するは神威を恐縮するの義なり。其足をツマダテルは。神の靈地を踏むに憚かるの形にして。其跳足なるは履物の靈地を汚すを恐るれば也。是れ獨り儒佛の古義なるのみならず。耶蘇敎に於てもモーゼがエホバの神火に接せる條下を見れば。同様のことあり。

神いひたまひけるは、此に近よるなかれ、汝の足より履を脫ぐべし、汝が立つ處は聖き地なればなり云々

是跳足の理由なり。更に俯面の理由には

モーゼ神を見ることを畏れて其面を蔽せり云々

とあるを思ひ合すべし。漢文にて佇立シテ命ヲ待ツといひ。跼《セグクマリ》天《ニ》蹐《ヌキアシス》地《ニ》といひ。王臣蹇々とある蹇の字も皆是也。蹇とは塞旅の足といふ義より成る。故に易には䷦の卦とす。☵は水なり。低きに就く。其首を垂れざるべからず。☶は山なり。止まるなり。其足は踏み止まりつゝあり。而かも上卦☵の中に一陽あり。精神の敬虔を表し。下卦☶の中に一陽あり。丹田の安静を表す。而して下卦の兩陰は兩脚倶に地を踏みしめざる虚隙をあらはせり。是れ神に對するの最敬禮也。轉じて王臣の君側に侍して。綸言を聽くの態度となる。之を蹇々匪躬の節といふ。蹇卦西南に利に東北に不利なるは。東北は玄冥の水神の司る處。之を犯せば祟りあるの義より來る。下彖傳の蹇難也。險在《ル》前《ニ》也の險は。此の神の祟りを指したる也。王臣蹇々の舊註諸說頗る煩しきも。一も此の根本義に觸れたる者無し。蓋し寒字形の堂宇に財貨の義たる貝を投ず。是れ賽錢の賽の字也。其貝の仰俯に依りて吉凶を卜す。是れ博奕の賽の義なり。チョーは陰なり。ハンは陽なり。陰數を六とし。陽數を一とす。一六勝負といふ所以也。賽を投ずるの場合多くはケツをマクル。寒に从ひ衣に从へは褰の字となる。衣をカ、グルの謂也。衣をカ、ゲての後のセリフは急言して卷舌となる。謇は吃也。促音多きを表はす也。勝負に敗けてシヤウコトナシのテレ隱くしに。有合ふ板目をコツ〳〵敲くより轉じて徒皷磬謂之塞《ト》いふ樂部の釋にも移り行きたり。謇は九輦《チウレン》切とあり。日本俗諺のテレカクシといふ語は。如何なる言語學者に問ふも。其眞義を確かめ難かりしが。テレ實は九輦《チウレン》なり。カクシ實は樂師なり。爾雅釋樂に照して見ればワケもなきことなりけり。何だベランメーの一言一句も探れば根ある山の薯《いも》穀潰《ゴクツブシ》の仲間にも。容易になれたものに非ず。其寨をサイとよみて。要塞の義とするは。木柵を以て門口を固めるを謂也。故に寨に从び木に从ふ。塞を以て寨に代用するは其木柵の十字形より轉用せるのみ。根本的にいへば塞は釋迦族の義を逊るべからず。其之をフサグとよむは塞族が禪定に安住して外來の誘惑を杜絶するより來れる也。之れを要するに塞字は塞族の禮式より胚胎す。其禮式は首を垂れ足を峙つ。此裝を釋迦裝といふ。塞族の儀容といふことなり。然るに釋迦裝が轉化してトツテもつかぬ酒醉となりたる滑稽あり。有名なる成田不動の寶物に。酒醉天神の一軸と名づくる寶物あり。菅公笏を正して直立し。衣冠嚴然アタリを拂ふの神像なり。而かも之を酒醉天神とは。アマリに似つかぬ名稱なるにより其縁起を調ぶるに曰く。

菅原道眞公謫せられて。筑紫に在り。たま／＼自ら其像を畫き。これを伯母覺壽尼に送りたるに。伯母は公の流罪をいたく嘆かれ。神酒を供へ。無事平穩を祈りたりしに。あやしくも像の面うす紅ひを呈し。恰も醉えるが如かりしといふ。これにより酒醉天神とは名付けたりとぞ。

此本文に依れば此一軸は菅家の自畫といふにあたれど。其自畫に非るは一見しても知りぬべし。之と同樣の神像は長州豐浦郡の久留孫山觀音寺にもあり。狩野某の筆なりと言ひ傳へたり。而して觀音寺にては天拜山祈禱の像なりといふ。是れ正傳也。其笏を正して胸の中央に挾じ。其兩足のツマダチたる。實に釋迦裝の眞を得たり。但だ畫家の足らざる處は。其兩足に舃を穿たしめたると。袴を着せしめたるにあれど。此は跣足無袴にては。餘りに殺風景と感じたるまゝ。醫者の匕加減と同じく。畫家も筆加減を施したるならむ。之れと同一の神像成田山にては酒酔《サカヨヒ》と號し。其理由を付して縁起となす。酒酔とは釋迦裝《サカヨソホヒ》の轉たるに氣付かざりしと見ゆ。菅公も天拜山にては一生懸命也。酒など飲める塲合に非ず。凡夫の無理强ひには眞面目なる古忠臣。其御迷惑如何斗りぞや。日本の社寺寶物の縁起斯くの如きもの猶多からむ。其譌傳を捨てゝ正傳を探り來れば。菅公の遺像は以て穆天子の立干寒下の面影を髣髴せしむるに足るに非ずや。歴史研究に比較の一法あり。求むれば必ず應ずてふもの。獨り菅公の靈現のみに非ざるべし。

▲寒暑冷暖有無とおでんの研究（五）

——附、伊藤公の運命——

暑

暑の字は。日冠を屬劃とし。者を主劃とす。主劃中のツはサの原形にして。羅馬字草體の𝒮も此れより來れり T は I 也。L は凵也。刁はオの原形にしてO也。故に者の字に含まれたる音は。即ちSILOなり。

唐韻に曰く舒呂切《シユイリウ》と。正韻集韻及び韻會並びに賞呂切《シヤンリウ》なり。知るべし暑の音はシロの約たるを。彼此符合間然する所なし。蒙古語サラマナのサラは正しく。此字音の出所にして。サラマナのマナは此字訓モノの母體たるや疑ひなし。サラマナとは焦の義あり。然らば暑の字に焦の義ありやと調ぶるに。釋名に曰く。暑ハ煮也。熱物ヲ煮ル如キ也と。以て蒙漢の一致を悟るべし。我國語のテリッケル及びテリヤキ更に轉じて焦す。若くはデレッタイ等も。セリ、ジル等のS音がT音に轉ずる例に依りてのみ。故に踏及び箸の字の如きは。S音に呼ばずして。ト及びチヨと呼びてT音を出すを見るべし。餘は之に準じて知るべし。

冷　冷の字はンを屬劃とし。介を主劃とす。主劃の中レは凵なり。ヽはAなり。Tは工なり。ノはNなり。故に合字中の音はレとアとチとンなり。即ちレアチンといふが根本音なり。唐韻集韻並びに魯《ル》打《チン》切とあり。正しく相符するにあらずや。蒙古語ヒエタンバイといふは。我國語の冷《ヒエ》タ哩《ワイ》と同じ。然るに此のヒエタといふは。フルエタの約なるべし。寒氣つよきときは。フルエルなり。之より轉じて。宣命祝詞及び謠曲の如きも凡て。フルエ聲にて唱ふるは。最初傳令者が王者の令を傳ふる時は。寒氣に打たれたる時のごとく君威身骨に徹して聲のフルフを禁じ得ざりし恐懼敬粛の模樣を擬するものなるべし。故に令の字は。冷の傍たると同時に。令其れ自身は命令の令たり。我國語にて此令をフレを出すといふ。」此フレ令は觸《フレ》の字を充てたれども矢張りフルエの轉たるや疑ひなし。去ればフレを出す前にヂャラン〱と打振る者。之を鈴と云ふ。鈴は命令を出すとき鳴す金器なり。其木造なるを木鐸と云ふ。木鐸の二字漢文にて一世の師範役たるべき意味に用ひらるゝは之れが爲なり。令の字音には。現今フ音を帶びざれ共。此はE音の省頭音にして。原始語は我國のフレてふ詞と同じく。矢張りフ音を冠り居たるや疑ひなし。滿洲にても天命をアブカイフリンガといふ。其フリンガといふは。即ち命令の命の義なり。增韻に大ヲ命ト曰ヒ。小ヲ令ト曰ヒ、上ヨリ出ヅルヲ命ト爲シ。下ヨリ稟スヲ令ト爲スとある如く。命は令より重きものなれ共。其フレたるや一なり。故に口に从ひ令に从ふ。口扁に令傍は即ち命なり。滿洲語のフリンガはフレンのンがGとつまりて鼻音となりたるのみ。其語の頭に猶原始のF音を有すること。日本のフレと同じきを考ふべし。而も命の字音は眉《メイ》病切《ビング》ミングにてフレングの音は轉てビングの聲中に包含されたり。此ミングは。我國の古言に大君の命《マケ》のまに〳〵云々といふマケの原韻にて。猶マケを分析せばマフレグに復歸しぬべし。マはマハの略にして大の義なり。フレグは令なり。大令之ヲ命ト曰フとすれば。増韻と同一點に歸着するなり。然るに此の大令の意義を以て制定せられたる命の字が。何故に人命の命となりしかといふに。此は人命てふものは。悉く天の命令にて定數あるものといふ宿命論より來れるものなり。伊藤公の薨去の如きも。公にして若し猶天の命數あらば。百の安應七ありと雖も指一本もあて得べきものに非ず。其家を出づるに臨みいつもになき遺言めきたることを申し殘し。其途中の作詩に埋骨、死、吊等の文字多く。甚しきは神超宇宙の如き句もありたり。靈の將さに肉を離れんとするの前兆は。直覺力によりて知らず知らず斯くの如き聲となりてあらはるゝものなり。尋いて廿四五日兩日九重雲深き處の御夢に入て。兇音を先づ奏し。十月廿七日先師吉田松陰の祥月命日の逮夜の當日に斃れたる如き。之を横死といふと雖も。非命とはいふべからず。公や身を足輕に起して王者の師傅となるに至る。之れを以て天の寵命に依るものありとせば。寵命も亦一人に久しくすべからず。其ハルピンに國事に斃るゝも亦天の命ならずといふを得ず。『十分になれば傾ふく牡丹かな』の句や以て公の生涯を寫し得たりといふべし。公の生平牡丹を愛する。豈其れ既に天命を知れるものにあらざるか否か。今人此理を信ぜざるものあらんも。古人は此くの如き意味に於て。命令の命の字を人命の命の字に應用せるものなり。其他令傍を有する字は類推して以て悟る處あるべき也。

▲寒暑冷暖有無とおでんの研究（六）

——暖にノドカナの音あり——ノ、サマの語——源 noon と日とは同じ也——有は is と同音——新月に供物を奉る風

暖

暖の字は日偏を屬とし爰傍を主とす。爰はナとツとエとクと＼のnとより成る。即ちナツエクンの音を含めり。之を羅馬字に綴

れば。notekunなり。依りて字書を檢するに。暖は暵《タン》と同じとあり。而して暵《タン》は廣韻集韻並びに乃管《タイクワン》切とす。タイクワンに不定冠詞のAを加へ見よ。アタイクワン、即ちアタイカナとなる。此Aはナに變じ得べきを以て。試に之をナとすれば。ナタイカナ即ちノッエクナと同音を生じ來る。ノッエクナは國語ノドカナの原語なり。ノドカナ今は長閑と書けど。眞義は駘蕩たる春季の暖かさを指したるなり。支那貴州の花苗語にて。日をnunといひ。狆家にて。日をnutonといひ。白苗語にてnunnといふが如き。孰れも蒙古語のnarと關係あるべく。太古は日を指してナ若くはナナと言ひしことあらむ。これより月にも天にも轉じて。ノゝさま等の俗語を生じたりと覺ゆ。暖の俗訓ヌクイは乃《ナイ》管《クワン》と同じ。イはンの音より來ること。支那文字の京慶程丁《ケイケイテイテイ》皆イを帶びて。而かも唐韻にては京慶程丁《チンチンチンチン》と皆ンに響くが如し。英語にも晝のことをnoonとよぶ。若し此を變じてYとし之に者の義たるチ音を加へ見れば。ノイチ即はちニチとなる。漢字日夜の日《ニチ》の音と同じからずや。夏をナッといふも。日《ナ》の辻《ツジ》の義ならむ。夏は昰の今字なり其他之に準じて知るべし。

有の字は月を屬とし。ナを主とす。古文には單にナのみありて月を添へざる也。ナは左端に一のエを擁し。中央にフを挿み。右端にレを抱へたり。即ちエとフとレと三音より成る。エフレの音を漢字に求むるに。演女《エブルー》切と相合す。エプレのエプの約はウなり。ウの第一聲はアなり。ウレよりアルに轉ずれば。日本語なり。エプレのレ文字が消えて。スの音之に代はればエプス即ちオバスとして。國語の御座《オハス》となる。エプレのエがヘ音に轉じ。ヘ音がハ音になればハブレ即ち侍《ハベ》るとなる。ハベルがハビルとなりて。ルがナとなれば。バビナ即ち蒙古語のバイナ(有ルの義)となる。エプスのエがイとなりて。イプスとなり。プが省かれて。イスとなれば朝鮮語のイッツと同じく。英語のisとも相近し。更に其アム及びアールは一層相接したりと見るを得べし。而して此の有の原因エプレはアブルと同じく。食物をあぶる爲に串に貫きたる象形がナなり。而して之れに月を添ふるは。太古新月を見て色々の供物を奉りたるより起る。此風は今猶中央亞細亞に在り。我國にても三夜待ち、二十三夜待ち、二十六夜待ち等。田舎にては。今も猶上弦下弦を

祭る所多し。印度の國名インドは元。月といふ語より出でたるものにして。月氏國などとは孰れも人種上の關係あり。

▲寒暑冷暖有無とおでんの研究（七）

—印度の吠陀神話—何故に月をアトー樣といふか—父母の語源—進歩せる日本語—光明の主体は月—却て我が脚下に在り—一語にして天地人を包括す—古事記の神名—一點の相違なし

印度の吠陀神話中のアデテ Aditi の di 音を以て。試みに相通音の尼《ニ》の字に換へ Aniti とすれば。蒙古語の印度國名アニタイとなる。アニタイはインタイとなり。更にインドとなる。日本語の童謠中月を指してアトーといふ。此アトーも Aditi も同じことなり。而して Ad.ti をオトトとすれば。父の義となり。オチチとすれば垂乳女《タラチメ》の母の所有を指し。オチオチとすれば。小兒の行歩を形容することゝなり。オットとすれば所天となり。ウットとすれば空氣となり。オッチとすれば。一切の神となり。イッツとすれば五の數となり。アッタ。とすれば一切萬有となる。阿行多行の結合にて。子母交換を行へば。斯くの如き夥多の言語を生じ來ると雖も。根本は唯一のAditiより來るが故に。根本語を以て總てを呼ばんとせしが吠陀《ベエタ》の神話にあらはれたる讃歌の詞にして。ソレにては彼此混同せんことを恐れ。分類的に使ひ分けたるが。日本の雅言及び俗言中に死語若くは活語として今猶我々の左右にある以上の者也。此の日本語を把りて分類以前の吠陀の讃歌に比較し見なば。**日本語は吠陀と同系**にして而かもソレより分類せる丈け進歩せるものたることを知るに足らむ。梨倶《リク》吠陀《ベエダ》一巻八九の一〇に曰く

アデテは天なり、アデテは空氣なり、アデテは母、父、子なり、アデテは一切の神、五の種族なり、アデテは一切の生れたる者なり、アデテは一切の生れん者なり、

見るべし。アデテは萬有の有の義たることを。而して此の萬有の有は光明の主體の恩惠によりて存在するものとし。其の光明の主體は月なりと考へたるが。インド種族最初の思想にして。斯くて星に及びたるもの丶如し。星をオトといふは蒙古語にもあり。日本語にてもオトタナバナのオトは其れなり

日をアデテといふはなけれど。日の作用をアタヽカといふは殘れり。斯くてアデテの發現せる萬物を載せる處より轉じて。光明なき下界の地をもDitiとよべり。デテDitiは日本語の地の訓ツチと同じ。仰いで天體に瞳憬せるものが。俯して地儀に着眼すれば。至れる哉坤元。萬物資りて生ずるの易理は却て我が脚下にあり。此に於てデヽは清音Tatとなりて。宇宙の大原を表する語となりたるも。此宇宙の大原を捉らへて之に我なる人を加へ一語にして三才を貫くの聲無かるべからず。此處に於て唵Omの一語生ず。此音はアウムの三音を合したるものにして。天地人の三位を包括して、絶對無限の神聖なるものとなしたるなり。Tat先づありて。Om尋いで來る。Tatはツチなり。地《ツチ》の訓と一致す。Omはアムなり天《アメ》の訓と一致す。易に䷊を地天泰とするは。地先づ在りて天尋いで成るの義なり。此天は區々彼蒼の穹窿を指したるものにあらずして。空際も人我も地水も悉く包含せる三才主宰の絶對を指したるものなり。我古事記の神名にても。クニトコタチノミコトのトコは滿洲語の最初の義なり。日本にても夙《トク》といふ語あり タチはツトニといふツトにして。

太原なり。Tatと同じ。此のツトの同音タチを名とせる神先づありて。次にアメノミナカヌシノカミあり。アメはOmなりOmはTatより後にあらはるゝの順序は。古事記も梨倶吠陀も一點の相違なきに非ずや。

▲寒暑冷暖有無とおでんの研究（八）

——基督敎のあめんの語源——落つれば同じ谷川の水——稻葉敏氏の質問——差別門に非ずして平等門——舊譯全書——山茶花と大和と——山伏の語源——ワケも無き事——料理屋の御幣擔ぎ——濱の語源——眞間の手古奈——馬場の本義——大概合點が參りしならむ

梨倶吠陀のOmも。我國のアメノといふも同義なることは既に述べたり。我國のアメノといふ言葉は。獨り神名なるのみならず。神聖なるものには。山にも川にも橋にも車にも冠らせられたり。此は蒙古の阿木尼《アムニ》と同じ。依りて思ふに。アムはアメノと同じく。アメノはアムニと同じとすれば。基督敎のAmenも亦。蒙古のAmuniと同じものなるべし。而してAmuniの原は。Omにして。Omの根本はアウ、ムの三音なり。此アウ、ムは佛教にては。阿吽《アウン》の二字とし。耶蘇教にてはアメンとして如是心願の意味に用ゐると同時に。一面にはアウムをエオムとし。エオムをエホバとして。終に萬軍の主たる神の名とし。回々にてはアウムをアホムとして。神を司る大僧正の名とせるも。落つれば同じ谷川の水にして。其氷雪雨霜の現形に拘泥すべき限りにあらず。之と同じ理窟にて。前回寒字説明中に。耶蘇教のバプテズマは水身洗《ベテプスム》と同じ意味より來りしならむと論及せしに對し。本所稻葉敏氏より。丁寧且つ親切なる一書を寄せて。『バテプスマ』は「バプティズム」Baptismなれば。急音に於て微少の相似あるのみ。今之を「バテ」と「プ」と「ス マ」に分解して演繹するも。之が「バプテイズマならば如何にとの質問あり。序でなれば答へ置くべし。余は宗教の一元と。言語の一元と而して又人種の一元を信ずるものなり。之を現在の皮相よりいへば。氷の雪に非ず。雪の雨にあらず。雨の霜にあらざる。三尺の童子も猶且つ之を辨ず。而かも之れが本源を探らば。氷雪雨霜齊しく水の變形にあらずや。余の今闡明せんと欲するは。差別門にあらずして。現形を成せる經路と。其經路の啓かれたる本源地なり。曾て山茶花の漢字にサヽンクワのルビを附したるに。山茶花はサンサクワにして。サヽンクワに非ずとの投書に接せしことあり。大和はタイワにしてヤマトに非ずといふも。字音に於ては尤のことなり。去れど大和と書きてヤマトと讀み。山茶花とかきて。サヽンクワと讀み來れる一面の歴史をも亦探らざるべからず。バテブスマは文字に於てバプテイズムたるや論なきも。急言してバテブスマとなるには。何者か潛める理由の存せざるべからず。思ふに舊譯全書に現はれたるアブラハムの宗旨は。耶蘇敎徒よりも寧ろ回々敎徒に於て其正髓を保持せられたるを見る。彼の洗禮よりも更に六つかしき割禮の如き儀式すら。回回敎徒には今日迄眞面目に守られつゝあり。其水秡の意味に於ける沐浴の如きも。耶蘇敎徒の或者が形式的の洗禮とは異りて。精神的に嚴行されつゝあるは。一たび支那に遊びて回子部落を訪問せる者の容易に首肯する處なり。此アブラハムの宗旨の正髓を傳へたる回々にて。バプテイズムをバテブスマといふを見れば。バプテイズムよりもバテブスマは。原始の音と認め得べし。元來ブスマの原音はプイシユンにして。プイシユンとは潔齋の意味より來りて禁慾といふことヽなり居れど。此の語も亦回敎徒のみの専有に非ず。支那にては。秦始皇の時數々見えたる方士《フハンシー》といふもフイシユンと同音同義の譯にして。我國にても此方士《フハンシー》を更に俗譯して伏《ブシ》となし。以て修驗の山伏てふ名稱とせり。去ば山伏の衣冠も。黄帝敎の方士の衣冠も。アラビヤ本場の回々の衣冠も。皆同一轍にして其敎儀の大要も亦殆んど一致せり。マホメダン徒が支那人よりホヘズと呼れたるは此フイシユンを音譯せるものにして。更に漢回の自ら用ゆる清眞寺の清眞の二字は。バテの水より清字を點じ。ブスマの潔齋より眞の字を按出せるに徵すれば。バブテイプムの水身《バテビースム》清たる疑ふべき無し。而かも英語に現存せるバプテイズムならば。日本語もて意譯する能はざるべしといふが稲葉敏氏の問はんと欲する處なるべし。而して此れに答ふるはワケもなきことなり。日本語にてバブと同系の音に。水を意味するものありやと探れば。之を雅言にしては零の字訓ハフあり。零は靈と同音。天水の餘滴をいふ也。詩鄘風に靈雨既零とあるは是也。之を俗語にしてはバブの轉ブブあり。關西にては小兒語として。水に用ゆ。轉じて茶に用ゐるは料理屋の御幣擔ぎのみ。更にバブをババとし。ババよりババを生めば。水邊の義となる。ババ今はハ」マとなりたり。バはマと相通なれば也。蒙古語にては我國のハマといふ處を逆にマンハといへり。日本にても萬塲《マンバ》といふ性は。馬塲《ババ》より來る。馬塲《ババ》姓は近江の湖邊の馬塲《ババ》より出づ。元沙上馬を馳するによきを以て。強てババに馬塲《バ》の二字を充て。油桶《ユトウ》式の半音半訓的熟字を作りなしたるもの。襲用の久しき終に本義水邊の意味を忘れて。第二義にのみ用ゐらるゝに至れり。庇を貸して母屋を取られたる者。言語の間にあるから妙なり。其ババの兩音倶にマとなりたるものは。萬葉集に在るママのテコナのママてふ地名はこれなり。ママは今でも沼澤の地なり。テコナのオクツキにぬかづきがてら地名研究に出掛けるも一興なるべし。去ればバテといふ處にバブとありても水の義たるや一なりといふことは。大概合點が參りしならむ。

▲寒暑冷暖有無とおでんの研究(九)

——是も承知——體は血の容器の義——歸納的に說明せむ——カヲダ、カタチ及びスカタ——太秦をウスマサと訓む譯——天の日穗子は回々教徒なり——トキヂクは蠡海の事——其の眞情や愛すべし——聖母はマリヤかメリーか——通辯學と言語學とを混同せり——棒の代用に非ず——伊達はイダテと讀むが正し——マリアの美しき眉根を探らむ

次にビの身に該當すべき處にテイとあるはいかにとの言ならば。此れも承知致したり。曰くビもミもテイも齊しく身のことなり。テイ漢字にては體《テイ》と書く。體《テイ》と同じ。釋名に體《テイ》は第《タイ》也、骨肉毛血表裏大小相次第スル也とある。即ち之を謂ふ。體《テイ》は他《タ》禮《レイ》切にして。他は地の轉音。日本語チなり。血の字訓之にあたる。禮《レイ》はイレイ即ち容器の略なり。血《チ》容《イ》器《レ》を地《チ》禮《レイ》とし。地《チ》禮《レイ》を切してテイの音となれば。軆字の意義此に全く現前す。斯く言へば。軆は漢字なり。日本語にて身の處にテイといふ例ありやとの問起るべし。軆のチイレより字音を生ずるに不安心ならば。直截に漢文繼體の訓義に體ヲツグの處を日本語にてチガツヾクといふを示さん。ソレでは餘り簡單過ぎるとならば。少

し手數は掛かれども。歸納的に。血の訓チより轉じて多行の清濁兩音が。日本語人身の名稱中いかに現はれ居るかを列擧すべし。先づタにてはシタ(舌)あり。ハダ(肌)あり。マタ(股)あり。カタ(肩)あり。チにてはチ(血)ありチヽ(乳)あり。スヂ(筋)あり。ヒヂ(臂)ありクチ(口)あり。ツにては俗語のケツ(臀)あり。テにてはテ(手)あり。ウデ(腕)あり。オモテ(面)あり。トにてはオウド(首)あり。ホド(尻)あり。ノンド(咽喉)あり。カヾト(踵)あり。之を總稱してカラダといひ。其形狀をカタチといひ。其姿態をスガタといふ。皆是れ體のテイと同じく。身をテイ若くはタといふより來れる也。去ればバテプスマは英語にして。バプテイズムなり。バプテイズムならば水身清《バテフスマ》に叶はずといふ杞憂は除かれたるなるべし。水身清《バテフスマ》を水體清《バプテイスム》としても。水にて身を清めることとは。即ち水にて體を清めると云に異なるなし。回々にてもフイシユムといふべき處にタシマの語を用ゐざるにはあらず。今タシマとは回教裏の一分派名となりたれど。起原は矢張りバプテイスムのテイスムより來りしこと。猶マホメダンを回子《ホイツ》といふことの。フイシユムより來りしが如し。而して彼等を指して回子といふ外にホイ

フイといふ　。バブのバイブイとなりしものなるべし。然らばバテブスマといひ。バブテスマといふは。相互共通に使用されたる時代ありて。現今の回敎徒の稱呼は。各々其の上半若くは下半を把りて。略稱に代用せるものといふを得べし。回敎徒自らはウスルマサニと名乘り居れば太秦《タイシン》の二字にウスマサと訓する者。亦此のウスルマサより出でたることを考へ得べし。テイスムの轉タシマは日本の但馬といふ國名になりたれど。但馬の意義、日本語からにては解釋つかず。大陸より渡來せる天ノ日穗子を以てOmunofiikoとすれば。其住地として賜はりたる地名として。初めて首肯せらるべし。日穗子はfiiko なり回々子《フイフイコ》たるや疑ひなし。天ノ日穗子の肖像を見るに。劍の佩び方といひ。靴といひ。悉く回敎徒の風俗と合す。其の後にタチヒマモリあり。此地より出でゝ。トキヂクのカグのコノミを求む。トキヂクは裏海のこと也。後大食《タイチク》としてアラビヤの國名となる。アラビヤは回敎の本場なり。橋實に於ては彼斯人と倶に其尤も嗜好する處。彼れが九年の星霜を費して其本國に使ひせる眞情や愛すべし。此一條に關しては。ソレ丈けにても。一卷の著書となすべき丈の長談義に渉らざる可らず。去れども日本語と外國語と沒交渉の樣に考へてはならぬといふ爲に。一寸其一端を洩し置くに留めて。偖此タシマより轉じてテズマとなりたる一語は。方士の方術より脫化せるもの。今に民間の戯法に存せるをも附記し置くべし。バプテスマは此位の處に御免を蒙ふりて。更に第二問に移るべし。稻葉敏氏は第二問としてマリヤはmaryの正發音ならず。此は「メリー」ならざるべからずとして。「メリー」ならば水宮とはいへまいとの問の如し。而かも何故にメリーと讀むが正發音かといふに至りては。終に何等の擧示するを見ず。ヘブライの聖書からでも有力な證據を引て來なくては。氏の正發音とする處も何を標準としてか明らかならず。若し現今の英語を標準とするといはゞ。开は通辯學と言語學とを混同せる者なりと謂はざるを得ず。王子の地名を『ワウジ』と書くに否『ワウジ』にはあらず。『オージ』なりといふ者あらむ。通辯學としては『オージ』と讀むが。現今の日本語として通ずべきも。言語學としては矢張『ワウジ』から研究してかゝるを正しとす。言語學にては。目下の世界に死語の部類に屬するサンスクリットやラテンをすら遡源せんとする程なり。通辯學と異なる所以を思ふべし。既にマリアの綴字Maryの末尾にy字を伴ふ以上。此y字はメリーの長音符として。棒の代用に擔ぎ出せる者に非ざるや明らかなり。たとへば奥州五十四郡の御殿樣其御苗字を伊達と書くも。之を讀むには、ダテといふのみ。ダテとは達《ダツ》の轉讀にして。伊の字音は略せられたるも。其略せられたるは。後世の訛りにして。遡源すれば矢張り「イダテ」と讀むが正當なること。古記には平假名にて「いだて」と書きたるが確證なり。斯くてぞ其本紋のは丸にいだてのいの字をサンスクリットのイの字にてあらはしたる意味が立派に照應するを見る。之れをしも現今「だて」と讀むから。伊達を「いだて」とよむは誤りなりと言はゞ。人誰れか其杜撰なるに驚かざらむ。マリヤをメリーといふも。亦斯くの如し。通辯學の上よりいはゞ。メリーと讀むが早く通用することかも知らぬが。余は現今に於ける通不通の關係を論ずる者にあらずして。其根本的音義を探りて歴史の比較研究に貲せんとするものなれば。稻葉敏氏の言ふ所とは。其立脚點に於て大なる懸隔あり。初めから議論の御相手になるべき筋にあらねど。多くの英語を話す人が。皆々そふ言ふ考かも知れぬと思はるゝまゝ。此機會を利用して。猶少しくマリヤの美しき眉根を探らん。

△寒署冷暖有無とおて人の研究（十）

――余の利害に非ず――マリアは水宮の義――未婚者を必要條件とす――砂巣、格子等の語源――室の古制――塗籠の原品――竹取物語の赫夜姫――出雲八重垣妻こめにの眞義――處女の避難所

通辯學の上よりして。maryをメリーと讀むことが。如何に正音なりとするも。开は余の研究にとりて。何等の利益にも損害にもならず。余は猶邦譯聖書の人名と同じヨミカタを以て。此綴字の根本に有する音の全部と認め、此全部の音の上よりして隱れたる或者を探り出すことに努力すべし。マリヤは水宮なるべしとは。余の既に道破せる所に係る。水のブルといひ。ムルといひ。而して其ブル及びムルの語は。朝鮮にも蒙古にも。更にトルキスタン方面にも有りて。地名に存在せることは。余の嘗て論及せる所なれば。讀者の既に

記憶せらるゝ所ならむ。而してヤとは宮の義なり。我國にてはミヤといひ。西方にてはニヤといふも。mとnの轉換のみ。水宮は寒字形なり。其水神に奉祀する者は。眞の處女ならざるべからざること。猶我國にても伊勢の齋宮に於ける皇女は。未婚者たるを以て必要條件としたるが如し。伊勢の大廟に詣づる者。先づ五十鈴川に水垢離を取る。此即ち水禊なり。既に水禊を経へて。神前に拜す。其舞樂を奏する巫女も亦未婚者を以て。本來の正しき掟とすべし。此は獨り我國のみならず。太古は孰れの國も然りしならむ。其寒字形の扉の内殿にて。奏する樂をカングラといひ。其樂の服裝部屋をカングヤといひ。其扉の戸をカングシといひ。其巫女をカングラメといふ。後世の神樂《カグラ》、樂屋《ガクヤ》、格子《カクシ》、神樂女《カグラメ》は皆此のカングより來る。カングは寒《カング》なり。觀音開きの格子戸なり。此格子戸の制は水宮より來るが故に。之をムルヤと呼ぶ。ムルヤがムロヤとなりたる者。即ち室《ムロ》の字なり。室《ムロ》とはウに从び土に从ぶ。最初は土を穿ちて居間とせる者たることは明らかなれど。ウと土の中間なる厶が合點行かざりしが。鶴見の奥のお穴様を實見するに及んで。厶は口にて穴の形なると分明となれり。大抵入口狹くして奥程廣く造られたり。其入口に格子戸を建てたるが古制なるべし。其後此形を移して。器財を入れ置く所にしたるが。日本古代の塗籠《ヌリゴメ》なり。後には此塗籠は器財のみならず。掠奪結婚の豫防として。處女をも入れ置く所に應用されたり。此に於てマリヤとは。室女の義ともなりたるなり。偖其塞字形の意味よりして塞の音カングを移して。此室女を格格《コーコー》といふは蒙古語のみならず長州にては。今も猶ゴウゴウと呼べば。室女の尊稱なり。古歌の所謂母のかふこのまゆごもりとあるカフコも蠶の繭に籠るが如く。處女の籠れるをうたひしには相違なきも。其カプコの音にゴウゴウを掛けたるや疑ひなし。竹取物語の赫夜姫の如きも。カグヤの音に室女を響かせたるなり。竹取物語の巻首に。いと幼ければ籠《こ》に入れ養ふとある籠《こ》は塗籠《ぬりこめ》の籠《こめ》なり。出雲八重垣妻ごめにのコメ也。本の親より奪ひ還されじ。赤の他人より偸み取られじとて。格子造りの土藏に入れ置きたるなり。竹取物語巻末の嫗塗籠の内にかぐや姫を抱へて居り。翁も塗籠の戸をさして戸口に居りとあるに據て。古代の處女を持てる者が唯一の避難所は。寒字形の扉の内なりしこと愈々明かに知れたり。八重垣つくると歌ひしも此避難の爲なりけらし。

▲寒暑冷暖有無さおてんのの研究（十一）

男装の者は近づけず――男子の女装――觀音は男子にてまします也――三十三身化現の妙智力――大僧正の稚兒、武將の美少年――中性的の怪物――第一式、第二式、第三式

去れば此寒字形の扉の内には。男装の者は近づけぬ掟、いつの程よりか定まりて、之に出入せんとせば。男子にても女装して人目を忍ぶこと。猶朝鮮の室女の處士を迎ふる時のごとくなりたりけむ。此の寒字形の扉と直接の縁故ある觀世音の尊像も。孰れも無袴跣足にして。而かも女装なり。其クセ御名前は觀音大士と呼ばれ玉ふ。大士は大姉にあらず。男にてましますこと疑ふべくもなし。喇嘛教にては觀音を稱してアリオボロといふ。アリオはアリホ即ちアラハの轉也。神のこと也。ボロは水なり。神水といふ義也。ボロヤ、ブル

ヤムルヤマリヤの四轉を經たる者として聖女マリヤの像が。觀音の像に酷似し。觀音の像が。マリヤ像に酷似せるは上野博物館に陳列されたるキリシタンバテレン教の押收品を見ても知るべし。況んや歐洲にて。我國の辻觀音を祭るべき處に。必ずマリヤを祭り。其マリヤを祭れる祠堂の扉は。必ず觀音開きの制なりといふに至りては。三十三身化現の妙智力を以て。隨類應道の方便を講じたまふかと思はれざるにもあらず。此の觀音は勢至と倶に。阿彌陀佛の御脇立としいへば。即ち侍者なり。侍者たる者は。處女を以て之に充つることが正式なり。此處女を喇嘛教にてはチユトバといふ。畫にある天人は此事也。淨土天臺などの大僧正に御稚兒を附けるも此チユトバの遺風なり。我國にても往古宮中の公卿達がボー〳〵眉に鐵漿を含めるは。上御一人に侍者たる爲の姿にて女裝なり。降りて武門政治の末造にお扈從《こしやう》と稱へて美なる少年が大髻長袖以て武將の左右に奉侍せるも。矢張り女裝なり。此の如く男子が女裝せるは。處女に代りて處女の役にあたる意味なり。之をツトメといふは原語チユトバの轉なり。處女を以て左右に奉侍せしむれば。皇后安心し玉はず。少年を以て左右に奉侍せしむれば。主上叡慮を煩はし玉ふ。處女少年兩方ともに用ふれば。風紀下より紊れんとするを恐れ。終に男子を變じて。女子となし。而かも男にもあらず。女にもあらざる中性的の怪物を案出したるは。支那宮中の老公《ラオコン》是也。寺人ともいひ。閹人ともいふ。宦官といへば。一番通りがよき去勢を施されたる男子のこと也。思ふにバイブル中の割禮も。初めは此の如き意味にて創定されたるものならむ。开が耶蘇教及び回教徒は支那人程猜疑嫉妬の毒炎熾ならざる爲に。去勢まで極端ならざる剝皮の簡便に從ひしものと見ゆ。故に處女を用ゐしは第一式にして。男子を女裝せしめしは第二式なり。男子の女裝に安心出來ずして。其肉力を殺ぎたるは第三式なり。其肉力を殺ぐの慘に耐へずして皮力を削ぐに止めしは第四式なりと見るを得べし。

▲寒暑冷暖有無とおでんの研究（十二）

——割禮の起源——バイブルの創世紀——生の力を擲ちて主に奉ふる表證——人格を

有する神――剝の字の解剖――柔剛を變ぜる也――賜ふに魚袋を以てす――特に八日目に行ひたる意義――是を第四式とす

割禮の起原については。或者は之れを以て阿弗利加の蠻人の習慣を傳承せるものとなせど。阿弗利加の蠻人中に。若し之れに似よりたらむものあらば。开は阿弗利加の蠻人が。或る發足點より傳承して。人種の移動と倶に。阿弗利加に持ち込みたりと見るを穩當とす。去ればとて之をバイブルの創世紀中に見ゆるを以て根本となさんも亦餘りに早計なり。創世記に曰く。

神またアブラハムに言たまひけるは。然ば汝と汝の後の世々の子孫、わが契約を守るべし。汝等の男子は。成割禮を受くべし。是は我と汝等および汝の後の子孫の間の我が契約にして。汝等の守るべき者なり。汝等其陽の皮を割べし。是我と汝等の間の契約の徵なり。汝等の代々の男子は。家に生れたる者も。異邦人より金にて買ひたる汝の子孫ならざる者も。皆生れて八日に至らば。割禮を受くべし。汝の家に生れたる者も。汝の金にて買ひたる者も。割禮を受けざるべからず。斯く我が契約汝等の身に在りて。永久の契約となるべし。割禮を受けざる男兒即ち其陽の皮を割ざる者は。我が契約を破るによりて其人其民の中より絶たるべし。

以上によりて見れば。割禮は神と人との契約の證とするに在れど。其契約の證として。何故に陽の皮を割ざるべからざるかといふに至りては。終に何等の說明をも加へ居らず。ソレでもアブラハムは九十九歲の時十三なる其子イスマエルと俱に。陽の皮を割《さ》き去りたりといへば。アブラハム當時には。バイブルに記されたる以外に。明確なる信仰の根據ありたりけん。今よりして其信仰の根據を探り見るに。比較研究より得たる結果は。割禮は去勢の省略されたる便法にして。去勢は侍者たる者の生々の力を擲ても。其主に事へんとする眞心の表證なりと云に歸す。故に割禮も亦『我《ワレ》神《カミ》ト俱《トモ》ニ在《ア》リ』てふ意味に於て行ひしものと見ざる可らず。漢文にて。寺人といへば去勢せる者なり。之を橫に纒めて一字とすれば。侍者の侍となる。而して寺は又寺觀の寺にあたるを見れば。神佛に奉侍せる者の去勢及び其便法を取り來りしは爭ふべからず。而かも其神佛に對するには最初人間中の主權者を待つの禮と同じくせる迄にて。神佛より要求して割禮せしめたりとは受取り難し。此故にバイブル中の神とは人格を有するの神なるべし。超人間の神ならば。汚らはしき陽の皮を云々して何にかせん。思ふて此に至ればバイブル中の神は。巫祝の徒の神と稱して託宣を並ぶること。我國のハリクラの如き者なりけらし。故にハリクラの智識は即ち其かつがるゝ神の智識なり。割禮に關する神の説明の淺薄なるも無理からぬ次第なり。割禮は之を易に求むるに正しく剝の卦也。剝の字は彔に从ひ刂に从ふ。彔は互の一をハネたる也。互の字は交互の互にして。上下のツリアヒを取る蝶ツガヒの如き所なり。故に乛ㄥを結んで互とせり。今其ヒツパリの上を除くに刀を以てす。是れ陽の皮を切斷せるなり。而して水を殘せるは尿道より尿水發射のみに使用するの意なり。之を彔とす。彔に刂を加へて剝となる。刂は刀也。知るべし刀を以て陽皮を割くは。亦是れ生々を擲つを以て第一義とせるを。剝の卦は䷖にして。復の裏なり。復は䷗なり。一陽下より起りて漸次向上の勢ひあれども。剝は群陰下にありて一陽支へ難きの象なり。男子の特徴を漸次剝奪されて。僅かに寶冠の一蓋。其餘威を示せるのみ。故に曰く剝剝也。柔變《スル》剛也と。柔は女子の道也。剛は男子の道也。女子の道を以て男子の道を變せしむ。男化して女となる也。柔剛ニ變ズとは讀むべからず。柔剛ヲ變ズと讀むべし。剛既に變じて柔徳を守る。是れ宦官也。宜しく宮中に在るべくして。宮外に在るべからず。是不レ利《アラ》レ有《ルニ》レ攸《トコロ》往《ク》といふ所以なり。此故に六二曰く貫魚以《テス》ニ宮人《ノ》寵《ヲ》一无レ不レ利と。此は宮中に在りて。精勤の功あらはるれば。賜ふに魚袋を以てす。遼史興宗紀に。進士ヲ廷宮中ニ試ミ。馮立等ニ緋衣銀魚ヲ賜フとある。其銀魚も宮中の寵を示せる也。金史輿服志に。親王ハ玉魚ヲ佩ビ、二品ヨリ四品ニ至ル金魚ヲ佩ビ、以下ハ銀魚とあるも。此貫魚のこと也。貫魚とは我國の掛鯛の如く。雙魚を向ひ合せて其口を貫ける也。之を賜ふは宮中の恩寵を示すなり。此恩寵に預る程信任を添うすれば无レ不レ利《ナリ》といふ筈なり。アブラハム當時の神の言にも。生れて八日目に割禮を行へと定めたるは。蓋し山地剝の表たる地雷復の卦を避けたる也。復は七日來復とあり。七日目に割禮を行へば。切斷する陽皮も再びつながるを恐れたる也。兩者の間契合する處あるによりて見れば。割禮の阿弗利加より傳承せる者にあらずして。東洋方面に早く存在せる風習たりしや疑ふべきなし。此割禮を第四式として。此式は易とバイブルとも共通點あること斯くの如し。更に飜りて男子の女裝せる第二式が。穆天子傳中に在るを括出し。終りてマリヤの第一式に及ばむ。

▲寒暑冷暖有無とおでんの研究（十三）

――冕褘の正解――氣がふれたのか着違ひたのか――餘りに早き匕の投げ方――祭神に對する最敬禮――麿はマリアの轉――銛の起源――那珂博士の成吉思汗實錄――汝の字に仔細あり――

穆天子が寒下に立てる時の服裝に。天子大服冕褘《ベンイ》とあり。此冕は。黄帝の初めて作る處にして。大夫以上の冠也。但し朱綠藻の數。下大夫は五。上大夫は七。諸侯は九にして。天子は十二旒といふの差あり。朱綠藻とは朱綠の珠玉を貫ける糸條なり。普通にいふ瓔珞のこと也。之を冠するは。天子として不思議にも異例にもあらねど。冕字の下の褘の一字は。支那の學者をして解釋に苦しましめたる難問題なり。元來褘字は。玉篇にも后祭服也とあり。禮玉藻にも王后衣とあり。釋名にも。王后之上服ヲ褘衣ト曰フ。翟雉之文ヲ衣ニ畫ク也とあり。山鳥の羽の五色を彩れる美服なり。以上の諸書に徵するも此は是れ王后の上服にして。天子の服にあらず。然るに穆天子は之を穿てり。氣がふれたのか着違ひたのか。千思萬考終に其解を得ず。即ち注して曰く。冕冠禕衣蓋《ヘシ》王后之上服《ナリ》今帝服レ之未詳とあり。去りとは支那の學者先生も。餘りに乜の投げかた早し。必竟は比較研究の行はれざりし失とやいはん。見よ穆天子の祭れる神は水神なり。水神を祭る最大敬意は。處女をして奉齋せしむるに在り。而かも處女の之に當るべき者無きときは。男子女裝して之に代はる此れ既に述べ來れる第二式なり。此式や獨り支那のみに非ず。廣く各方面に傳播したり。變遷の極、終には必ずしも水神と言はず。諸神諸佛に及びたる處もあり。必ずしも諸神諸佛と言はず。循環して其初めに還へり。人に對する敬意に用ゆる處もあり。印度の毘濕拏教の一派にて。キリシナ神を信奉する男子は。其の偶像 Bala-Krshna に事へん爲に。特に女裝する事あり。此派の法主たる大王 maharaja 自らも。神に奉事するには女裝し。翻て衆人をして己を拜せしむる時にも。亦皆女性の態度を取らしむ。今穆天子が女裝したるも。

猶大王（マハラジヤ）が女裝すてふ理由と同じく。其祭神に對する最敬禮たるや疑ひなし。斯く觀來れば穆天子が王后の上衣を穿ちしも。氣がふれたるにもあらず。着違ひたるにもあらず。眞に立派な御行儀と言はざるべからず。斯くの如き作法は我國公卿の間にも行はれつらむとは。既に述べ置きし處なるが。公卿自ら稱して麿といふ。此麿も必ず女性の居室マリヤに關係有べし。私の訓ワタクシのワタはワッカのワッにして小の義。クシは窟の義なれば。意味に於ては小家といふに同じ。他を崇めて殿といふも亦居室より來れり。蒙古にてもオロヽクといふは。日本語のアラヽキと同じく大家のこと也。アラヽキとオロヽクと一音の轉訛のみ。凡て人の稱號は其居所を呼ぶと普通なれば。麿の一語も亦マリヤの轉なるべし。蒙古にてもメリケンといへば。水屋といふことより轉じて人の尊稱詞となり。蔑兒干《メルゲン》といふ詞を生じたり。开は沙漠生活にて。水に不自由なき住居は唯だ貴族のみ之を専有し得べしといふの意なり。然るに其水中に生息する魚鼈等を捉ふる爲に。箭形の鐵器をつくり。ムルの水より轉じて。之をモリと名づけたるが銛なり。蔑兒干《メルゲン》は此モリガネと近きために。後世弓の名人を呼ぶに轉じたれども。本義は水屋といふとにて尊稱詞なり。那珂博士の成吉思汗實錄には其尊稱詞たる本義を取らずして。第二義の善射の意に解したるは惜むべし。而かも此水屋は最初水神を祭れる處にして。之れが女性に名づけられたるがマリヤなり。漢文にて人を呼ぶに汝の字を以てするは。書の堯典にも出でたれば。餘程古き稱號なり此汝字は水名とあれど。水の名が人の稱呼に代はるべくもあらねば。是には何か仔細なかるべかなず。其仔細を探りつけんか。

◎寒暑冷暖有無とおでんの研究(十四)

▲耶蘇は果して猶太人か

——汝の字の仔細——イマシのイマは英語のウーマン、シは水——其の事其の事——モリヤ社の神体——其の社殿の構造——耶蘇の母と釋迦の母と——根本は幻字——マヤカシの語義——マリヤは固有名詞に非ず——耶蘇は果して猶太人なるか——

汝の字を人の稱呼に用ゆる仔細といふは此は矢張り女裝して水神に事ふる如

く。帝の左右に女装して奉侍せる近竪を指したるが初めなるべし。此訓はイマシといふが古訓なり。イマは日本俗語のアマ英語のウーマンと同じく、女なり。シは支那語のスュイと同じく水なり。即ち女と水といふことにて。汝の字劃の通り也。之をナムチといふはナムミヅならむ。ナムはアムの轉にして。阿那相通の轉換律より來る。ミヅは水也。どうしても水と女に緣あり。終に男子を呼ぶにも女の一字を以てして。イマシ若くはナムチと訓する場合あり此意味はどうしても第一式より轉じたる第二式の義に持ち込まざれば其由來を知るべからず。故に公卿の稱呼たるマロはマリヤの轉にして。マリヤは水宮の女の義より來りしものに相違なし。既にバイブルのマリヤを以て東方の言語に比較し得るとせば。日本にもマリヤと同音義の女神位はありそうなりとの疑問起るべし。曰く其事〳〵。此疑問は無くて叶はぬ處なり。有るも有りけり延喜式中の式内神社として。長門豐浦郡黒井村にモリヤと稱ふる社名あり。今杜屋の漢字をあてたれども。水宮の義に相違なければ。其祭神は女神ならざるべからずと豫想を畫き。偖其御神體を拜すると。曰くミホツ姫命とあり。ミホツ。今三穂津と書けども。此漢字は借音のみ。ミは水なり。ホツはクツの轉にして窟《イハヤ》の義也。則ち水窟姫といふ義にして。其社殿の搆造も水屋造りの變形を存して。世の宮寺とは異なる處あり。其氏子の村名を黑井といふ。クロは穴のことなり。井は水の在る處。即ち此產土の神名と相符す此神は水を司どる神なり。而して之をモリヤといふ。モリヤは即ちマリヤと同じ。マリヤとは耶蘇の母一人の固有名詞にあらずして。水宮女の義より貴女の意味にも轉用されたり。而して耶蘇の母マリヤの名と似たるは釋迦の母のマーヤ也。マーヤ今は摩耶の漢字を充たり。此語義としては。華嚴探玄記には幻生菩薩といひ。慧苑音義には幻の一字に譯し。賢劫經には極妙と譯し。或は妙と譯し。或は大智母と譯し。慧琳音義にも。西域記第六にも。釋迦方誌上にも並に摩珂摩耶《マカマヤ》として大術の義に取れり。果して孰れか正解なるべきぞ。幻といひ。妙といひ。大智母と譯するも。根本は幻字なり。マヤは日本語のマヤカシのマヤと同じく幻惑なり。幻惑の義より妙ともいひ。術とも譯じ。又智とも轉じたれども。此は寧ろ佛母としては幻の名稱面白からざるより。他に此新譯字を求めたると覺ぼしく。其正解にはあらざるべし。依りて思ふに。幻惑の幻の訓は。マボロスにてホロはムル即ち水の義なり。マはマハの略にて大なり。スは洲の約にて陸地也。即ち沙漠旅行に數々現はれるオーシスの原語オホシスの幻影より義を取りたるものならむ。オホは大也。シは水也。スは洲也。マハボロスの大水洲と相符す。マハボロスの轉マヤカロシとなり。マヤカロシのマヤカシとなりたる者。即ち玄海灘より日本海沿岸の漁夫の言葉に現存する者此れ也。マヤカシとは暗夜海上に種々の島嶼船舶等の現出して。到れば則ち迹なきをいふ。水蒸氣の作用なり。此マヤカシのマヤの二字は。梵語の摩耶と同義同音なり。然れども佛母の名稱摩耶は或はマーヤに非るなきか。マーヤとはmaryのアール音をアーに響かしたるものにて。實際はマリヤ即ち水宮の貴女といふ義なるかと思はれざるに非ず。釋迦族既に寒字形の堂字に離るべからざる縁故あり。水宮の貴女を迎へて王妃の一に加ふるは相應しきことならずとせず。兎に角釋迦の母の名にも。耶蘇の母の名にも。倶にmを頭音としYを尾音とせるの一致あるは見遁すべからざる處なりとす。其契合の點を認めんとせば。釋迦の母もマリヤにして耶蘇の母もマリヤなり。マリヤは一人の固有名詞に非ずして。水宮に事ふる貴女の義なりとせんか。始めて兩者の有縁を悟るべし。斯く言へば。定めて言はん。耶蘇は猶太人なり。猶太人と印度人と何等の關係ありやと。然り耶蘇を以て猶太人となせるは從來の定説なれども。耶蘇は果して猶太人なりや否や。

◎寒暑冷暖有無とおでんの研究(十五)

▲耶蘇の父は何人ぞ

孔子は私生兒なり――一種奇妙の風俗――神に代りて子を授くる人――辯解立ち難し――舌を吐くこと三寸――タングト族ならでは出來ぬ藝當――秦始皇も私生兒也――耶蘇の父は誰ぞ――

バイブルには。マッタン、ヤコブを生み。ヤコブ、マリアの夫ヨセフを生めりとはあれど。ヨセフの妻マリアを生める者果して猶太人なりや否や。それす明記を缺きたるに非ずや。假令マリヤを以て猶太人なりとするも。耶蘇の父を以て猶太人なりとは。何人と雖も斷言すること能はざるべし。何となればマリヤは猶太人ヨセフと結婚以前既に耶蘇を孕み居たればなり。而かもマリアが戀の對手は何人ぞや。曰く聖靈なりと。聖靈か聖靈か。支那の聖人孔子の如きも。其母徵在尼山に祈りて丘を生むとあり。依りて名づけて仲尼といふ去れど既に仲尼といふ以上は。伯兄のある筈なり。論語公冶長篇に子南容ヲ謂ヘラク。邦道アレバ廢ラレズ。邦道無ケレバ刑戮ヲ免カル其兄ノ子ヲ以テ之ニ妻《メアハ》スといふやうなことありしと思へば。孔子は戸籍上次男坊なり。長男たとへ甚六なりとするも家督相續の定めは曲ぐべからず。第二を祈るは聞へ難し。此に於て其母不行跡ありしとの説あり。其不行跡を蔽はん爲に尼山に祈ると言ひくるめたるか。元來孔子の故郷山東省には一種奇妙の風習ありて子のなき者は泰山の斗《ト》姆《ボ》宮《クウ》に祈ると號し。良人の許可を得て。其宮内に一定の月日を參籠すれば。必ず姙娠するといふ。何ぞ計らん其斗《ト》姆《ホ》宮《クウ》には女裝せる壯年の男子あり。神に代りて子を授くるの勞を取る者ならんとは。此事今日まで傳はり居るとしいへば。孔子の時には尼山にも其末社ありしなるべしさらば祈りしといふも虛言にはあらざること信じ得べきと同時に。其祈りを聞屆けたる者も。神に代れる人なることと明らかなりと謂はざる可らず。去りとて長男既にありて無理に二男をほしがりしワケを考ふるに孔子の名、獨り聞へて。兄の名頓とあらはれぬ所より推せば。兄は早世せるものか。但しは歪くの甚六なりしか。兄の子を嫁がするに孔子の目鑑にて聟定めしたるを見れば。たとへ存生せりといふとも。其兄は一人前の男とは言ひ難きものなりけらし。斯く思へば徵在が尼山に祈りし理由は立てど。聖靈を感じて生みたりといふ其辯解は立ち難し。之れと同じく聖人と呼ばるゝ人の母が。揃ひも揃ふて。マリヤも亦其姙娠を聖靈に由ると言ひわけしても未だ容易に首肯し難し。去らば何人の落胤なりやといふに。此は是れ**史上千古の秘密**未だ容易に知るべき者にあらねど。放火の犯人がイの一番に火事見舞ひに來るとあるより思へば。イエスがユダヤのベテレヘムに生れるが否や。怱皇として東の方より驅けつけ來りし博士たちの其一人こそ怪しきものゝ極みなれ。

彼れは曰くユダヤ人の王とて生れ給へる者は。何處に在す乎。われら東の方にて其星を見たれば。彼を拜せん爲に來れりと。何ぞ其シラバクレの口調に似たるや。星を見てユダヤ人の王の生れるを知るの占術あらば序でに其王の生れたる處を指摘し得べき判斷もつくべき筈なり。然り彼等は之を龜卜に問ふを待ず。マリヤの懷胎と其產月の何時頃なるやは胸に覺へのありたるなり。ソレをそうとは搔き垂れる銀髯の筋程も面に見せず。殊勝らしくヘロデ王に届け置くは。心置きなく我兒の在家を探し出し。幼顏を見て樂まんとの下心。其實會心の友二三人には。どうだ拙老の手ぎはを見玉へ。枯楊華咲くとは此事だ。後學の爲、君等も見て置く必要があらう。旅行かた〲ユダヤ美人を拜みにゆくから。イッショにゆき玉へと引張り出したものらしく。偖こそ占星術に托してむまく表面をつくらふたれ。ヘロデ王いかで此裏面の消息を知らむ。博士達の告げを眞に受けて。サラバ其の生れたる聖人の在り家を探し出せ。我も行きて拜すべきぞとは。**胸に一物**ありてのこと。實見の上。人品賤しからず。將來我が王位を覆すべき骨相もあらば。嫩葉にして之を斷たんとの考へなり。其老獪さ加減想ひ見るべし。去れど老獪にかけては。博士等確かにヘロデ王以上なり。ハイ〳〵かしこまりました。見付け次第申出でませうと。腰を屈めて。狭い關所の入口を通して貰ひ。大道に出でゝは舌を吐くこと三寸。曾て水宮の神事の時。お稚兒《チゴ》に出でた娘は何處ぞ。あゝソレ〳〵其マリヤの役目を奉じた女。ムヽもう玉の樣な男の子を生んだと。ソレは目出度い安心した。道理でアスコにアレあのやうな星が出て居る。アレはオレが子。イヤ、オレが保證する神の子だ。皆の衆決して疎略にして罸かぶるまいぞやと。ウマク城下の人民をゴマカシ。自らマリヤを訪ふて初產の見舞ひ。友への自慢。是れは當座の誕生祝ひと。寶の凾を開いて。黄金、乳香、沒藥等。自國の產物を山とならべ。サテ聲をひそめてマリヤに耳打ち。此子大事に育てあげてあはよくば王樣にも守り立てゝくれよ。是れ即ち神の告げ也。猶其神の申さるゝは。母子此地にありては危し。產後のひだち。さゝはりなくば。一刻も早く斯く〳〵の地に難を避くべし。誕生祝ひの此品は其旅費のはしにもなれかしと。神を信ずる拙老の眞心、必ず穗に出して人に悟られぬやう。是れ丈け言へばいふこととなし。ハヤおさらばとて。友を誘ひ。間道を聞きあはせてドロンと消えたる其不敵さ。タングト族ならでは出來ぬ藝當なり。此博士東方に向て去れるは。タングト族の婆羅門が。國せる方へ往きしなり。イエス生れて宗教心あるは。其母マリヤが水宮に事へたる程の系統に由ると雖も。此父博士が。梵天は萬有の主造化の神なりとの不二源論者たる血を承けしこと。彼が生長の後の言行に徵して爭ふべからず。孔子私生兒を以て聖たり。始皇私生兒を以て傑たり。二者倶に自己の**私生兒**たるに懲りて男女の間を嚴重にすること此上なし。耶蘇はさすがにオモヒヤリあり。汝等の中罪なき者此女を打つべしとて。姦淫を犯せる寡婦を庇護せるは。生母の昔しを思ひ合はせてならむ。知らず耶蘇をして此思ひやりあらしめたる彼の父博士は何者ぞや。

◎寒暑冷暖有無とおでんの研究(十六)

△博士の語義語源

——博士は摩訶迦葉と同音同義——始皇の蒙古語輸入——皇帝の語源——朝飯前の仕

△事——軍師然たる撫髮——博士の開山はタングト族——人身御供とは何ぞ——狒々とは回々の事——バプテスマ及びフイフイの古き淵源——蘆荻の間に出頭沒頭す——

博士と書きてハカセと讀み來れるも古きヨミカタなれど。此博士の根本は蒙古語に存在せるバクシを音譯せるものなり。而してバクシの出所は。西藏語のマハカシバなり。即ちサンスクリトの摩訶《マカ》迦葉《カシバ》といふも同音同義なり。マハは大の義なり。カシバはカシクの轉なり。日本語の賢《カシコ》の義と同じ。故にマバカシバとは大賢といふことなり。此マバカシバの最初のマを略して。バカシバといひ。更らに最後のバ音消滅して。バカシとなりたるもの。即ちハカセの起源なり。漢字に音譯して博士の字を充てたるものにては。秦紀の始皇浮《ビ》江《ニ》至《ル》湘山《ニ》。大風幾不《ント》能《ルト》渡。問《フテ》博士《ニ》曰《ク》。湘君何神《ソ》。對《ヘテ》曰。堯《ノ》女舜《ノ》妻《ト》。始皇大《ニ》怒《リ》伐《リ》其樹《チ》赭《ニス》其山《チ》といふ一段中の博士最も人目に多く觸れたり。博士の文字は或はフイシユンを方士と音譯せる同時期の產物ならむか。始皇犬戎の間に人となり。朔外の語に長ず。天下を統一して一世の耳目を新にせん爲に。蒙古語を輸入せる者頗る多し。自ら稱して皇帝《ホンケテー》といふが如きも。蒙古語バクドの音に副はしめて配合せる者なり。斯かればバカシを博士と譯する位は朝飯前の仕事のみ。去れど余は此道の博士に非ざれば。必ず始皇に始まりしとは斷言せざるも。其バクシの譯の博士となりしは。言語の系統上爭ふ可らず。而して太古の博士の職掌は印度にて摩訶迦葉の頭陀の業を取りし如く。我國にて陰陽博士が宗敎に關係を有ちしが如く。而して始皇時代の博士が神の素性を講釋したる如く。孰れも天人感應の問題を一枚看板としたるが起り也。而して其博士の風體は。多くの場合。由井正雪流の軍師然たる撫髮なり。伊勢の忌詞に法師を髮長と稱ふるを以て。裏詞といふものあれど。太古の神佛を祭る者は。散髮跣足なるを尤も舊例とす。我國にても或る時代は斯かりしならむ。天主敎の牧師には今猶古式の面影を存ずるものあり。而して此の職掌を取る者は猶太人が高利貸を以て民族的職業となしたる如く。尤も古くはタングト族を以て博士等の開山と推さざるべからず。タングト族は。世界文明の基礎を開きしアカヂス人即ち是也。而かも此タングト族は赤色を以て其面を塗り。赤字を以て簡札を書す。其神に奉ずるや自ら神の代理となりて。人身御供を要求す。而かも此人身御供とは。食人鬼のソレの如く。人肉を食ふに非ず。妙齢の處女を献せしめて。之に洗禮を與ふる也。洗禮を與ふるとき其處女は既に其節操を食ひ物にされたる也。之を鬼一口に食ひてけりといふ者。伊勢物語の妙筆由りて來る所あり。バブの轉ブブとなりブブの轉ブフに移り。フフの轉フイフイとなり。フイ〳〵の轉ヒヒとなる。狒々《ヒヒ》と書き斐々《ヒヒ》と書くも。其バプテイスマのバブの轉フイフイより來れる也。凡ての物名は近きより遠きに及ぶ。人種の名稱先づありて。其人種に似たる處ある動物はやがて人種名もて之れに命ぜらる。サルトー人種に似しもののサル(猻猁《ソンリ》)と呼ばれシンシン人に似たるもの(猩々《シンシン》)と呼る。狒狒《ヒヒ》も亦回回《フイフイ》に似たるより來りし名なり。而してバプテスマは。ヨハネに由りて初めて起れる者に非ず。フイフイはモホメットに由りて初めて興れる者にあらず。言はゞ彼等は中興の主のみ。其れより古き淵源あり。淵源を知らずして末流に迷へる者終に天河の高きより出づるを知らず。局々として蘆荻の間に出頭沒頭す。何ぞ其眼の低くして其翼の沈めるや。

△地名即神名

――バプティスマの淵源――其れも其の筈――天然崇拜の念――彌勒とメシアとは同語の異譯――不動明王は湖の名なり――セイタカ童子コンガラ童子――目黒も成田も不動尊の事――萬水一源に歸す

バプティスマの淵源は西藏に在り。西藏にては七月十三日より八月五日まで。各々天幕を携へて河岸に至り。遍ねく親友を招きて男女同浴す。曰く以て疾病を去る也。と即ち水の意也。其川をブルフマ、ブットラといふ。ブラフマとは梵《ボン》なり。日神也。後造物主の如く譯せらる。ブットラとは水なり。西藏人の此水を尊ぶこと。ヨハネの徒のヨルダンの川に於ける如く。シバの徒のガンゼスの川に於ける如く。回々の徒のゼムゼムの水に於ける如し。其れも其筈なり。後の三者は皆な前の一者を學びしものなれば也。プラフマ亦オスルといふ。スルとはソラなり。天をいふ。又ヒルの轉シルより出でしものとして。大陽との譯もあり。梵語のスリヤは是也。ブットラは又之をマウスンといふ。マは大なり。ウスンは水なり。合して之を譯すれば。日《ヒノ》大《オホ》河《カハ》といふ義なり。之をウスルマウスニといふ。此れ回々のウスルマサンの呪語の本なり。ブットラの語、バイダラと轉じ。バイダラの語彌《ミ》勒《ル》と轉じたるもの即ち佛敎の彌《ミロ》勒《ク》の本地なり。マサンの語マサーとなり。マサーの轉。メシヤとなりたる者。即ち耶蘇敎のメシヤの本義なり。佛敎には曰く。彌《ミロ》勒《ク》菩薩出世の時代あり。是れ佛國出現の時なりと。喇嘛敎にては其世界をチャンサンバラといふ。チャンは北方なり。サンは聖なり。バラは城也。北方の聖者の城といふ義なり。耶蘇敎にてはメシヤ王國必ず地上に建設せらるゝの時ありと曰ふ。二者皆同一根本に出づ。蓋し大古敦朴の民、世界の屋根つゞきなる西藏高原に在り。ブラムマ、ブットラの水の混々として晝夜を舍てざる者。必ずや水中に神ありて之を活動せしむるに非ざれば能ばざる者と思惟し。油然として天然崇拜の念を生じ。更らに間斷なき此神の迸り出せる水は。必ずや或る他の未見の地に於て。汪洋として明鏡を湛ふるの滄溟ともなるべく。此滄溟こそ此の水神の當さに降り棲むべき世界ならめと考へ。此幾千萬斛無量の水は今方さに其水神宮の建設に必要なる材料として運び去らるかの如き想像より。ブットラの再現即ち彌勒《ミロク》出世の時代を書き。メシヤ王國出現を思ひ浮びたるなり。故に彌勒《ミロク》といひ。メシヤといふも。皆同語の異譯にして。根本は地名なり。地名の化して神名となる者。齊しく天然崇拜より出づ。猶婆羅門の神、不動明王。其本稱をクリカラといふは。崑崙山上の一大湖の名にして。左右の脇立セイタカ童子コンガラ童子は並びに其湖水より流れ出づる川名なるが如し。クリカラとは大火といふ義なり。不動明王の紅炎を負へるは其湖水の噴火坑たりし時代の姿なり。クリは大なり。別語にてマハといふ。之にカラを添へたる者。即ち喇嘛教にいふマハカラなり。カラ後にはクロの義となりて。弘法は之を大黒と譯せり。黒の字元里に从ひ火に从ふ。全く緣なきにはあらず。マハカラの轉マグロとなり。マグロの轉メグロとなりたるは今**目黑不動**として東京府下の郡部に在るはソレ也。メグロとは不動尊といふこと也。此の原語クリカラは大火の義よりしてアタタカといふ義の阿《ア》耨《ノク》達《タ》池の稱あり。此の時代は大火坑化して温泉となりたる也。耨《ノク》達《タ》はヌクトイ(曖)の日本語と同じく。又曖字の乃管《タイクワン》切と同じ。之に阿を加ふれば阿《ア》タクタイ也。奴《ヌ》の音はトと響くに由る也。アタクタイはアタタカ也。梵語にても耨達《ヌクタ》は熱なり而かも阿は其不定冠詞たるに氣附かず。凡て阿の字を以て無の義に譯出せるは唐時代の誤譯にして。終には温泉と反對なる無熱池といふ名を蒙らせたり而も此誤譯の正譯と受取られたるは。温泉の熱漸く減退して。いつしか全くの無熱池となりたるから也。然れども紅炎を背にしてツッタチたる不動明王假托の當時は其水沸騰して煮るか如くなりしより。之れをニルパッと呼びたり。パッはピヅ也。ミヅ也。ニルは煮るなり。ニル轉じてナラとなりたる者は。大陽の義也。不動の本地を大日如來といふは之れに基く也ニルパッの語ナラパチとなりたるは。喇嘛教より不動を呼ぶ名にして。ナラパチのパの略せられたる者。ナリタ又はナルトウ又はナルタキ等孰れも不動尊安置の地名となりたる者は。我國に現存す。故にナリタとは又不動尊といふこと也。獨りメグロ及びナリタの不動たるのみならず。オトバといへば。**觀世音**のこと也。斯くの如きは一々枚擧に遑あらず。今はたゞブラフマプットラの彌勒及びメシヤとなりたる一例として讀者の參考に資するまでに不動明王もセイタカ童子もコンガラ童子も皆天然崇拜の觀念より地名の化して神名となりたるを證し得ば足れりとせん。此地名を化して神名とせる初めは。バラモンなり。バラモンは。ブラフマといふことにて。取りも直さず今のブラフマブツタラが其本家本元なるを思へば。ゆくりなくも萬水一源に歸して。天上の月も亦水を掬べる手の中にあるの觀あるに非ずや。

◎寒暑冷暖有無とおでんの研究(十八)

▲佛耶素是同根

――山は現在、水は未來――表は天狗、裏はオカメ――佛のノンベンクラリ、耶蘇のセツカチ――媒人は婆羅門及印度教――キリストとは山の名――メシヤ菩薩、キリストと摩訶薩陀――大工の子の肩書の由來

山と水とを以て時間の代表的意味を語らしめば。山は現在なり。水は未來なり。山は見た通りの儘なれ共。水は流れて行く末の案じらるゝものなり。宜なり。ブラフマブツトラの水より。彌勒の出世、メシヤ王國の出現を想像し來

たれるや。而かも佛教は此れを五十六億七千萬年の後に期し。耶蘇教はヨハネの後を承け繼いで。イエス直ちに之を靈界の一部解釋に應用するまで濟ぎつけたり。一は悠々として禪定に入り。以て五十六億七千萬年の後を待たんとし。一は役々として郊野に走り。天國は近づけり。悔ひ改めよと絶叫し。今にもメシヤ王國に手の屆きそうなる聲を出すなり。一箇突鼻の假面。表より之を見れば天狗なれども。裏から見ればオカメよりも猶中凹たるを免れざる如く。五十六億七千萬年も刻下に迫れるメシヤ王國の建設も。達觀すれば一枚の楯の內外に過ず。遠くて近きもの獨り淸女がものせし男女の間のみかは。佛教も耶教も齊しく同一根本に出づ。但だ之を觀ること遠き者は。ユックリと構へ込み。之を觀ること近き者は。言急にして色促れり。兩者が黃金時代出現に對する見取圖の縮寫とヒキハベとは。やがて佛教徒のハンベンハクラリとなり。耶蘇教徒のセッカチとなりたる也。而かも耶蘇教にして末日審判を說けば。佛教も兜率往生には。內院外院の別ありて。彌勒出世までは待命中の沙汰に甘んせざるべからざる規定あり。兩者の一致實に此點に及べり而かも此兩者の卵となり。搖籃となり。保姆となり。媒人となりたる者は。婆羅門及び其れと來歷を同うせる印度敎に在ることを忘るべからず。印度の土人はブラフマプッタラの古名サンダラを尊崇せる時代の記憶中。雪山より落ち來りて其水面に吹き起る暴風の威力無限なるを想ひ出し。之をサンダラシヴラと名づけて神とせり。サンダラのサンは大陽なり。ダラは大水なり。シヴラとは風の荒れること也。即ち日の大河の暴風といふこと也。シヴラの略シヴとなる。漢字に之を濕婆《シバ》と寫せり。然るに吠陀《ベェダ》には此のブラフマプットラの水面一波起らず。長閑なる天日の影を宿せる時の名稱。ビルシャナラの略毘濕拏《ビシヌ》あり。ビルシャは大陽也。ナラは大水なり。矢張り日ノ大河といふこと也。日ノ大河は之をブラフマゴッタラといふ。其ブラフムを漢譯せるものが梵《ブラーマ》なり。故に梵天《ブラーマ》と毘濕拏《ビシヌ》と濕婆《シバ》とは先天的三位一體なり。あとからコヂつけしものに非ず。却て後になる程其名稱の異に迷ふて其實體の同を忘れたるやの傾きあり。去れど研究しもてゆけば。俱に天然崇拜の同一觀念より同一地點を呼ぶに各樣の名を以てせることが。人種の移動、民族の變遷に伴ふて。次第〳〵に相違ざかりゆきし痕跡を探し出すを難しとせず。ビルシヤナ」は佛教にては之を大日如來としたるが。耶蘇教にては其川上の一山名をとりて。キリストてふ名とせり。キリストとは疑もなく。シバ教の神のまします山の名なり。此シバ教の神は。今に猶プラフマプツタラの上流。カイラス山上に在りとなせり。即ちカイラスの山名が神格化したる者を。キリスナといふ。キリスナのナ音がト音と轉じたるがキリストてふ希臘語なり。乃尼奴泥納の五字がナイ、ニー、ヌー、ネー、ノーと讀み得らるゝと同時に。一面又ダイ、ヂーヅウ、デイ、トウと讀み得らるゝが如く。那行と多行は相通音なり。故に萬葉假名にて。基理思納《キリシナ》と書きて。之れに基理思納《キリスト》とルビを施すも。一點非難の容るべき地なり。此キリスナ即ちキリストといふ語は。シバ教にては。人格具體の名詞となりたれども。根本は法王といふこと也。开をヘプリウにては。メシヤといへり。メシヤは梵語の菩薩《ボサー》の義と同じ。菩はボとよむと同時に。モと讀み得らるゝこと。慕の字のボとモと兩音兼帶せるが如し。故にボサーは即ちモサー也。モサーは即ちメシヤなり。之を希臘譯としてキリストといへり。キリは大の義也。ストは梵語にて薩陀《サタ》なり。キリストとは大薩陀なり故に此のメシヤの義とキリストの義を一連詞としたる者を求むれば。所謂菩《メ》薩摩訶薩陀《シヤキリスト》也。之をボサツマカサツといふ。其上一半を傳へたるがヘブリウ語のメシヤにして。下一半を傳へたるが希臘語のキリスト也。上下倶に有する者は佛教也。而かも此佛教的傾向を猶太に輸入せるは。エッセネの徒也。エッセ子はビエッセネ即ち毘濕拏《ビエシヌ》の轉なり。彼等はカイラス山の一名カンリンポチエに。天の義アポを冠して。アポカンリプといふを其聖典の名とし。其カイラス山の下なる靈湖マナサロワールを以て「マナ」の壺と言ひ傳へ。其徒の祖先が。ブラフマフットラ河邊にて。共同飲食の生活を營み。倶に一河に沐浴せしを傳へて。矢張りバテブスマ即ちバプテイスマに重きを置きたり。此教義より換骨奪體的に一派を唱へ出せるが。バプテイスマのヨハネ是れ也而してヨハネのバプテイスマを受けて。それよりも更らに一生面を開拓せるが。ナザレのイエス其人也。斯くてヘブリウにメシヤと傳へられ。希臘にキリストと呼ばれたる西藏傳來の大尊稱詞は此大工の子の肩書きとして惜氣もなく與へられたり。彼果して之を要求する權利ありや否や。

◎寒暑冷暖有無とおでんの研究(十九)

▲耶蘇は博士の落胤

マリヤは水神奉侍の處女——マリは掬水の革嚢——法王が肉慾放恣の具——宗敎心と處女の犧牲——私に洞房に入るはアホン殿——白箭の征矢の出來——忍ふ名を書く二寸釘——妻たる道の實地敎授——回々を約すればヒヒ

イエスを大工の子といふと雖も。其實は東方の博士の落胤なり。博士は恐らく優波尼沙士《ユパニサド》の非二元主義に養成せられたる印度婆羅門族ならむ。此族ブラフマブツタラの水神崇拜より起りて。其水神に奉侍せしめる爲に處女を要求す。此處女は即ちマリヤと呼ばるゝを通稱とす。蒙古にてウリヤンマリヤンといふ詞の。マリヤンとは。五彩にして美なる圓體をいふ。日本語の鞠《マリ》と同じ。而して鞠《マリ》とは鞠ー卅十卌＝蕊の式の示す如く。水を掬するに革袋を以てせる時代の遺稱にして。其實は水の名詞ムル、マリより來る。後此掬水の革袋はマリヤの處女の玩具として應用され。金器之に代はりたれども名稱は依然マリと呼べること。金椀をカナマリと呼べるにて明かなり。蒙古語のマリヤンとは掬水の革袋が縫合されて。女子の玩具と變形せる後の意義なり。而かも水と女子との緣を離れず。佛滅後熱心なる佛教宣傳の天子として聞えたる印度アシユカ王の始祖チャンドラクブタの名稱が藏晋達賴《ツヤンブダライ》(ブラフム河)の名稱に應じ。其王統の名を摩利耶《マリヤ》と呼ばれつるに照せばアシユカ王も亦此の水神に事へたる家柄なることを察し得べし。斯くて祖先傳來の宗教的遺傳性はアシユカ王に至りて遺憾なく發揮されたる如く。イエスの母マリヤも亦宗教家を出すべき家柄の名を冠せり。彼の名は恐らくアシユカ王統の名と同じく實に水神に事ふる名稱に起源せるものなるべし。而して一面キリストの名の出所となれるキリシナ教には。此派の法王女裝して以て神に事ふることあるは既にいへる處なるが。此派の婦人たる者も亦キリシナの代表者たる法王に親近すれば。自己並に自己の家族に必然幸福の授けらるべきものと信じ。敬虔の意味に於て。謹んで法王の**肉慾放恣の具**となるを榮譽とするの風あり。イエスの母マリヤにして毘濕拏《ビエシヌ》派の轉エッセネの大僧正たる博士と通ずるは。其當時に在りては亂行にあらずして。寧ろ信仰の極なりと解せられたるならむ。或は曰はん毘濕拏《ビシュヌ》派の轉エッセネ派は極端なる禁慾派なり何ぞ女犯を敢てせんやと。是一面の觀察なり。然れ共宗教的の迷信よりして女犯を慾情と見做さざるのみならず。却て神に事ふる最捷徑となすこと。喇嘛舊教の如く。眞言立川派の如く。又モルモン宗の如くならしめば如何。若し猶之を疑ふものあらば敬虔の宗教心と。處女の犧牲とが兩立せる一例を示すべし。而かも其例たるや。回々部屬中に於ては安集延《アチュエン》と倶に。尤も猶太種に近き克什米爾《クシメル》に於て之を見る。西域聞見錄に曰く克什米爾ハ回子ノ一大國也(中略)其人深目高鼻黃睛ニシテ鬚多シ。衣ハ圓領窄袖ナリ(今ノ洋服ノ通リ)髮辮無シ(今ノ散髮ナリ)飲食尤モ禁忌多ク禮拜尤モ虔ム(中略)俗宴會ヲ尙ビ歌舞ヲ喜ブ。婦ヲ娶リテ花燭ノ夕。輙チ先ヅ物有リテ洞房ニ入ル新婦輙チ昏瞀シ其淫汚ンテ而シテ去ルヲ聽ス。亦何物タルヲ知ラズ古ヨリ今ニ至リテ萬千爽ハズ云々と。門外漢なる聞見錄の著者は。之を回々に尋ねて秘密を採り得ざりしも。此物有り洞房に入るとは回々の博士アホン殿なり。我國古諺にも處女を人身御供に獻する前。白箭の征矢が家の棟に立つとは。古くより言ひ傳ふる處。而かも此白箭の征矢の由來は。全く回々の舊敎式より出でたり。回々中の或る一派にては。結婚前男子が思ふ女の名を紙に書きつけ。之を長さ二寸の釘に結びつけ。會堂の壁間につきたて置くと。會堂の博士アホン殿は。之を其宛名の女に告ぐ。女にして合意ならば。自ら其釘を拔き取る。是れ承諾の證なり。若し不承諾ならば。其矢百千に至ると雖も之を拔きとることなし。而して幸にして拔きとらるゝあるも。其女は先づ其博士アホン殿によりて。人に**妻**たる**道**の**實地敎授**を賜はりたる後に非れば。受取るべからず。是れ即ち人身御供の意味也。其人身御供は回々に在り。故に面貌と性情と尤も此アホンに類似せる獸を求めて。之にフイ〳〵の約ヒヒの名を附したる也。古歌にある千束朽ぬるてふ錦木《ニシキヽ》の艶書の代りに用ゐられたるは。此二《ニ》寸釘《スンクギ》の名稱の美化されたること。猶クサウブ(楔子)に用ひし鐵釘の九寸五分《クスウブ》として。短劍の寸法となりしと逆取順守の轉換也。

◎寒暑冷暖有無とおでんの研究(二十)

▲竹取の翁とは何者ぞ

――カシマヽカトリは祭壇の義――第一夜の先娶權――カトリク教と竹取の翁萬葉集の典據――翁は毫毛男の意に非らず――丹塗りの箭と猸々の朱面――翁呼びの月――マヽコトの解――燕は變なり――西洋の夜會――勝手なる橘千蔭――吾人の比較研究と學界の前途

回子中に此人身御供の現存せる克什米爾《クシメル》は。什克《クシ》に於て巴什克《バクシ》の巴《ハ》音を略し。米爾《メル》に於て。米爾耶《メルヤ》の耶音を略したれ共。之を復原すれば。博士と而して摩利耶《メリヤ》といふことなり。而して此のクシミラの約カシマとなり。之にカトリを加へて。カシマカトリとすれば。梵語にては。祭壇の壇の義となる。壇とは犧牲の供せらるゝ所なり。人身御供は犧牲の大なる者也。余之を洋行歸りの某老儒に聞く。ローマンカトリク教にても。或る時代に於ては僧正若くは地頭が結婚前の處女に對し。**第一夜の先娶權**を有せしことありきと。今此カトリク教のカトリに定冠詞のタを加へてタカトリとして見れば。竹取物語にあらはれたる翁の名となり。カグヤてふ室女との對照面白けれど。思ふに此はタカトリの眞意義にあらず。タカトリの眞意義は。必ずや室女に對して回々のアホンと同じ行動を取る意味より來りしもの存在するものあらんと考へ。之を求めて萬葉卷十六有由緣歌中に左の前文あり。曰く

昔有老翁號竹取翁也。此翁季春之月登丘遠望忽値煮羹之九箇女子也。百嬌無儔。花容無止。于時娘子等。呼老翁嗤曰叔父來乎。吹此燭火也。於是翁曰唯唯。漸移徐行著接座上。良久娘等皆含咲相推讓之曰。阿誰呼此翁哉。爾乃竹取翁謝之曰。非慮之外。偶逢神仙。迷惑之心無敢所禁。近狎之罪。希贖以詞即作歌一首短歌

此文中の竹取翁とあるは後竹取物語に襲用されたる名稱の起原なれど。元來は野山に交りて竹を取るから來た號には非ず。即ちカトリク敎のカトリ若くはカシマカトリのカトリど同じく。祭壇に於て犧牲を取り扱ふ職掌也。之を尊稱してヤといふ。ヤは翁なり。其人翁を以て犧牲たるべき女子を撰擇す。支那語にはヤの音を爺にてあらはせり。爺は尊稱詞なり。耄碌叟といふことにはあらず。日本の古事記に丹塗りの箭となりて。其の陰戸を突くとある箭

も是れなり。タングト族の丹彩もて。其顔を塗りたる翁といふことなり。狒々の朱面を思ひ合はすべし。此爺を呼ぶは。季春即ち三月なり。故に三月を爺《ヤ》呼《ヨ》びといふ。普通彌《イヤ》生《オヒ》を以て。ヤヨヒと讀ましむるも眞義に非ず。詩に有女懷春。吉士誘之とある吉《キチ》士《シ》は即ちアクカド族のアカチスの稱。カチスをキチスと書きたる也。此キチスは即ち婆羅門族也。今萬葉の竹取翁も。季春之月に。丘に登りて遠きを望めりといへば。正に爺《ヤ》呼《ヨ》びの行はるべき月なり其所に九人の美女ありて。羹を煑るとは。俗にいふママゴトをして遊べる也ママは水邊の義たること既にいへり。水邊にありて共同飲食をなし。而して一河の流れに同浴することは。ブラフマブタラ以來の規定なり。故にママゴトの俗語は。地方によりては野外飲食の義に使用すると同時に。一面男女慇懃を通ずるの意味をも帶びたり。果然九人の女子は翁を呼べり。曰く叔父來レヨヤ此燭火を吹カシメン也と。此燭火の義古註皆知らず。或は鍋の誤かといふ。何ぞ然らん燭は庭燎《カヽリビ》也。ママゴト暮に及ぶを待ち。庭燎を焚いて夜以て日に繼ぐ。古人燭を把りて遊ぶとは之をいふ也。此ママゴトの酒宴をあらはしたるが。燕の字なり。燕は廿と北と口と灬なり。廿は神なり。口は祭壇なり。北は牡と牝の旁を取りて合成せるものにして。男女なり。灬は火なり即ち庭燎を焚いて。神の祭壇を圍み。男女同遊するが燕也。禮學記に。燕朋ハ其師ニ逆ヒ。燕辟ハ其學ヲ廢スとある。其註に燕は褻なりとあり。蓋し燕其事が直ちに褻には非るも。褻に陥り易きのみ。西洋の夜會は此の燕の發達せる者に外ならず。我國にて之をヨドといふ。ヨドはヨドモの略也。夜の友也。ヨドモ yodom が。yidem となれば。伊甸の切音は燕となる。萬葉には之れを四千《チ》と書きたり。ヨドのこと也。斯くとは夢にも考へず。四《ヨ》千《チ》をば同じ程の子と解し。燭を鍋ならむと言ひ。花容無止《ヤンゴト》のヤンゴトナシを尊嚴の義と解するを知らず。止は比か、匹の誤などゝ。勝手に原文を取扱はんとせるは橘千蔭の萬葉略解なり。其師加茂の眞淵も疎漏多し。吾人が比較研究によりて開拓すべき餘地は。此方面にもあり。學界の前途も亦多忙なる哉。

▲イエス宗の大本山

——嬌羞を帯びて耳の熱するに耐へず——お詫の歌——口説き上手の本色——アカンと同じ職掌——カトとは人の妻女の義——カキッパタとトコナツの花——家橋といふ名と女形——「島がくれゆく船」の歌の眞解——イエスが宗旨の大本山はヒマラヤ山に在り——

九人の美女が。翁を呼びて。此燭火ヲ吹カシメンといへりしは。倶にヨドを樂まんと言ひし謎なり。翁は元其職の男也。唯々として進んで九女に近づけば。九女は孰れも今更らに。嬌羞を帯びて。耳の熱するに耐へず。皆共に咲を含みて相推讓《ヌスクリアヒ》して曰く。誰れが此叔父さんを呼んだのか。呼んだ人から先づ御《こ》對手《あいて》にたつがよいと。斯くして埒のあかざれば。翁大に恐縮がる態を装ひて。ヘイ〳〵恐れ入りました。左樣な神仙のお集りとも辨へず。飛んだ疎忽を働きまして。申譯も御座いません。去らばお詫びに歌を唄ひますからソレで御勘辨を願ひますと。言ふ口上を書いたのが此前文なり。借其本歌に入りて見れば。翁大いに自慢して曰く。嬰兒には嬰兒に對する取扱ひ。幼兒には幼兒に對する取扱ひ。童子には童子に對する取扱ひある如く。年齡に因りて其取扱をソレ〲施し來れる我を。なつかしとて丹因子《ニョレルコ》等《ラ》が(馴れ寄れるの意)四《ヨ》千《チ》(ヨド)の遊びには。蜷髮の黑漆なるを。或は垂れたるもあり。或は束ねたるもあり。或は卷きたるもあり。或は解き亂したるもあり。それ等の童兒がそれそれ似付かはしき色になつき來る服裝は紫の綾の衣に色ずりせるを着たるものあり。狛錦を取りかさね着たるもあり。或は打ち麻をして麻をつむぐ女も。洗濯衣のよりてたかりて打ち栲の木綿の日ざらしを裳にする女も或は又田舍出の下婢のやうな女も。皆人に妻たる道を授からんとて我にぞ來たる大全盛。そのときの我が人氣ありしことは。さしもに遠き所から二枚の綾の足袋を穿ちて。飛《トブ》鳥《トリ》の勢ある飛鳥《アスカ》の朝の風雅男が。雨除けの黑沓きしらせて。是れ見よかしに尋ね寄れるを。其粧ひには目もくれずして。ソコ退《のき》玉へと罵りし程の堅造の女も。我が噂さをほのかにききては。皆我が所に來りしにても知るべし。我が其時の服裝は水色の絹の帶をひきほどきに結びて。韓帶の如く前に垂れ。龍宮の屋根を飛び翔けるといふ螺贏にも似たらん細腰を取り飾り。明鏡に對して容儀をつくろふ程に。春の野を歩すれば。春禽我が爲に宛囀し。秋の山に上れば秋雲我爲に停回す。其一度大道をねりあるくや官女も舍人も顧盼して以て我を送迎せぬ者なし。斯く諸人に尊重されたる我も。恥しや今日は姫たちになぶらるゝ身となりはてぬ。されど人誰れか老いざらむ。老いを見棄てんものは其身も亦老いて棄てられん。古への賢人も老人を棄てに行きし車を持ちかへりたる例しあり。へヘンあまり馬鹿にしてはすみますまいゾとの大氣焔。さすがに能く剛に能く柔に。賺しつ嚇しつ口説き上手の本色をあらはし得たりと謂ひつべし。此に於て九女も。かたの如く此翁の洗禮を受くることゝなりたる也。其返歌の九首は。孰れも此翁に一身を任すべきを言はざるは無し。是豈回回のアホンと同じ意味に於ける職掌に非ずと云を得むや。此場合に於けるタカトリは即ちカトリの義也。カトリの根本的意義はカトに在り。カトとは哈屯《カトン》と書く。蒙古語にては人の妻女なり我國にては北のカタ或は奥カタ或は藤のカタ萩のカタといふカタと同じ。下《シモ》毛野といふ男の妻女が。其夫に代りて戰ひたる時。下毛野の夫人《カタナ》と書きたる文字が。後には御亭主の名前となり。之を形名《カタナ》と呼びたるも可笑し。其カタの前身はカキツより來る。カキツとは喀支司《カヤツ》とも書く。中央亞細亞の語にもあり。印度にては cakta の語を以て女神派といふ意味に用ゐたり。cakta は即ちカキツ也。室女をいふ。威力cakta の語より來れりとなすは。前後を取り違へたる誤解なり。我國にてカキツバタといふ花の名は。室女花といふ義なり此花の形は  にして。左右の兩瓣は兩鬢なり。抽出せる兩瓣は。其堆髻なり。中間の一瓣は其貌に擬せらる。此の花のカキツを以て呼ばるゝは。猶撫し子のトコナツと呼ばるゝが如し。トコナは小娘の義也。其の花の形小娘の髮の如きによる也。カキツを家橘と書きて。女カタの俳優名とせるも。命名者は出所を心得居たるや否や。兎に角此カキツより轉じてカグヤとなりたるが竹取物語のソレ也。カヾヒとなりたるは〻歌垣のこと也。島ガクレのガクレとなりたるは。島にて歌垣のママゴト遊びをしたる時の遊戲の名なり人丸の歌の「島がくれ」ゆく船をしぞ思ふの眞解は。何人も曾て道破せる者なし何ぞカトリのカトリクと關係あるに思ひ及ぶものあらんや。カトリク教に現はれたる人身御供は。バイブルのマリア當時旣に行れつゝありし也。否斯くの如きは古代程眞面目に盛大に實行さるゝを思へば。マリヤが東方の博士によりて。祭壇の犧牲に上りしことあるも復た何ぞ怪むを用ゐんや。此儀一たび明かになれば其東方の博士がエッセネ派たりしと否とは必ずしも深く詮索に及ばずと雖も。毘濕拏《ビエシヌ》のエッセネとなりし徑路を辿れば。イエスが宗旨の大本山は。却てヒマラヤ千古の雪のとけて。流るゝ邊に在りしと知るに足らむ。

◎寒暑暖冷暖有無とおでんの研究(二十二)

▲有の字の發展力

――バイブルとは天命の義――假名とは經文の義――四民平等の神と無階級の稱道――チャンバアレン氏の斷案――膏を塗りて王位に即く――ヒビ、アカギレの豫防――オイル、アブラ、油、皆同音――大阪詞のオマス――黃帝の本國有熊を最古とせざる可らず――此の上いふべき慾望なし――

キリストの名は。キリシナより來れる如く。其聖典バイブルの名稱は。エッセネの徒の奉持せるアポカリンフの轉なるべし。アポは天也。アブガイとなり。アバイとなる。カリンプは命也。プリンと轉ず。アバイフリンプの上略下省は。バイフリンとなる。再轉してバイブルとなるを拒むべからず。譯すれば天命といふこと也。天の命之を福音といふ。此のカリンプはクンルンポチヤより出づ。クンルンポチヤはキリスナの山即ちカイラス山のこと也クンルンは支那にて昆崙と譯す。群仙の府といへり。我國にてはカムロングの轉カムロギとなり。其女性を意味する時には。カムロミを以て呼ばる。ガムロミの轉カリミのmとnとを換轉せる者。即ちカリナといふ假名のことなり。假名とは元來經文の義也。カリナの長く響きたるものを。哥蘭《コーラヌ》といふ。回々の經文なり。カリナがコラヌとなりたるのみ。此コーラヌをカラニとして此カをC音に響かせたるもの。チヤラニより陀羅尼《ダラニ》と轉ず。佛敎に於ける呪文のこと也。而して其經を書く木葉をバイタラといふ。バイタラのタは。バイブルのブが其原音に於て。訶と加の相通より轉換せる也。訶は KA と讀むと同時に。又HAの音あり。加はKAと讀むと同時に又CAの音あり。故にカ音を媒介して。ハの音は又タと轉じ得べし。然ればバイブルもバイタラも其由て來る處は一なりと謂はざるべからず。毘濕拏《ビシヌ》派のキリシナは。千四百八十五年印度ベルゴルに生れたるチャイタヌヤに依りて四民平等の神と言はれたれ共。此無階級の説は佛教の長所を取りたるものなるべし。而して此ギリシナの神の名を肩書きとせるキリストのイエス其人が亦猶太に於て無階級を稱道せるは大に注意すべきことなりとす。チャンバーレーン氏は猶太人種を論じて。猶太人は元來多神教なり。非常なる偶像崇拜者なりとし。基督は猶太人に非ず其教も全く猶太教を否定せりと論じたる由を聞けり。其猶太教を否定せりてふ一事は。一見して直ちに之を知るを得べきも。基督の猶太人に非ずとは如何なる論據に立ちての明言なりやを知らずと雖も。此猶太人に非ずといふの斷案は。余も亦同歸着を得たるを奇とせざるべからず。而して猶太人に非ざれば何種なりやと問はば。余は婆羅門の博士と水神に緣故ある室女によりて誕生したる者なりと明言するに憚からず。キリストの稱號へブリウにては。

之をメシヤといふ。メシヤとは膏を塗りて王位に就きたるものを言ふことゝなり居れど。其の膏を塗るは何國の國風なりやといふ義は闡明せられず。何ぞ計らん膏を塗るは西藏の國風にして。其國世界の屋根つゞきに在りて。空氣乾燥にして寒氣強し。バタを塗らざれば。ヒビアカギレの痛みに耐へず。然れどもバタは生民貴重の常食なり。之を口腹に充たしむる亦容易にあらず何ぞヒヾアカギレの豫防として四支顔面に塗るの餘裕あらんや。其之れあるは實に王者のみ。故に西藏にて波羅門の神と崇められ。我國にて眞言の天部に祭られつゝある象天の如きも。アブラを以て其神像に塗るを最大敬禮となせるを見る。此象天はビシヌ派の陰陽神と同じく。男女相愛の神なるを思へば。ヘブリウ人にメシヤの語を傳へたる者は。亦必ずやビシヌの轉エセネの徒たるに相違あるまじ。而して其アブラてふ語は日本語に存在するのみならず蒙古にもアブラとて我國の言語と同じ意味に用ゐられたり。英語のオイルのオをアとしルをラとし。而して其イのH音に轉ずるの例に照らせばオイルは即ちアブラとなる。支那語の油の字音も。イツをイフとして。兒《ル》を添ふれば。イプルとなる。イプルはアプラ也。肉をイブリてイリあげたるときに得たるものなり。⊕はフエニシヤにても希臘にても拉丁にても火箸の象形とされたり。此火箸とは肉を炙ぶる鐵網なり。今油の字は。⊕に从び水に从ぶ。⊕は火箸の外にハネるもののあるに象り。其縱線を抽き出せるなり。而して之を塗るを最高敬禮とせる習慣より轉じて。最高神名に之を用たるは。ベルシヤのアプラ神なり。印度にては。アビラウンケンの呪語となり。我國にても相撲の大山を呼ぶにアプリ神を以てせり。而して此等の神を祭る爲に。肉を串ざしにせる形が有の字也。有の古文ナはエプレを象形とせる者なりとは。有字解剖の節既に之を述べ置きたり。バプテイスマよりマリヤに及び。マリヤよりキリストに及び。キリストより油に及び。油より有に及びて。筆路再び故關に入る。开が大迂回の乘用としては。殆んど萬有を虐使せるの觀あり。有字の發展力も亦スバラシキものなるかな。有はエブレなり。轉じてアムとなる。△日は是也。△日はオマスとなる。大阪詞のソレ也。オマスは○日となる。マンドクヤは此○日を以て。萬有の有字と同一に説明して曰く。

オーム〇日、其は不死なり。其開展は一切なり有りし者なり。有る者なり。有らん者なり。實に一切は〇日なり云々

と支那史上の有唐。有虞。有夏。有殷等の有字は。中央亞細亞に於けるアベルと同じく。我國の神代に於けるアマノと同じく。蒙古に於けるオムニと同じく。印度に於けるナムと同じく。一切の祖たる意味に於ける一種の美稱なり。而して此美稱を有する支那史上の國としては。黄帝の本國有熊を以て其最古とせざるべからず。有字の解此に達すれば。余が黄帝とアブラハムとの關係を論せる中間に。此篇外寄篇を草せる所以の必要は充たされたり。有字に就ては此上いふべき慾望なし。去らば無の字に引き移るべし。請ふ看よ。趙州の無字如何んか拈出し來らん。

◎寒暑冷暖有無とおでんの研究(二十三)

▲無の字の解剖

パンの起源──餅をおカチンといふ譯──牡丹餅の字訓穀食の開山──宍戸の姓支那の官民を虐殺す──宍にシシの訓あるは何故か──肉刀を揮ふて解剖を試み

む△

の字はノの呂と。一のOと。サの假名が二つありて。フとイとイとヒより成るを見るべし。即ち之を連讀すれば。フイヒイササナエとなるなり。フイヒイは日本語のイヒと同じく。飯のこと也。飯字はフワンの音あり。ワ音は。ハ音と相通なるによりて。フワはフハと同じく。フハはフヒと同じき也。フヒのフ音をイにて押へたるが。無字の中フイヒイ也其頭字のFの省略されたるものが。イヒイとなりて。日本語のイヒとなれり此イヒは蒙古語にては。動詞イデ(食スル)の語根となれり。然るに其フワンを約して。ハンとし。之を半濁音のパンと響かせたるが。ホルトガル語のパンなり。近來流行る露西亜パンパンも。其語源は此に在り。此パンに者の義たるチの轉タを添へたるが。パンタにして。パンタより轉せし者蒙古語にてはバタといへば。食の惣名となり。西洋にては。食用の脂肪 Butter の名となれり。此バタの濁音馬多《バタ》をマタと清音に呼びかへ。マタより轉じて。モチとせる者は。我國の餅の字訓なり。餅を俗におカチンと呼ぶは。おカタイヒにし

て。即ち堅飯《カタイヒ》の義なり。モチてふ語も古くは。食の惣名なりしこと。伊勢の外宮の御神名保食神《ウケモチノカミ》とある食《モチ》字の傍訓にても思ひ合すべし。モチの濁音ボチより轉じて。ボタとなりしものは俗語の牡丹餅なり。牡丹の花に似たると云ふは。後世美化せる修辭的解釋に過ぎずして。本義は飯《ボタ》で拵へた餅といふことなり。此種の或物をオハンギ餅と呼べるはお飯餅《ハングモチ》といふことなり。去ればフハンもパンも。パンもハンギもボタもモチもバタも。互に離るべからざる關係あること。之れにて明らかなるべし。而して其フイヒイの本義は。稗《ヒヒ》の名稱に出でたるものに非るか。稗字は字音傍卦《パンケイ》切パンケイなり。蒙古のモンゴルバタのモンゴルも。此のパンケーと同義なるべし。マンゴルは小の義也。今蒙古爾《モンゴル》の義に兼用されたり。パンケイは切音ピイとなる。之に荑字を冠らせたる者。ヰピイは即ちイヒの日本語と相接近す。孟子に苟爲二不熟一不レ如二荑稗一とある荑稗《イヒ》是也。孟子の時代には。他に五穀の中分なき者出來たる爲め荑稗《イヒ》は輕侮されたれ共太古遊牧時代の民が。穀食の味を覺え初めしは。沙漠附近にても。自然に生育せる此草實を以て御開山の位に推さゞるべからず。今にても蒙古にては。肉のソップに。牛乳と茶とを混じ。之れに稗と同種のモンゴルバタを和して。日本の茶粥の如きを出すは。極めて御馳走の場合に限られたり。此稗の貴重せられしは。遊牧時代にして。之れが飯となり。餌となりしものなるが故に。フイヒイの轉イヒとなり。ヒイの略餌《エ》の語となりしものなるべし。次に無字中のササはシシの語を第一の音に通はせたるなり。シシとは肉のこととなり。日本にては。古くは大概宍の字を書けり。宍は肉の古字にて。ウに从ひ。六に从ふ。六とは六骸をいふなり。ウは其骸骨を包むこと。屋の柱梁を包む如きをいふ。即ち六骸の外被といふ義なり。人の姓として宍戸あり。或る支那通の曰く。宍戸《シシド》の宍は屍の字と同じく。支那にては女陰のこととなり。故に日本の某官人が。支那にて宍戸《シシド》姓を名乗りたるとき。大に彼國の上下を驚殺せしめたる事あり云々。此談載せて近刊の某雑誌に見えたれ共。此宍と屍と同字との話は受取れぬ話なり。之を同字と言はゞ。其の支那人は無學なり。それを信じたる其支那通は猶無學なり。毬の字こそ。屍と同義には用ゐらるれ。宍の字には。左樣の義毛頭無きなり。集韻に曰く。

肉古作レ宍と。通雅には。本作レ宍とあり。六の頭に一あるは。血を加へたるなり。淮南子原道訓に。欲レ宍之心亡ケレバ二於中一則チ饑虎モ可レ尾とは此の肉體を愛惜する心が。中に無いときは。饑ゑたる虎の尾にもさはれるといふことにて。矢張り肉の字の處に用ゐてあるを見るべし。此肉の代用宍の字に。何故にシシの訓あるか。肉刀を揮ふて解剖を試みん。

◎寒暑冷暖有無とおでんの研究(二十四)

▲宍の字の詮議

宍の訓シヽは血食の略――賄の語源――日本の味噌は蒙古の牛乳――豆の字は肉を盛る器――アヅキを肉の代用――稲實をコメといふ譯――粟は甲米――イネは伊摯の轉――稲荷大明神の社――食は喫ひ嚙むの合成――チヤブヤの起源――根本は一語の轉のみ

宍を訓してシシとよむは。血食《シユエシー》の略ならむ。肉は蒙古語にてマハなり。マハの約マとなり。マの轉ミとなりしもの。日本語にて魚の肉《ミ》鳥の肉《ミ》といふミの語となりたるなり。而かもマハのハは。元カの轉より來る故に。肉を扱ふ部屬をマカナベといふ。即ち肉《マカ》之《ノ》部《ベ》なり。今マカナヒとなれり。日本語にて味噌といふも。蒙古にて。マカスのこと也。マカは肉也。スは蘇なり。牛乳をいふ。延喜式に献蘇とあるは。牛乳を奉りしことなり。此蘇《ス》に肉《マハ》をタヽキたるものを混じ。醱酵させたるが。マハスなり。マハスの略ミソとなりたるもの。我國にては味噌の字を充てゝ。其製法今に傳はれども。蒙古にてはミソてふ語は。學識ある喇嘛僧が經典によりて之を知得するのみにて。一般には殆んど忘れられたり。我國にては今肉の代りに豆を用ゐたり。即ち肉食時代より穀食に移りたる後も。猶肉食當時の名稱を襲用せるものなり。其證據は。ミソ製造に用ゆる豆の字は。元祖豆の豆の字にして。形の肉を盛る器なり。其器に最初は肉を盛りしが。穀食時代に移りて。肉の得易からざるに及び。之に代ゆるに肉の色に似たる赤色の豆《マメ》即ちアヅキを盛りたるが轉化の由來にして肉を盛る器は。やがて肉の義に轉せずして。肉の代用に供せられたる穀類の一の名となれり。之をマメといふは蔓米《マンミー》なり。蔓《マン》は支那語にして。日本語にあらずといふものあらむも。蔓の音は。莫半《マクハン》切なれば。日本語の卷延《マクハフ》と同じき也。米はミなり。實《ミ》の義なり。獨り稻實をいふのみにあらず稻實をコメといふは。穀《コ》米《ミー》なり。カラあるミ也《リ》。稷《キビ》は黃米《キミ》なり。ビの清音はミなり。徐曰ク本草ヲ按ズルニ。稷は即ち穄。一名ハ粢ナリ。楚人之レヲ稷ト謂ヒ。關中之ヲ糜ト謂フ。其米ヲ黃米ト爲スと。稷をキビと訓することの黃米より來るを知るべし。粟は甲米《カーベ》なり。カの轉はアなり。アベ即ちアバとなる。アバの訓は之より生ず。韻會小補に曰く。粟は陸種ノ首タリ。米ノ甲アル者。と以て甲米の本義を知るべし。此等のものは。根源を伊犁のウルムチに發して。後ち四方に傳はれり。米の名にウルチとあるは。ウルムチの地名を冠せる也。其稻をイネといふも。イリ(伊犁)の轉イニとなり。イニの轉イネとなりたる也。此稻に關する名稱は。ラリルレロがナニヌネノとなり。ナニヌネノがラリルレロとなり居ること。猶ほ熊本詞にてラリルレロとダヂヅデドと交換されて通用するが如し。故にイナニ(稻荷)と書きて。イナリと讀ませたり。其稻荷の大明神は。秦氏傳來の神にして。秦氏はアラシヤム蒙古に居住以前伊犁のウルムチに居たる人種なり。ウルムチは又紅廟ともいふ。

今猶赤塗のお宮あり。稲荷の社が赤く塗らるゝは。其本を忘れざるなり。此稲荷によりて傳播されたる五穀及び肉類も凡て口にする者は食《ショク》といふ。ショクはスイクフなり。吸《ス》フと噛ムとの合成なり。スイクフが漢音にてはショクとなり。唐音にてはシの一字に縮めたり。我が國にても稲をシネといふは。シイネの略なり。粢をシトギと云は食次《シツギ》なり。食《ショク》を南清音にてはチヤといふチヤパーとは。食飯のことなり。チヤパーの轉タパーとなれば。我國の夕べルの夕べと相近づき來るを見べし。タブのチヤブとなりたるものは。横濱あたりのチヤブヤの名稱が一番近き例なるべし。此チヤはC音なり。故にシと響く一面には。チの音をも帶たり。然り此チはシと通ず。故にシの音に血の義シユエを加へたるがシユエシなり。シユエシの縮りたるが。シシなり。シシとは。宍の訓にして。肉のことなり。血食の訓が肉字に嫁せられたるのみ廟字に奉祠さるゝことを。百年血食スなどゝいふは。いつまでも犠牲の肉を供して祭らるゝといふ義なり。斯く言へば血をシユエといふは。支那語にして日本語に非ずと言はんも。支那語の血の字音シユエは日本語の鹽の義と同じく。其味の鹹を帶びたるより來る。故に日本語にては之を續けてチシホといへり。此チも又C音なればチともシともケとも響くなり。血の字漢音にてケツといふは。C音に含まれたるケの音のあらはれたるなり。唐音之をスヱといふは。C音に含まれたるシ音のあらはれたるなり。日本語單にチと呼ぶはC音に含まれたるチ音のあらはれたるなり。根本は一語の轉のみ。

◎寒暑冷暖有無とおでんの研究(二十五)

▲善惡を知るの樹とは羊のと

無の字は食物の一個も存在せざる形——口腹の要求が動機——星も菫も御存知なし——エデンの園の樹は羊なり——天の浮橋の眞義——瀝靑の滑稽——善の字の解剖——春日の神鹿——肉食を禁ぜし意——奇怪至極と謂はざるを得ず——

無の字は肉の義たるシシも。飯の義たるイヒも俱に存在せざる意味より來るが故に。フイヒイサナヱの八音字を合成して。一個の結晶體としたるなり。無の反對の有は。食物を貫く串の形に象り。今又有の反對無の字は。食物の一個も存在せざるを形はすとすれば。人間の言語に有無の觀念の先づ喚び起されたる動機は。營養の基礎たる口腹の要求を充たすと否とに在りしこと、明らかなり。古人色食は性ナリといへど。呱々一聲直ちに母の乳房を探るも。此時未だ星もスミレも御存知なし。去れば順序からいへば。色食に非ずして。食色なり。宜なるかな。バイブルにも。エホバ未だアダムが戀の相手たるイブを造らざる以前に。先づ『エデンの東に園を設けて。其の造りし人を其處に置き。觀るにうるはしく。食ふに善き各種の樹を土地より生せしめ』たるを記せり。其園中の生命の樹及び善惡を知るの樹とは。羊のことなり。營養の養の字も羊に从ひ。善惡の善の字も羊に从へり。羊の乳にて生命を養ひ。其判斷にて善惡を知る。皐陶座して羊に事ふとは。惡心あるもの眼に恐怖の色浮べるを感知し。羊其角を以て觸るを標準として其判斷を畏敬せるをいふ也。此は動物の性。人の恐怖に乘ずるなり。犬も猿も皆然り。之を樹といへるは。言語の轉化に由れる誤傳のみ。我國の古事記にても海の義たるアマが天の義に轉じ。艇《ハシケ》の義たるハシが。橋の義となりて。海《アマ》の浮艇《ウキハシケ》は。天の浮橋と傳へられたるが如く。支那にてもチャンを譯せる青羊《チンヤン》を。瀝青《チャン》の音字に充てたりとは知らず。松の木から油が落ちて。土中に入りて。青い羊となる解したる滑稽あり。古典には此種の誤謬殊に多し。ウカ、と輕信すべからず。バイブルにて善惡を知る樹と書きたるを。竹書註には。黃帝紀に有屈軼之草生《ズ》于庭《ニ》佞人入《レバ》朝《ニ》則草指《ス》之《ヲ》。是以《テ》佞人不敢《テ》進《マ》とて忠と佞とを知る草としてあり。此草の名屈軼をクチッとして。クは蒙古語の例により加波兩行の轉換律に照せばフとなる。フチッは日本語のヒッジと同じ。日本語のヒッジを十二支に推せば。未の字に該當す。未は別訓イマダなり。而してイマダとは蒙古語の羊の義イマを含みたり。去れば十二支の文字も。根本は彼此相通點を認めてアテはめたるものに相違なし。善の字は羊に从ひ。サに从ひ。ロに从ふ。サはの如く。角と耳とを具へし羊の顔なり。口は()なり。前足を屈めてなつき來るの象なり。之を味の方面より解釋するは舊式なり。左れは善の字に近き名詞たる義の字の如きも。亦羊に从ひ我に从ふなり。羊は乳を以て人を養ひ其動物性直覺の靈能を以て。人の善惡義不義を識別するより。之を神聖視したる時代あり。終に其骨を燒いて之に吉凶を問ふに至る。是れト部《ウラベ》の姓の起る所以なり。我國にては羊早く跡を絶ちたる爲め。羊に代ゆるに鹿を以てせり。**春日の神鹿**が。人以上に厚遇されたるも。太古の羊を神聖視したる遺風なり。之より推してエデンの當時に遡れば。其いかに靈物視されたるか。想ひやらるゝに非ずや。此故にエホバは。園の各種の樹の果は。汝意のまゝに食ふことを得。されど善惡を知る樹は(羊の事也)其の果を食ふべからず。汝之を食ふの日には。必ず死ぬべければなりといへり。是人に菜食及び菓食をすゝめしも。肉食を禁じたる意なり。幵は肉を供給する家畜類は。獨り羊のみならず。十二支ソレ〳〵各人種のトテムとして崇拜せられたるは。藥師の十二神將に十二支の配當されたるにても知るべく。若し之を食ふ時は。其罰として必ず死するものとせるに由る也。實はヒマラヤ山脈及びそれと伯仲位の高山を越ゆるとき。肉食者は血行に異常を來し。中途斃死するは。今日にても猶然り。此斃死の原因を以て。肉食の罰なりとせるが。太古の單純なる考へなりしなり。佛敎の禁肉主義も。釋迦が雪山修行の實驗に殺生戒を加怪至極と謂はざるを得むや。

●寒暑冷暖有無とおでんの研究(二十六)

▲創世紀中の大問題

——神の禁ぜる肉色——ワンパク、オチヤツピイ時代——寢よけの肌、眉の笑まひ——人の蚤と異る點——無花果と優曇華——フンドシの起源——越中褌の元祖は日本に非ず——裏店式のアラヒザラヒな調子——

バイブルの創世紀にて。第一に起れる大問題は、此口腹の要求を充たすに。神の禁ぜる肉食を取りしこと是なり。一たび肉食すれば。血氣旺盛となりて情慾の火も亦燃え易し。アダムもイブも。裸體にも愧ぢざりし無邪氣なるワンパク、オチヤッピー時代を經過して。『汝の目開らけ汝等神の如くなりて善惡を知るに至る』とヘビの敎へしことの如く。果して其目開らけたり。開けし其目には。イブが若草の寢よげに見ゆる肌のうるはしきも。アダムが誘ふ水とも流る丶眉の笑まひも映じたり。女はアナイニエイヤ。エヽオトコを得タヨと喜びしならむ。男もアナイニエイヤ、エヽオンナヲ得タヨと欣びしは必定なり歡びの次は恥かしなり。彼等一たび、男女の相を感得せしより。醜と美と善と惡との考へ起れり。醜にして惡種の宿るべき處は蔽はんとし。美にして善根の示さるべき處は。顯はさんとす。人の蚤と異なるや。尻を隱くして天窓を現はせり。彼等其裸體なるを知り。『乃ち無花果樹の葉を以て裳を作れり』とあるは此時期也。喇嘛教にては。無花果樹の葉といふ處に。サンダライの樹の葉といへり。サンダライとはプラフマプタラ即ち日の河の義なり。此河邊の樹の葉なるべし。無花果の訓イチヾクを相通音にすれば。アタタカとなる。アタタカとは矢張り日のこと也。アタタカ再轉してウトナグとなりしもの。即ち佛典中に在る優《ウ》曇《ドナ》華《グ》なり。和漢三才圖繪に涅槃經を引て。佛出世《ノ》難《キ》知《シトハ》優曇花《ノ》。盖譬《シフ》無花果之開レ花。猶白鳥馬角之類。俗《ニ》傳《フ》優曇花者一千年一開レ花。甚《ダ》安談也と曰へるは。半ば解して當れるも。無花果は。隱花植物にして所謂果中に花あるを知らざりしは盡せりといふべからず。殊にイチヾクを一月而熟故名一熟」とはコチツケも甚だし。イチドクのアタタクより來れるは。其漢名に映日果とあるにても知るべく。其の一名阿駔《アッオング》と呼べるは。駔に含める原音子《ツ》黨《タング》切に。阿を加はへて。アッタングといへる聲を疊み込みたるなり。アッタングもアタタカも。イチヂクもサンダライのサンも。或は又ウドナゲのウドナも皆倶に太陽のことなり。去れば喇嘛教にて。サンダライの樹の葉といへるは。バイブルに在るイチヂクと同一物たるや疑ひなし。斯かれば人間に。フンドシの出現せるは。イチヂクを以て其嚆矢とすべし。石膏細工の裸體人形が其局部を蔽へる葉も。正しく此イチヂクの葉を用ゐし遺式ならざらんや此のイチヂクの葉は。五痔の腫痛を治する功能あれば。腰間に佩ぶるには。オアツラヒムキの貴重品と謂はざるべからず。我國にて俗に越中フンドシと呼べるは。或は松平越中守に起れりともいひ。或は越中富山の藥商に起れりともいへど。此制は古くは支那印度の鬼形の褌衣にも存在すれば。之を我が國名にアテハメて。其元祖たらしめんとするは正解にあらず。エッチウは。蓋しエッチグの轉なるべし。エッチグのグはウの音と通ず。五の字のウウと響き。グォとひゃくが如し。エッチグはイチチクなり。即ち無花果《イチヂク》の葉を用ゐたるより此の名起りしものと知るべし。或はいはん無花果の葉は背色淡潤にして膚に宜しく。文理隆明にして目に快きも。其一枚は蓖麻《タウゴマ》に似て。それよりも小なるを奈何せん。之を以て越中フンドシの後より取りて前に垂るに擬せんは無理なりと。然し無理なるが故に一枚とは言ふてなし。バイブルに曰く。乃ち無花果樹の葉を綴りて裳を作れりと。此綴の一字に着眼すべし。古典の研究一句も輕信すべからざると同時に。一句も輕棄すべからざること斯くの如し。偖も人に衣服あることは。裳より始まりとやいはん。其裳も食よりは後れたれば。順序よりいへば。食衣住にして衣食住とは言ひ難し。食は何よりも一番先きなる所以。今も昔もかはりなしとすれば。有無の二字がアスのお米がアルカイ。アスドコロかバンノモナイヨといふ裏店式のアラヒザラヒなる調子から思ひつきたる詞なるは疑ふべからず。無の字の古文に據りて更らに其義を明らかにせんか。

▲無の古文皃及び橆の解

無の字の古文―華表の起源―疎栲柔栲のタヘは食の義―ヒマラヤとは氷室の意―樹枝に肉を掛けて神を祭る―英語treeの語源―古今同一轍―林とは光栄を有する食といふ事―言語轉化の奇―

無の字。古文にては。皃と書く。皃の匕は。食匕なり。几は食卓なり。食卓の上に食匕のみ横はりて。肉も飯も倶に存在せざる義をあらはせるが皃の字なり。無の字は。一に又橆と書く。廿は兩方とも神なり。四神をあらはすに卌を以てせり。林は神籬《ヒモロギ》の木なり。抑も神籬《ヒモロギ》のハジマリは。太古神を祭るに樹木の枝に肉を掛けたるが起源なり。其の樹木は樺の木多かりし故。之を樺表といへり。後略して華表と書きたり。華は樺の略字にして。表はピヤの音通ミヤの義にあてたり。古事記にも。樹木の枝に。色々の鏡劍幣帛をかけて祭りしこと。詳にいでたり。樺の訓カバを伽剖と漢字に音譯し。伽剖より唐音のチャパウを探り出せば。チャパウの略チャバがタヘとなりて。疎《アラ》栲《タヘ》柔《ニギ》楮《タヘ》のタヘとなりしを悟るべし。蒙古にても。樺の木に食を掛けて祭ること。遊牧記の註に見えたり。此タヘは矢張りタベ即ち食の義なるべし。食を掛ける木なりし故に。食物の木といひたりしが。タバの木となり。其タバがチャパとなり。チャバがカバとなりて。樺の字訓カバまでに移り行きしと覺ゆ。而して此カバの木に掛くる帛の名には。やがて食の名のタヘが轉じて。アラタヘ、ニギタヘのタヘとなりたりけむ。華表の一名を。堯の時誹謗木といふ。誹謗はヒボロギの音譯なり。謗の字は。唐韻、集韻、正韻、韻會ともに浦浪《ブランク》切とあり。ブラングに加ふるに。誹の音フイを以てすればフイブロング即ちヒボロギの原音をあらはし來るを見るべし。ヒポロとはヒマラと同じ。ヒマラとはヒマラヤ山のこと也。ヒマラヤ山は。譯して氷室山といふ。ヒは氷なり。日本語も同じ。薄氷をウスラヒといふにて知るべし。マラヤはモリヤと同じく又ムロヤと同じ。即ち室《ムロ》のことなり。故にヒマラヤとは日本語の氷室《ヒムロヤ》といふと。音も義も同一なり。氷の字支那語にてもビムなり。蒙古語にてはムスビなり。皆ヒ音に一致せりといふべし。或は譯して雪藏山といふは。雪藏の氷室《ヒムロヤ》と同語の異譯たるを悟るべし。此ヒムロが大古の半獨音に復源せるものが。フイプロなり。更に古くはビプロとなり。ビプロよりパピルと轉じ。パピルよりパミルとなる。故にヒポロもパミルも齊しく氷室《ヒムロヤ》といふことにて。意義は相異なるなきも。同音兩地を呼びては。却て混同の恐れあるより。斯くは兩音に使ひ分けたるなり。去ればヒモロギとは。パミル高原の木といふことなり。又ヒマラヤ山の木と見ても可なり。蓋しヒマラヤ山系の民は。神を祭るに。樹木の枝に肉を掛くるを例とす。斯くして禿鷹の一種來りて。其肉を掠め去れば。神の使ひ嘉納したりとす。故にヒモロギ一名をトリヰといふ。トリヰは鳥の居るところなり。此トリヰの語が。其用材の木に移れるが英語ツリーといふ語の源にして。其用材の石に移れるが東洋語トリキといふ語の源也。此によりて之を見れば。歐洲の石室に棲める人種は太古却て木を尊重し東方の木宅に住する人種は大古却て石を尊重せるものヽ如し。而も東方は木に饒にして西方は石に富めり。多きもの賤くして。稀なる者の貴きは。古今同一轍なり。而してトリヰの語よりもヒモロギの語の古きに據れば。木に饒かなる東方は。此のヒモロギの根本地なりと謂はざるべからず。此神籬《ヒモロギ》をあらはしたるが。林の字なり。之をハヤシと訓するは。ハヤは榮の義なり。サカなり。光榮の義にして。神の名に附せらるゝハヤスサノオのハヤ字のなり。シとは食なり。故にハヤシとは光榮を有する食といふことなり。一言以て之を曰へば神食といふに外ならず。即ち神食の掛けらるゝ木。之れをハヤシの木といふ。食の名が轉じて木の名となりたる也。ソレかと思へば。神籬《ヒモロギ》の訓が胙の字に移りて。祭肉をヒモロギと訓するに至れるは。交換問題にて埒あけたる傾きあり。言語の轉化も奇を盡せりといふべし。禖は四神嚴然として天に在し。兩木亭然として地に立てるも。肝腎の肉も飯も此處に在ることなし。是れ即ち無の字の古文たる所以なりと知るべし。

◎寒暑冶暖有無とおでんの研究(二十八)

△無の各國語

——無の古文に尚一字あり——無の字の象形——蕃の字た有の字の代用——確かに肉の意味あり——無に蒙古語の音あり——英語の no 及び not——禁止の詞なその正解——

無の古文に今一字あり。橆の字是なり。橆の冠たる丄は。祭壇の字の傍の丄なり。此は在天の四神を壇上に奉請せる形なり。卌の次ぎの𠆢は天幕なり林はヒモロギなり。ハヤシなり。故に此字にあらはれたる意味は。祭壇に天幕を打ちまはし。四神を安置し。兩木を樹ゑもたるも。肉も食も供御を缺きたりといふに歸す。見るべし。以上の無、兂、橆、橆の四字が。孰れも飯肉を缺きたるに由りて。無の義の根本的意味を構成せるを。古文に蕃橆の字を借りて有無の字となせるに付ては。古來種々の議論あり。無は元來橆と書きたりしを。李斯隷を變じ林に代ゆるに四點を以てせりといふは。集韻の記する處なり。今無字を象形より解き下せば。無は丘に廿のある意味にして。邱陵に神を奉祠せるミサヽギの圖なり。其ミサヽギの前に燕すべく。庭燎既に設けられたるが灬なり。灬は火なり。而かも飯も肉も缺きたる點は相同じ。去れば橆の字が無の字になりたりとて。其意味に變化あるべき筈なし。但だ蕃の字を以て有の意味に通用せしめたるは。少しく考へざるべからず。蕃は廿に从ひ釆に从ひ田に从ふ。⊕は火箸なること既に言へり。釆《ヘン》は〓《ヘン》と同じく。辨の本字なり。辨はワキマヘなり。ワキは分なり。マヘはマハの轉なり。肉なり。故に辨字は分肉の義より生じて。分別の意味となる。〓の相分るゝが如きにたとへて〓とせり。サは神なり。去れば神の前に分肉あり。火箸既に具はりて。何時にてもアプルべき用意の整ひたるをいふ也。此蕃字には確かに肉の意味こもりたり。故に之を有字の代用として差支なきのみならず一には此の蕃の字の漢音BANは。蒙古語の有の義BAINと同聲なるが爲に。之を併用せるものなるべし。然らば無の字には。蒙古語の音なきやといふに。無は讀書通に勿、莫、末、沒、蔑、徽、不、曼、瞀等に通ずとあり。其音多くはM音とB音なり。而して蒙古語は無の義をウゲーといふ。ウゲーのウは無の字音を唐音にて求めたるものと相合す。其漢音(ム)と響きたるをMとNの轉換に照らせば。(ヌ)となる(ヌ)はナシのナ行より來る。英語の no も not も皆N音なり。故にノットのノをM音のモとすれば。勿《モツ》、末《マツ》、沒《モツ》、蔑《メツ》皆同じ音となるべし。去ればアイウエオが直ちにナニヌネノに轉ずる法則よりいへば。蒙古語の『ウゲー』は『ヌゲー』なり。

「ヌグー」は『ナグー』なり。『ナギ』なり。『ナキ』なり。朝鮮語の『オブソ』は『ノブソ』なり。『ナブシ』なり『ナシ』なり。此N音は英語方面に其同系あり。N音のM音となりたるもの今支那語に在りと見ば大過なかるべし。音韻より推して考ふれば英語も亦有無の關係に繋がりありといふべし。而して有無の無の字と同字を用ゆれ共。禁止の意味に於ける『ナカレ』といふ詞のみは純然たる日本語にても逆讀法なるを一奇とす。『人ニナ言ヒソ』『左ナ宣ヒソ』のナは禁止のナなり。然るに人によりては。結末のソ文字を以て禁止の詞と心得。冒頭のナは助辭か何ぞのやうに説くものあり。誤れりどいふべし。蓋し結末のソは之《シ》の字の類ならむ。人ニ莫《ナ》言《イヒソ》之左《サ》莫宣《ナノタマヒソ》之と見ば正解なるべし。之《ソ》は日本語其《ソレ》の訓に移り。其《キ》は日本語之《コン》の訓となりて。キの字にソの訓ありシの字にキの訓あるも一奇とすべし。兎に角禁止の詞は名詞よりも先きに口を突いて出るは。咄嗟の際一たびアッと思ひしが。思はず聲に發して間投詞となり。間投詞が更らに禁止の否定命令詞となりゆくものゝ如し。たとへば人あり此に弓影を認めて蛇の蟠れるとなし。水を宿せる青磁の盤を粉碎せんとするものあらんに。傍より其誤解に驚く者あり。發止と打ちおろす鐵鞭を遮らんとして。思はず口を衝く聲は、ヤレ、マテ、シバシの三段に出づ。ヤレは間投詞なり。アレといふも。アといふも。アッといふも。アナも皆同じ。而かも此ヤレには禁止の意味あり。マテは命令詞なり。シバシは副詞なり。日本語としてはシバシマテといふ順序を正當とす。然るを一旦急遽忽忙ニ際しては。シバシといふ如き時間ある詞を先用するの遑なくソレより前に行爲の命令マテと呼ぶは自然の勢ひなり。而かも此マテを理解に訴ふるは猶マドロシキを免れず。故にマテより先きに單に感覺に訴へて即決するに足るヤレといふの間投詞を發す。此ヤレは此場合直に禁止の意味に響くを悟るべし此ヤレの處に用ゐられたるがサンスクリットの阿なり。阿は間投詞なり。アッといふ聲なり。ギリシヤ語にても阿を以て無の義に取ると虎門林田生の言ひよこされしも此のアッといふ聲より出でたる阿なるべし。アッは阿那相通にてナッと響く。是れ日本語。無の字訓ナシのナなり。若し不定冠詞のAに至りてはサンスクリットにも日本語にもあれど。此は急言のアッに出でたるに非ずして。寧ろ緩語のエーに出でたるの相違あり。今少しく之を辯じ置かん。

◉寒暑冷暖有無とおでんの研究(二十九)

▲阿の字に就ての疑ひ(上)

——林田生の疑義——翰長が簿書堆裏の閑日月か——「エー今晩は……」——「歩ぶ」のアは不定冠詞——多大の獲物に驚く可し——誤譯の原因——阿修羅の正義——無酒神又は不飲酒——何の手數も無し——

曾て本篇中に於て。阿耨達池を無熱池と譯せるは。唐代の誤譯にして。阿耨達池の阿は。不定冠詞なりといへるに對し。虎門林田生として左のハガキを寄せ來れり。

御書面白く拜見罷在候。本日の『阿は不定冠詞にして無としたるは唐時代の誤譯』と有之候處。希臘語にても「ア」は無の義にて候。或はサンスクリットより、出でたる語にてはなきや。

不定冠詞は。英國其他チユートン人種の一部に止らざるか。一寸疑生じ候に付き記して敎を乞ひ候。十一月廿一日右の林田生とは。其虎門と冠せるより推して。或は雲梯君其人ならんかと思ふ。果して然らば。君が翰長として簿書堆裏に快刀亂麻を斷つ以外。猶此の趣味に活ける閑日月を有して悠々世界的比較言語の研究に其一隻眼を放つの風懷を多とせざる能はず。いざ去らば。君と倶に暫らく政談以外の天地に逍遙を試み申さむ。前回既に說き及ぼせる如く。同じく阿の一字なれども。アッと思ふ一刹那。抑制の意より出でたるものは。無の義となり。『エー今晩はエー皆樣お揃ひで』といふ塲合のエーは。不定冠詞となる。此差別は。支那語の平上去入に照らして考ふるが。何よりの捷徑なり。阿の不定冠詞は。支那語中にも發見することあり。阿郎。阿孃。阿賭物等の阿皆然り。セミチック族のアラビヤ種にては。不定冠詞を單にエー若くはアーと響かせずして。エル又はアルと呼べり。アルは。日本語の『或る』と同じく。俗語にては『アノー今晩はアノー私がアノー一つ唄ひませうか』といふ。アノーといふ言葉に外ならず。此れが略されたるもの。アとなり。オとなり。日本語にては。名詞若くは動詞中に混入して。獨立の姿態を存せざる爲に。誰れも不定冠詞と氣附くものなきに至れり。左らずは尊稱詞と誤解されて。御の字の代用とのみ思はるゝに至れり。前者に在りてはヤブの上に冠するアとして。アヤブあり。ヤブとは。歩行のことなり。秋田縣の方言のみにあらず。蒙古語にても亦同じ。一般の日本語にては。ユブとなりて。之れにアを添へ。アユブといへりユはヤの轉なり。去れば單にヤブとのみ言ひても。歩行の義となれ共。之れに不定冠詞のアを加へたるが。一般の日本の俗語となれるのみ。而かも今に至りては。アユブのアを以て。不定冠詞の意に受け取るもの。殆んど無しといふも可なり。獨りアヤブのアユブとなるのみならず。イタ(疼痛)の上にアを冠して。アイタといふ如きも亦然り。此類頗る多し。之に準じて探りなば自ら多大の獲物あるに驚くべし。後者に在りては醬油のオムラといひ味噌のオミソといふ如き今は敬語となりたれ共。根本は矢張り不定冠詞のオがくつつきたるのみ。此類は擧げて算ふに耐へざる程あり。ウラルアルタイ系の我國語中既に此の例證あり。我れと離るべからざる關係あるサンスクリットにも。豈不定冠詞の無からずやは。但だ從來の梵語學者は。サンスクット中の阿に無の意の阿と不定冠詞の阿と兩義あるを考へずして。サンスクリット中の阿は。凡て無の義と即了せる爲に。種々なる誤解を生じたり。阿耨達池を無熱池と譯せる誤譯の如きも。猶此過失に座せりといはざるを得ず。喩へば佛典中の阿修羅の如きも。之を不定冠詞の阿とせずして。無の意の阿と解せる爲に。種々の混雜を生じたり。唐代の學者に。誤譯多き一例として之を擧ぐべし。修羅はSuraなり。日本語のソラと同じ。天といふことなり。之に不定冠詞の阿を加へたればとて。天の意義は變ずべくもあらず。开を非天と譯せるは。阿字を以て總て無の義に取りたる誤り也。此の阿の字の誤譯のみなればマダシモなれ共。修羅を日本語のソロフと同じく。端正の義に取りて。不端正と譯したるもあり。甚しきは修羅を日本語のシル(液)と同じく。液體の義として。無酒神又は不飲酒と譯したるもあり。孰れか是にして孰れか否なる。一寸識別に苦むべきも。其裁斷は根本の源流に遡りて。古義より一瞥すれば何の手數もなく判定せらるべし。

阿修羅は天部なり——學者の誤解——アフラとアスラ——阿の字は不定冠詞——熱池變じて無熱池となる——クリカラと不動明王——タヽガタは父尊若くは父神——滑稽なる漢譯の誤謬——阿の字はソッとして手を着けず——有無の無の字も一段落

◎阿の字に就ての疑ひ(下)

蓋し阿修羅は印度最古神の一にして利倶吠陀の中には最勝なる性靈の義に用られたれば。不端正とか不飲酒とか。又は非天とかいふ如き。憎惡的名稱を蒙ふるべきものに非ず。其古義中の部分譯となりたるものすら。帝釋天、又は火天。又は水天等の稱に用ゐて。其天部たることは孰れも。異議なく承認されたり。开を非天として。天部以外に排斥せんとするは。全く阿字の不定冠詞たるに氣附かずして。阿は孰れの場合に於ても。無の意味に限ると即了せる學者の誤解より來れり。元來阿修羅は彼斯《ペルシャ》の善神Abuarと同じ。彼斯《ペルシャ》は南音のh音に響かせしを。印度は北音Sの音を傳承して『アフラ』と『アスラ』との差を生じたるも。『ヒマラヤ山』と『シマラヤ山』とが同一山なる如く。『カミクツヒロヒ』と『カミクツシロヒ』が同一業なる如く。結局はヒとシとの轉換に過ぎざりしを。中古以來阿の字を以て直ちに非若くは不の義と即了せるより善神の『アフラ』と同體なるべき『アスラ』は恐るべき神として傳へられたり。若し夫れ阿修羅の阿字にして。非の義に限られたるものなりせば。修羅と阿修羅は絶對に反して居るべき筈なるに。阿修羅は即ち修羅にして。修羅は即ち阿修羅にあたるより見れば。阿の字はありても無くても。意味に變化を及ぼさざる不定冠詞たるや疑ひなし。阿耨達池の阿も亦是れと同じ理窟のみ。ヌクタのヌクトイとなる皆熱の義なり。阿の有無は意義に變化なし。去るを阿の字を無若くは非の義と即了せるより熱池變じて無熱池となれり。猶天部の阿修羅を非天部とせるが如し。而して此阿耨達池の阿字が。無の義の阿に非ずして不定冠詞の阿たる實證は。クリカラノールが。地理學上太古の噴火坑たる形跡を存するに徴して。愈々疑ふべからず。況んやクリカラの名を神格化せる不動明王の其火炎を背にせる如き。一に皆火山作用の表象に外ならざるをや蓋し梵語の漢譯は之を今日比較研究の上より見て噴飯すべき誤謬一にして足らずタタガタを譯して如來といへる如き。アシユカを譯して阿育といへる如き。孰れも滑稽の極に近し。タタは父なり。ガタは神なり。タタガタとは父尊若くは父神と譯すを正解とす。『來れる如し』とか『如が來た』とか左る曖昧の言語に非ずアシユカの如きも石神といふことなり。此王一代の事業として。到る處に石柱を建て佛の尊嚴を謳ふたれば。石神王と名附られしを。阿輸伽の輸伽を。育の義に譯し。阿の字は何とも譯せずして。半生半熟の阿育王と譯せるは。何等の滑稽ぞや。阿字若し絶體に無の義とすべきものならば。此處も亦不育王又は無育王と譯しそうなれど。然かく譯してはアシユカ王一代の功業に伴はざる恐ある故。無據阿の字は手をつけずに。ソツとして置きたる窮狀現然たり。之を比較言語學に基きて。石神王とせば。初めて當時命名の眞義を得たるものと謂ひつべし。總て舊譯に誤謬多きは。日本人にして。日本語より成れる古事記萬葉集の註を施せるに於てすら免れざる所なれば。深く咎むるも詮なきことなり。たゞ學者は舊譯の誤謬の捕虜とならず。益々新しき發見につとめて世界の文運を促進するに勉むべきのみ。林田生君の所謂阿字を以て無の義とせるは。ギリシヤと同じくサンスクリツトにもあり。去れど阿字は孰れの場合に於ても必ず無と譯すべきものに非ることは。以上述べたる理由の如し。其不定冠詞として存在するは。獨りチユートン族の言語中のみに非ざることも。亦既に君の首肯し玉ふ所となりつらむ。去らば寒暑冷暖有無の無字も此にて。一段落を告げたるものとして此よりいよ〳〵おでんの研究に入ることとすべし。

◎寒暑冷暖有無とおでんの研究(三十一)

△おでんの研究

――オデンとオムラ――オデンのデンは典の字――柳行李――本義を忘却せるもの――難風に漂流せる韓人の船一艘――食輿胃痛――内容に於て何の關係がある――

東京にて『おでん』といふ物。關西にては『デンガク』といふ。蓋し『おでん』はデンガクのデンに不定冠詞のオを添へたること。猶ムラサキのムラに不定冠詞のオを添へて。オムラといへる名詞を作り出せしと好一對なるべし。『おでん』

の『でん』は常に假名書きにて通用され。未だ漢字に充てられたるを見しことなし。而かも純然たる日本語としては。濁音の起りを有する名詞は殆んど絶無といふても然るべきに係らず。此『おでん』の『でん』のみ濁音なるは。あり得べき例にあらず。されば矢張り之を漢字方面に求めざるべからず。漢字にて此『でん』に充つべきものとしては余は必ず典の字なるべしと思ふ。典の字は古文箕と書き又漢の羊竇道の碑には。典とも書きたり。說文に據れば。典は五序の書にして。冊の丌上に在るに从ふ。尊んで之を閣きたる也とあり。爾雅釋言にも典ハ經也とし。廣韻にも法也といひ。其他書舜典註にも。周禮にも。凡て常經即ち法式の義に解したり。然り典を常經若くは法式と解することは。余も亦異議無き處なれども。之れが根本義を以て。說文の所謂冊ノ丌上ニ在ルニ从フ。尊ンデ之ヲ閣キタル也といふに歸するに至りては。少しく同意を表するに躊躇せざる能はず。說文の著者は典字を以つて冊と丌との合成字と誤解せる者の如きも。典字は古文の示す如く曲と丌との合成字にして。冊と丌に非ざることは一見して之を識別し得べし。而して典字の曲とは何物なりやといふに。此は元來太古工匠猶幼稚にして箱の製作未だ興らざる以前。柳條を揉めて物を受くるの器を造りたる。即ち柳行李の類にして。マゲて以て其形を成したる故に。現在の意味を含み來れり。其字の主體は。曲の字の外圍口に在り。中間の廿は肉を串にせるものを擱きたる形なり。此の柳行李類を以て串ざしの肉を置く容器とするは。現に蒙古の祭典に其遺風を存せり。是れ曲禮の曲の字の意義なり。禮の曲禮の釋文に。曲禮は委曲禮ノ事ヲ説クと解したるは本義を忘却せるものと云ふべし。見よ曲禮の禮の字の中にも亦曲と豆とあるに非ずや。豆は俎豆の豆也。肉を盛る器なり。俎豆を陳するを禮の起りとすれば。禮は食膳を以て其方式の發端とせざるべからず。此の禮字中の曲は正しく串肉の器たるや疑ふべきなし。故に曲禮とは柳條の器もて神に犧牲を供するより起れる其方式の一切を述べたる意味なり。此柳條の器の取扱ひに座作進退の節ある故。之を委曲の曲とせるも。實は第二義の轉用なりと知るべし。而して此の柳條器に容れたる肉串を丌上に供へたるが典の字なり。之を以て祭典といひ。式典といひ。典禮といひ。典故といふも。一に皆此祭肉の儀式を主として呼びたるのみ。余幼時猶小學校に通學する折り。難風に漂流せる韓人の船一艘、我が居村に漕ぎ歸れるを見たることあり。其折其船長と筆談せるに。船長のヨボ先生。澁面つくりて胸を撫で。食、典、胃痛と書きたり。余當時筆を把りて典字意義不明と書き與へしに。彼れ餅也と書きたり。依りて之を傍人に問ふにヨボ先生が飢餓に迫りし色の氣の毒なれば。餅を燒きて食はしめたるものあり。其餅にアテラレたるならむとのことにて。偖は典とは餅の韓名かと即了せるが。其後何を食はしめても。典字を用ふるにより。典字は御馳走の義たること小供心に合點せしを今に記臆せり。典字の古義は却て朝鮮に其眞髓を傳へたるも一奇といふべし。偖此典の字が何故にオデンのデンとなるやといふに。典は多珍《タチン》切なり。タ、テ、ン、といへば。同音のTが二重に連なりたり。此の二重の同音を一つに疊むときは。濁音となるが音律の常規なり。故にタテンを連ねてデンとよむ。香典をカウテンと讀まずしてカウデンと讀むは正當なり。而かも是れ音聲上のことのみ。知らず典字は其內容に於てデンガクと何の關係がある。

◎寒暑冷暖有無とおでんの研究(三十二)

▲おでんと簡易生活

△獨り肉のみに非ず——エコヒイキなく平等分與す——般若とは羊の事——波羅蜜陀とは火肉の義——題號の誤譯——癩疾の尊者とは何ぞ——煩惱即菩提——胙食のフヲイの語源——玉の串の眞義——食を離れて典禮なし——デンガクの權輿へは神ながらの道——

典字の曲はマゲモノハ也。其中の廿は串肴なり。肉を串に貫ぬきたる形なり蒙古にては之をハラミといふ。ハラはカラの轉なり。ミは肉なり。火肉の義とす。即ちアブリたる肉なり。去れど肉とは其主物を擧示せるのみにて。蒙古の串肴は獨り肉のみに限らず。筋も皮も髓を含める骨も其外五臟悉く料理して。之をソレ〲柳條のマゲモノに分ち置き。祭の主宰者ありて。一本の串に三塊づゝ貫ぬき。エコヒイキなく。平等に之を分つ。其串の數尤も多き時は九本に至る。五臟と皮肉筋骨と合せて九味を貫けば也。而して其材料は羊なり。羊はホネといふ。ホネの訛りたるもののハンニヤとなる。般若とは羊名の音譯なり。故に般若の面には角あり。是れ羊の面を摸したるなり。惡女の醜容とせるは後世の轉化のみ。其肉をハラミタといふ。佛經に波羅蜜陀とせるも根本は火肉のこと也。之をハンニャハラミタといふ。然るに羊は獸の靈なるものにして。克く人の善惡邪正を知るといふより。ハンニャの羊は更に智恵の義となる。ソレと同時にハラミタはカラ(カハラ)ミタ(マヅ)と混同して彼岸到と譯せられハンニキハラミタといふ言葉は智惠を以て彼岸に到るといふ義となれり。而も心經の文句を調査すれば。五蘊皆空にして。智惠才覺の用ふべきなく。色即是空。空即是色。旣に此身を空とす。何ぞ彼の岸あらむ。經の題號と本文と。斯くの如く杆格する所以は。題號の譯に誤謬あるを證して餘りあるといふべし。蓋し此のハンニャハラミタ心經は三藏法師之を癩疾の尊者に授かるといふ。此の癩疾の尊者は疑ひもなく。肉食敎の喇嘛と其宗風を一にせるものなるべし。癩疾は猪肉の食傷に因りても發生す。中央亞細亞邊にて。野菜を缺きたる尊者の肉食によりて壞血病となりたる者。偶々三藏法師に邂逅せるに非らんや。去れば此の經は肉食敎の尊者が。火肉を以て祭典を行ふ時に唱へしものにして。矢張り『羊の火肉』といふを以て本義とすべし。謂ふを休めよ肉食は佛者の禁戒と。是れ既に相に因へられたるもの丶ことのみ。羊、火肉となりて尊者の體中に入れは。羊直ちに尊者と轉生せる也。羊、口中に入らざる時。尊者、羊と沒交渉なり。羊、口中に入るの後は。尊者、羊と同一體なり。煩惱即菩提。色は即ち是空なるの理。此に於てか現前すべし。惜むらくは桑門既に此眞義を忘れたるも。蒙古にては猶此の言語を存す。之を以て僅かに根本を探り得べしと爲す。此祭典の時。會衆或は力を角す。其勝者には羊霍を賜ふ。之をホネといふ。日本語訛りてハナといふも。ホネの轉化のみ。而してハナハラミタの九味各々三塊ありとすれば。三九二十七塊なり。之を受くるに草木の葉を以てす。故に葉の字は、廿の草と木の字あり。中間に世の字ありて廿七をあらはせり。而して後人石器を以て葉に代ゆ。是れ碟の字なり。碟はテウ也。日本のテシホなどいふは此のことなり。而かも其ハラミタは譯して火肉といふ如くアブリたる者なり。アブリのアの不定冠詞を略したる者。即ちフライとなる。洋食のフライの語源も此處に在り。其典字を加へしものテンプラといふ。フライもブラも倶にアブラの義たるブラを有するにより。デンガクと一歩の差を生じたるも。根本は同一のみ。然らばデンガクとは何の義といふに。デンとはタテムの約也。タテムはタタブなり。第一のタは尊稱のタなり。第二のタブは食の義なり。放食之をデムといふ。此デムのムがンとはねてグとつまりたるもの。即ちデングとなる。之に串の轉クヒを添へて。デングクヒとなる。デングクヒの略デンガクとなりしのみ。凡そ神社の祭禮に玉串と稱する者。古へは喰串《タベグシ》なりしを。いつの程よりか美化して玉串と呼なせしなり。見よ會をマトヒといふは。バタイヒの轉にして。宴をウタゲといふはブタグヒの略なり。眞言の護麻といひ。盆のお供物といひ。人と神との會合に。食を離れては典禮あることなし。典禮の典の字は。デングクヒのデンなり。デンガクの横啣へ何ぞ必しも野卑なりと謂はんや。是れ惟神《カムナガラ》の大道なり。簡易生活の大宗旨なり。立食をリッショクとよみて。ハイカラがるも。訓にて讀めばタチグヒのみ。江戸ッ子の哥哥《あにい》大に眉を揚げて氣を吐くべき哉。

▲闕渡待舟（上）

——問題も串さし的——地獄極樂實在論——白井寧次郎氏の質疑——東洋哲學研究上の大問題——北海君の耶蘇論——頭を擡げし新説——

寒暑冷暖有無とおでんの研究も。前回にて終了を告げたれば。是より本篇に立ち還りて。いよ〳〵アブラハムと黄帝とは同一人なりてふ考證に入るべし。實は篇外寄篇の『おでんの研究』が。斯斗り長引く積りにもあらざりしが。ソレからソレと問題も亦串ざし的に連なり出でたれば。圖らずも思はぬ路に踏み入りて。三十二回に渉る長談義とはなれり。その爲地獄極樂實在論も夙とにあらはるべき機を逸したれど。何といふても十萬億土と號する西方のことにしあれば。ヤレソラ拍子に手の屆かぬことは。讀者も先刻承知の筈なり其内季節も年末に入りたれば一百三十六地獄ならずとも。鬼のまごつく頃となりては。お互ひに見ル目嗅グ鼻の邊もなければ。無間の釜の下火と倶にかきたて〳〵本年内にせめて序論のみにても終ることゝすべし。それにつけても筆者の最も嬉しく感ぜるは。ハガキ一葉にてもロク〳〵に讀み終りを遂げ得ざる人心萎微倦怠の現代に在りて。獨り我が二千九百年前探檢日誌の讀者のみは。日毎に續く長篇を。事オチもなく讀破され。不審の廉には質問あり。啓發の點には報道を怠らず。常に筆者と同一の根氣を以て。熱心なる研究的態度を取り玉はること。何よりも賴若しく心强き限り也。中には熱心の極、本篇と直接關係せざる問題まで。說明を求めらるゝ向きもあり。其一例として此に其內の最も手近きものを擧ぐれば。左の如き書面あり。

拜啓先々學海の爲先生の萬歲を祝し奉り候。小生は敎育に從事致候ものに候處。先生の天狗實在論拜讀以來。讀賣紙上にての御名說。實に天啓の御示しと感じ入り候。先々學海の爲先生の御出現を祝し奉り候。扨次の疑問讀賣紙上にて御說明下され候はゞ小生は勿論同志諸氏の渴仰致候處と存じ候。是非々々御啓蒙の義懇望仕候頓首十一月八日　千葉縣長生郡豊榮村　白井勇次郎　原山先生硯北

一、周易成立の根本思想

二、☰☷等ノ八卦ハ。如何ナル思想ヲ表ハシ候ヤ

三、天澤火雷風水山地。又ハ乾兌離震巽坎艮坤ヲ以テ八卦ニ配當スル理由

四、占シテ得タル卦象ハ。人格的上帝ノ啓示ニ候ヤ。抑占者ハ何ニ對シテ誠敬ヲ致ン候

右の書面にて察すれば。久しく易學上に疑問を有する篤學の士なるが如し。而して其意。從來の解說に滿足せざる爲。新たに何物をか摑まんとして。先づ余に向て一條の繩を投じられたるものに似たり。疑ハ是レ覺悟ノ機ナリ求メヨ去ラバ與ヘラレン。余は讀者の多くが。斯くの如き意味に於て。我が二千九百年前探檢日誌を迎へ玉はんことは。少なくとも從來の新聞ヨミのヨミ方と一種新たに異なりたる空氣の涌き出でたるを認めざらんと欲するも能はざるなり。右の白井氏提出の諸問は東洋哲學研究上好個の大問題なり。余は過日「書室の代用艫」に於て。機會の許す限り。此解答を試むべく答へ置けり。但だ本篇と直接關係なき爲め。筆路再び多岐に入るの繁を避けて。今直ちには其要求を充す能はざるを遺憾とするのみ。然るに事直ちに本篇に係聯ありて而かも眼光一種の觀察力を具し。筆者の立論以上に其趣味と研究の範圍を擴張されたる讀者も亦少からず。美術家の錚々株。高島北海君の如きはソレ也北海君の耶蘇論は實に筆者の言はんと欲して言ひ及ばざりし點まで行きわたれり。獨り見て獨り興がるは惜むべき極みなれば。此れも序でに讀者と其の樂みを頒つこととせん。其書に曰く

爾後愈々御清祥奉賀候。老兄讀賣紙上の御新説は日々感讀仕候。殊に東方博士の一人がマリヤの色男の一段は。實に面白く感じ申候。小生も是等の事に付き左の如く考へ居り候。

耶蘇ガ十二歳ノ時。エルザレムニテ神學博士ト論辯セシ以後三十歳ニナル迄跡ヲ晦シタルハ。東方博士ノ一人ニ從ヒテ。東方ニ遊學シ。印度哲學ヲ研究セシヤ疑ヒナシ。其際バプテスマノヨハネモ同時ニ東方ニアリテ。大ニ耶蘇ノ新教育ニ服シ。爲ニ先驅ヲナシテ野ニ叫ビ。耶蘇ノ偉大ナル人物ヲ廣告セシナリ。耶蘇教ハ佛教ト其教理ヲ同フセル點多キノミナラズ。耶蘇ノ頭上ニ後光ヲ畫クコト佛ト同ジキコトハ。耶蘇以前ニハナキコトナル由。又舊教ノ僧ハ念珠ヲ持ツコトモ同樣ナリ。又或人ノ説ニイエスハ佛蘭西語ニテ(ゼジュー)ト讀ム。此語日本語ノ地藏ノ音ト甚近シ。此地藏ノ定紋ハ卍字即チ十字ノ角ヲ曲ゲタルモノナルコトモ一奇ナリト。

右は御一笑迄に申上候云々。と是豈一笑に附して已むべき議論ならむや。余は冗談にも斯くの如き新説の頭を擡げかゝりしを歡迎せざる能はざる也。

▲關渡待舟（下）

——學界の要望と本篇の讀者——憐れむ可き榮螺學者——妖怪メキたる釋迦牟尼佛——突貫的討究——某博士の野合説——島田蕃根翁とニニギノミコト——讀者諸君へ歳暮のおしるし——

一葉落ちて天下の秋を知るを得べくんば一葉開いて萬國の春の近きも認められぬべし。學界の要望は最早や千篇一律なる官學閥儒の舊套語にのみ耳を貸すを欲せずして。何者か新なる天啓の福音に接せんとアコガレツ、あるは余之を二千九百年前探檢日誌の讀者の氣合ひにて窺ひ知りたり。此際憐むべきは先賢外儒の學説を拾ひ。其飜譯取次ぎを以て。自己の學殖の上塗りをつとめ。過ちて外物に觸れ。其本質の曝露せんことをのみ是れ恐れ居る一派の榮螺學者の徒なり。讀者彼の榮螺を見ずや。ササヤかなる貝殼の城に多角的のトリデを設け。一枚のテンギを金城鐵壁の城門とも頼みて。外物の來り觸れんとするに逢へば。遽然として忽ち其口を閉づ。以爲らく我れに此の樂土あり。彼の蠶豈に容易に來り侵すを得んやと。何ぞ知らむ。徐ろに蓋を開いて四邊を見まはせば。身は既に海波千仭の底を離れて魚肆の店頭に一山百文のツケ木價段を附せられ居らんとは。『三春變ゼズ鷹鳩の眼。二世應サニ迷フべシ馬鹿ノ情』時代の新發展を知らざる者は憐むべき哉。而かも此榮螺學者に限りて。他人の新說を立つるを見ては即ち曰く。臆說取るに足らずと。其何故に臆說とすべきやに至りては。一言半句の說明だも與へず。自己の一言は學界に向て恰も神の聲の響く如く徹底する者と考へ居れり。其お目出度さ加減』寧ろ噴飯に價ひせずや。彼等の天窓は舊式なり。故に彼等は同舊相憐むの情に於て。最も舊說を尊重す。其尊重の沒理由なるは。猶舊式の佛教家が釋迦牟尼佛を以て女人の股間より誕生ましませしとすれば。大に佛一代の威嚴を損すと考へ。終に悉多太子は摩耶夫人の脇より生れたりとして。却て釋迦牟尼佛を妖怪メクモノとして仕舞ひたると同一の尊重法なり。一休笑て曰く『女をば法りの御庫といふぞ實に釋迦も達磨もヒヨイ〳〵と生む』と。一圓相中何の藏する處ぞ。一切衆生迷妄ノ處。三世諸佛出身ノ門。之れを是れ察せずして。イヤに扮飾してアリガタガラセンとしても。最早や時代は之を受け附けず。知らずや現時學界の研究法は。殆んど村田淸風翁が讀書秘訣のソレの如く。嚴冷となれるを。淸風翁は曰く。經ヲ讀マバ經ヲ說ク者ト喧嘩スル氣デ讀メ。史ヲ看ナバ史ニ列ナル者ト叩キアフ積リデ看ルベシ。然ル後寸分乘ズベキノ間隙ナキヲ知ルニ至リテ。初メテ以テ我範トスベキノミと。此氣魄あり。偕こそ『來て見れば聞くより低き不二の山。釋迦も孔子も斯くやあるらん』と喝破し得たるなれ。今日以後の研究法は。先づ此突貫攻擊的討究を可とすべし。漢方醫が腫れ物にさはる如き態度にては。思ひきりたる解剖の出來べきやうなし。此頃某博士の孔子研究といふ講演筆記を見たるに。孔子が野合の子なりといふを以て。孔子一代の盛德を害する如く考へ。頻りに野合とは正式の婚禮せさりしをいふワケにて。桑中の會には非る意味を陳辯せり。既に正式の婚禮を行はざる以上。桑中の會なると。洞房の契なるを問はず。孰れにしても野合は野合なり。野合の不可なるを言ふは。其母徵在の行ひを責むるに在りて。之によりて生れたる孔子の預り知るべき所にあらず。之を以て孔子の盛德を害する如く考へしは。飛でもなき正鵠《マト》違ひの誤解といふべし是れ猶女人の股間より生れしと言ひては。釋迦の尊嚴を害すと考へし迷信流の舊佛敎家と同一徹なる考也。之につけても思ひ出すは。碩學島田蕃根翁の一言也。翁曾て英國公使サトー氏と會せることあり。サトー氏曰く。島田さん私はアナタにお頼がある。ドウカあのニニギノミコト天降の圖を書いて呉ませんかと。翁之を諾し。舊圖按の通に。諸神雲中より下降するの圖を成し與へたれば。サトー氏一覽することやゝありて。襟を正して曰く。島田サン冗談はヨシにして是れから眞面目な研究をシマセウネエと。サスガ蕃根翁も此一語には背上三斗の冷水をかけられたる感に耐へざりしと自白し。猶曰く今後は國史の研究も日本人が見て日本人丈けが承知する程度にては。世界に推し出すこと能はず。ニニギノミコトを有難く思はせんとして。雲に乘せたるは私が過ちじやつたわいと。善い哉言や。ニニギノミコトの盛徳は其内容にありて外形にあらず。雲に駕せずと雖も。其尊嚴の減ずべきいはれなし。いはれなきの扮飾こそ却て其尊嚴を毀損するものなることを知らざるべからず之れをヒイキのヒキ倒しといふ。榮螺學者の古史に對する。ヒイキのヒキ倒しに非ざる者蓋し甚だ稀れなり。余は此點に於ては脫出人間虎豹群といふ自信を有す。此故に百千窮鬼吾何畏と構へ込むことが出來るなり。讀者も亦余と意氣を同うし。感想を同うする者尠からざるが如し。是れ余が年の此に暮れんとするに臨み。猶筆を取りて此稿を繼續せんと欲する所以なり。而して其の繼續すべき稿中には。アブラハムと黃帝の同一人なりといふことのみならず。地獄極樂實在論も亦突然として現はれ出づべし。阿彌陀如來のことも觀世音のことも。或は現はれ出でんも知れず。然り余は余の筆が。行雲流水の如く。我も其止まる所を知らざる底の感興に活ける一人なり。這裏より微しにても新光明の認め得られなば。之を以て歲暮のお驗しに親愛なる讀者の左右に呈せんとするのみ。是れは此れ誠心誠意の言。榮螺學者のソレならねば。ササエナマスの口計りと思ふこと勿れ。

▲黃帝とはアブラハムの譯字のみ

宗教言語歷史上の大問題——太陽はマッチに代用し得す——工科大學に在る寫眞

——辨慶の山伏姿——奇体なる黄帝の諡號——黄字の廣大なる理由——意外の發見

黄帝とアブラハムとは。抑も異人は同人かといふ問題は。總ての人種。總ての宗教。總ての言語。總ての歴史に大關係を及ぼすべき大問題なり。此問題を研究せんと欲する。固より容易の談にあらず。而かも亦絶對不可能の事には非じ。水を掬すれば月手に在り。天上の光華も亦移して一椀の裏に致すべくんば。距離の遠近を以て。直ちに事業難易の標準とは斷ずべからず。太陽はたとへマッチに代用すべからざるも。反射鏡中に熱を引けば。以て煙草を吸ひつくべし。黄帝今を去ること數千歳。手も口も届くべきに非ずといへ共。遠きを究むるに近きより推せば。存外捕虜とするに難からざるべし。之を疑ふものは去りて帝國工科大學に詣り同部所藏のアラビヤ回教徒の寫眞を借覧せよ。我帝國工科大學にはアブラハムの宗旨直系を以て誇りとするアラビヤ回教徒の寫眞あり。其寫眞たるや。一見我國山伏の肖像也。即ち煙草屋の看板に利用されたる故團十郎が勸進帳の『シバラク』其儘の肖像なり。勸進帳の『シバラク』は。辨慶の山伏姿なり。山伏の名稱たる。ヤマは役所の義なり。

プシはフイズの轉。支那にては方士《フハーシ》と譯せる道敎の徒のこと也。支那の方士《フハーシ》の姿と。アラビヤのフイズの姿と。我國の伏《フシ》の姿とはマガフかたなき同一のイデタチ也。方士《フハーシ》とフイズとフシと其名稱の同一なるのみならず。其戒行も亦殆んど同一轍に出づ。而して支那の方士《フハーシ》は黃帝を祖述し。アラビヤのフイズはアブラハムを大宗とす。アブラハムと黃帝と果して何等の關係なしといふを得べきや。蓋し支那列代の帝王中、其の謚の最も奇體なるは黃帝に如くは無し。黃帝の黃は色彩の一なり。色彩の一を以つて尊號の意味に用ゆ。是れ豈尋常一樣のイハレ因緣ならむや。此故に漢班固は其著白虎通の謚論中に之を說明して曰く。黃帝ハ黃ヲ先キニシテ帝ヲ後ニス。何ゾヤ。古ヘハ死生ノ稱名持行ニ順フテ。合シテ而テ之レヲ言フ。美トスル者ハ上ニ在リ。黃帝始メテ法度ヲ制シ。道ノ中ヲ得テ萬世易ヘズ。黃ト名ルハ自然ナリ。後世聖ト雖モ能ク與カリ同クスル莫キ也。後世德天ト同ジケレバ。亦帝トハ稱スルヲ得ルモ。制作ノ時ヲ立ル能ハズ。故ニ復タ黃トハ稱スルヲ得ザル也。と見るべし茫々たる禹域五千載。往古來今。黃の一字を以て謚とするの資格ある者は。軒轅氏以外に曾て有ること無しといふの托宣を。而して其黄字の廣大なる理由は。班固又白虎通の號論に說明して曰く。黄帝ハ中和ノ色ナリ。自然ノ姓ナリ。萬世ニモ易ヘズ。黄帝始メテ制度ヲ作リ。其中和ヲ得テ萬世常ニ存ス。故ニ黄帝ト稱スル也と。黄字の有難き理由は餘程考へたものと見ゆるなり。而かもイクラ考へても其頃の人の頭腦にては。先づ此位より以上には超脫する能はざりしものゝ如し。此は獨り班固のみならず。同じ漢時代の應劭も。其著風俗通義に於て五帝の謚號を論せる中に。矢張り同一の說明を試み居れり。曰く黄帝始メテ冠冕ヲ制シ。衣裳ヲ垂レ。棟ヲ上ニシ。宇ヲ下ニシテ。以テ風雨ヲ避ク。禮文法度。事ヲ興シ業ヲ創ム。黄ハ光也。厚也。中和ノ色ナリ。四季ニ徳アリテ。地ト功ヲ同ウス。故ニ先ゾ黄以テ之レヲ別ツ也と。應劭の說明は。之を班固に比するに。黄字を以て四季ニ徳アリテ地ト功ヲ同ウスと刻みつけたる處。一段の詳密を加へたり。春ハ靑ナリ。夏ハ赤ナリ。秋ハ白ナリ。冬ハ黑ナリ。黄獨リ四時ニ與カラズシテ。而モ四時皆其徳ヲ蒙フル。木ハ靑ク。火ハ赤ク。金ハ白ク。水ハ黑シ。黄獨リ四行ニ參セズシテ地ノ黄以テ四行ヲ載ス。黄ノ廣大ナルハ此處ニ在リと匂はせたる處。道ひ得て甚だ善しと謂はざるべからず。然れ共。黄字を然かく尊重するに至りし根本の理由は。猶一段の奥行きあることを忘るべからず。抑も黄帝の謚號は秦漢五行説勃興以前夙とに太古の時代より傳承せるものとせば。之れを五行説に擬して云々するは。餘りに淺薄なるを免れず。依りて更らに命名當時の本源に遡りて。之を研究しもてゆくに。何ぞ計らん。黄帝とは。即ちアブラハムてふ語の譯字ならむとは。請ふ余をして其理由を述べしめよ。讀者は恐らく其意外の發見に驚倒せん。

▲黄帝とはアブハムの譯字のみ(二)

—アブラハムは總ての父の義—ハムの音譯は汗—汗は君王の意—英語のsirと日本語のサマ—トルハト王の唉笑—一分一厘の間隙も無し—黄とは油の色—油の字の研究—埃及の香油瓶と杓子—帝とアブラとの關係—

アブラハムの語たる。總テノ父といふ尊稱詞なり。即ち四海の仰いで以て父視する者に對する敬語なり。四海の仰いで以て父視する者は。天子なり。帝なり。王者なり。今此のアブラハムの五音字中より。天子帝王に該當すべき文字を求むれば。ハムの一語を然りとす。ハムのハはK音にしてHと相通す。故にカムといふも亦同じ。史記の西域傳中に。數々出現せる汗の字は此の音譯なり。アセ水のアセといふ意味より來れるにはあらず。カンはハンなり。カムはハムなり。アルハベットの代用に其音聲を假借せるのみ。日本語のカミ(上)カミ(守)等と殆んど同義にして。但だ日本語よりも。更らに高く。大に。重く。尊き響を有するのみ。去ればヂンキス汗《カン》の如きも。蒙古人は之れをヂンキスハムといへり。此は蒙古のみ然るにあらず。西域諸國多くは其君を稱して汗《ハム》といへり。其カンの原音は。西藏語のガンソより出でしものなるべし。西藏語にて。ガンソといふは。天子のことなり。ガンソはガンサーならむ。サーは君といふことなり。英語にては人代名詞になり。我日本語も同樣なり。但日本語にてはサーを丁寧にいふとき。サマとなる。俗に樣字を以て之に擬するはあたらぬことなり。トルホト王曰く。王樣といふは。日本にて尊稱詞とか聞けど。初めて樣の字を見たときは。王の如しといふ意味にとりて。王ニ準ズル義かと思ひたりし。支那の意義からいへば。王樣と書けば王ノ眞似シタ人といふことになる也と哄笑せられしことあり。イカにも左る意味とより外は受け取れぬ文字なり。蓋し此のサマは西藏語のツアンボーと同一ならむツアンはサンとなり。ホーはモーとなる。ツアンボーはサンモーなり。サンモー即ちサマの語源なるべし。サマのマが略せられたるもの。英語のサーとなり。日本語のサーともなりしならむ。其サーがソとなりてガンの下に附着せる。ソレ即ちガンソなるべし。ガンはガミとなり。清音によればカミなり。カミの音字Kamiは。君の訓Kimi公の訓Kimiとも同じ音通なり。而して君の音のKunと公の音のKonとを以て。其n字をm字に轉換すれば同じくKumとKomになるを見るべし。漢音のクムとコムと。日本語のキミとカミと。蒙古語のカムと。西藏語のカンソとは。孰れも同じく主權者のことなり。之をバイブルにてハムといふ。漢字に意譯すれば帝なり。見よ黃帝の帝字とアブラハムのハム字とは一分一厘の間隙も無く密着したるに非ずや。然らばアブラと黄とは何の關係ありやといふに黄とはアブラの色をいへる也。アブラとは。獨り日本にのみ有する語にあらず。蒙古語にもアブラといへり。英語のオイルも亦オビルの變化なるべし。支那字の油の字音イフも兒の字を添へてイフルとすれば。皆同一語根を有す。イブルは燻《イブ》ル也。炙《アブ》ルと同く。火力作用を意味す。油の字の傍の由が⊕より來れるものたるや疑ひなきと倶に⊕はヘブリウ、ギリシヤ皆倶に火箸の象形とせる⊕の外にハネたる一劃あり此の外にハネたるもの即ち油なり。⊕は肉を炙ル鐵網なり。此鐵網は火箸を十字に交叉してつくれるものなり。之れにかけてアブル時。其肉より分泌する黄液即ちアブラ也。故にアブラはアブルといふ動詞の化して名詞と變じたるものなり。されば油字は由に从ひ。シに从ふ。然るに黄字は廿に从ひ。亩に从ひ。ハに从ふ。廿は十字を二つ列ねたり。神の象なり。八は祭壇なり。其中間の亩は由に一あり。此一の字劃には余も殆んど解釋に苦めり。依りて種種研究の結果。帝室博物館中に陳列されたる埃及の香油瓶と其杓子を見て初めて疑團の氷釋を得たり。蓋し亩の由は。同形異義の解釋として。⊕の火箸とは別方面の觀察を施さざるべからず。黄の卣は之を書にして卣なり。單線の容器は香水瓶なり。複線のは其杓子なり。今現に上野博物館に其物を陳列しあり。之れより進んで諸種の香油瓶に限り。其蓋が卣となり來りし現在のビイドロ細工にも想ひ及ぼすことを得べし。即ち知る黄字はアブラより其意味を取り來れるを。更らに百尺竿頭に一歩を進めて帝とアブラと何の關係あるかを論ぜん。

▲黄帝とはアブラハムの飜譯のみ㈢

――コンロ及びヒチリンの語源――商書の文句の解――酒のカンのカンの字――ガンナヘとガンモドキと――喇嘛教の一聲――英語のエルローといふ語――何故に黄の字を皇帝の尊號とせしや――

或は曰く。油の傍たる由は。古文𢎘なり。故に説文には由の字なくして。𢎘の字あり。𢎘は木の條を生ずるに象るなりと。是も亦舊註の藥籠中に沒入して其小天地以外を達觀せざる者の言のみ。𢎘の𢎗を以て。『𢎗は嘾也。草木の華未だ發せず。函然たる象形』とは。說文の言ふ所なれ共。弓の字を如何にヒイキ目に見立つればとて。之を草木の華の萏と見るを得べきや。今若し百歩を讓りて。之れを草木の華の萏の象形と見るを得るとせんか。然る時は油の由は甹なり。草木の華の萏なりとして。アブラと何の關係ありや。解釋斯くの如きに陷らば。油字の說明は終に不可能に終らむ。余を以て之を見れば甹の弓は［弓］即ち［凸］より來るヒチリンの形なり。崑崙《コンロ》なり。崑崙《コンロ》とは。崑崙《コンロン》の火山に象り。其上擴がりて腰の殺げたる山形より名を取りしものにして。之をヒチリンといふは。泥火《ヒチリビ》なり。土製の火爐といふこと也。此土製の火爐の上に、鐵網の炙肉器の⊕あり。是れアブラの字の正式たり。故に時ありて土製の火爐は。之を省くと雖も。油の本體には異狀あるべからず。されば由に弓を加ふるも減ずるも。其意義に變更を來たさざる所以なり。斯く言はゞ或は又商書の『顚木之有甹枿』を引いて難ずる者あらんも。商書の甹も亦アブラの義と見て可也。木に在ては。之をヤニといふ。ヤニは生氣ある木にして始て之を分泌す接木の如きも此ヤニを利導するのみ。枿は櫱と同じ。伐木の餘也斬りて而して復た生ずるを蘖と曰ふとすれば。二度目のヒコバへなり。故にヤニの津液の生氣中より發芽する義として。顚木の甹枿を有するの句も亦ワケなく解釋せらるべし。甹枿を由蘖と書きたるは。丂を略したるのみ。丂は呼《コ》感《カン》切なり。コカムはガンと約す。酒を暖むるをアッガンといふガンも此字なり。俗間燗の字を用ゆれども。燗は醎と同じく。醎《シホカラ》きこと也。戰國策に『畫遊《ビ》』手茂樹『夕《コ》調平《ス》酸醎《チ》』とある一本に酸醎と書きたるも同じこと也。酒のカンのカンと思ふと。大間違ひなり。或は燗と書きてカンと讀ましめたるもあれど。字書には爛字ありて。燗字無し。燗は爛の略字にして。字音もランなり。カンにはあらず。去ればどうしても。酒のカンのカンは丂なり。酒器を土製の火爐にあぶるの謂也。其肉をかけたるとき之をガンナベといふ。後には雁の字に變化したるも。初めは矢張りヒチリンにて諸の肉を煮食ひせる也。其豆腐の油あげの一種をガンモドキといふもの。丂《カン》のガンをモにて響かせ。ドフクヒと承けたるなり。即ちヒチリンにて。豆腐《ドフ》を喰《ク》ふの義に外ならず。丂豆腐《ガモドフ》喰《クイ》と書くべし。雁擬《ガンモドキ》とせるは。雁鍋《ガンナベ》を雁鍋《ガンナベ》と誤り。其誤りを眞に受けて一枚看板の雁肉店を出したると同樣の滑稽なり。其實はヒチリンの号にて油煮せるなり。眼目は矢張油の意味有りと知るべし。此油の由を亩として。神の祭壇に供する故に。廿あり八あり。之を合成すれば共となる。供字の傍なり。油を供するより黄の字成る。喇嘛敎にては。神壇の供物は。水と油とを主とす。此アブラは肉をコゲル迄炙りて。其脂肪を滴らせたるなり。故にコヽワム切は。クワウ即ち黄の字音なり。コヽワムは。コゲムなり。焦《コゲム》と同じ。俗に焦《コゲ》臭きを黄ナ臭きといふも此故なり。又其の釜底の焦肉を肉刀にてコサグとき。一種の急促せる音響を發するを黄色イ聲といふ。是れも焦げたる肉を剝ぐの聲といふ義なり。古文黄字は炗と書く。廿は神なり。廿の下に火あり久は終の略字にて。神火の終は。アブライリの黄色となるを象りたるのみ。說文に地の色なりとあるに從はば。黄及び炗を何と說明すべきや。思はざるの甚だしきのみ。黄は梵語カビラといふ。カビの約はキとなる。日本語は之に應ず。之に語尾のラを添へたるものキラなり。キラのキが。C音に響きてシラとなりたるもの。蒙古語なり。思ふに梵語のカビラはコゲルのゲが變じて。ペとなりたる賀婆相通の音律より來りしものにて。根本は矢張り焦るといふこととならむ。英語のエルローもエとルの中間に。フ音を伴ひし時代のありしかと思はる。エフルロー即ちイブレルといふこと也。イブル即ちアブル也。斯く各方面より綜合し來れば來る程。アブラといふは。黃の字と愈々密接し來るに非ずや。去れば黃字は其字の示す如く。アブラと見て差支なしといふ可し。故にアブラハムのハムを帝として。アブラを黃とすれば。黃帝とアブラハムとは。名稱の上にて抱合して遺憾なきを得たり去れど黃のアブラの義を何故帝の尊號とせりやといふ事は更に一段の研究に待たざる可らず。

▲校正畏る可し

文章は一氣呵成──カキツパタの迹──痘痕點々の紙面──蒼頡も地下に泣く可し──さしも知らじな燃ゆる思を──有と在と──支那人と日本人──絕世の奇文

余の二千九百年前西域探検日誌を草するや。腹案は十年以來の研債の結果を擧げて、其胸底を盡すものなれども。文章は一氣呵成の儘にして。多く推敲を事とせず。字句の間。往々誤脱の恐れなきに非ずと雖も。大抵は再讀熟覗朱筆もて其疎漏を繕ろひ。コレナラ讀めるといふ處にて。編輯局の使介に付するを例とす。但だ一々ルビを施すの煩に耐へざる爲。丌は校正子の手腕に一任して。左マデハ干渉仕らず。然るに翌日刷りアガリの本紙を把りて之を一閲するや。折角の苦心も時には滅《メ》茶《チャ》苦《ク》茶《チャ》になり居ることあり。それも單にルビの間違ひのみならば。讀者も亦校正子の不注意に見做すべけれど。甚しきは☷を陰とし。☰を陽とせる如き大顛倒の時もあり。カキツバタの花の形を逆に植ゑたる變テコあり。類似の文字に他の音訓をアテガヒたるあり。若し人ありて始終其疵瑕のみを拾はんとするものあらば。ソレ丈けにても求めざる一種の滑稽文を綴り出すことを得可し。知らざる者以て筆者の不詮策となさば。筆者こそヨイツラの皮なれ。去れど其都度々々八釜しく申立てた處が新聞紙は電光石火の瞬間を爭ふ仕事なれば。徒らに難きを人に責むるの苛刻に陷るも面白からずと考へ。從來は末だ曾て一回も訂正を申込まず。申込まざるを以て筆者は滿足せりと誤認する勿れ。實は訂正を申込めば。其際限なからんとするを恐るゝのみ。去れど事苟くも學術的研究に屬する以上。餘り亂暴に取り扱ひされては。論旨も引證もダイナシにつぶれて仕舞ふて。剩すは痘痕點々の紙面に。駄評の種子を留むるのみならんを憂ふるが爲に。三度に一度に權兵衛ならずも。烏鷺を追ふの要なきにしもあらざるなり。殊に昨紙の本篇の如きは。近來稀れなる誤謬ダラケにて。關羽《クワンウ》の赤兎馬《セキトメ》が。セキバネのアカウサギウマとなり。孫子《ソンシ》の兵法《ヘイハウ》が。マゴコのダケホウとなりし類に譲らざるべし。余此に於てか嘆じて曰く。人生、婦人の身となりて百年の苦樂一に他人に依るも猶ほ可なり。文章、新聞の紙にのりて千慮の苦辛も唯だ校正の如何に依るにいたりては。耐ふ可らず。眞に校正は畏るべき哉と。斯く言ふ丈けにて合點參らずば。試みに昨紙に就て其間違ひの一部分を指摘すべし先づ六號見出しの天窓からして。『コンロ』を『コンコ』と誤り。『文句の解』を『文句を解』とせり本文にては『油の傍《つくり》』といふべきを『油の傍《へん》』としたり。偏傍を混同されては。蒼頡も地下に泣くべし。殊に男の字の下半部の巳を以て。弓の字に換へられたのは。筆者もガッカリして。巳《カン》とも弓《キウ》とも聲さへ立て得ず。目を白黑にあきれはてたるのみ。　蓋し弓《ヤウ》と弖《タイ》と弓《ガン》と弓《オヨブ》は。　孰れアヤメと引きぞわづらふ類似の甚しきものなれば。　一見混亂し易きも左ること乍ら、念の爲にルビまで施し置きたるを。　それにも係らず弓《ユミ》として仕舞はれたには閉口の外なし。　次ぎにアブルの炙《シヤ》の字に。　おキウの灸《キウ》のルビを施し。　炙《シヤ》肉《テク》器《キ》を灸《キリ》肉《ニク》器《キ》と見られたのは。　サシモ知らじな燃ゆる思ひを。　火のやうになりて怒りても及ぶことでなし。　閒の字は門に月を合せて旁とした者なるが其字音はラン。なりと斷りあるにも係らず矢張りかんのルビを附けるもトンチンカン也。ココワム切の切の字は。　切《セツ》音《オン》の義なれば。　セツとルビを施すべきを。　ココワム切《きり》とは情けなし。　黃《クワウ》の古文奚の字を『あふひ』と讀ましたる傍訓も。　日廻りの花のソレならねど。　目の廻るやうな轉換なり。　黃の梵語のカビラをカビクとし。　アブラをアビクとしたるも遺憾此の上なし。　一字の假名の有無にて文字の根本義に異同あるは。　有の字と在の字なり。『眼目は矢張り油の意味在りと知るべし』の意味の字の下に(に)文字なくては叶はぬ處なり。　凡そ斯樣の事算へ來れば。　際限もなきことなれど。　筆者に取りては二汁五栞の膳立てを。　隣りの猫にヒックリかへされたるよりもあつけなきこと多し。今や漢學勃興の氣運に向へりとはいふもの丶。一時漢字を役介視したる遺習の猶去りやらず。漢字に對しては。疎漏散漫の取扱ひ容易に改まらず。去るからに藝妓の藝名君子《キミコ》といふに氣附かずして。クンシとルビを施して儒者臭い方面に解釋をつける者あるかと思へば。司《シ》馬光《バクワウ》字《アザナハ》君實《クンジツ》河內《カダイノ》人也《ヒトナリ》を。司《シ》馬光《バヒカル》字《アザナ》は君實《キミザネ》河內《カハチ》の人也として。支那人を日本人にして仕舞ふもあり。甚しきは二號活字もて『瞑目して天井をにらみつめ』といふ絶世の奇文を堂々たる都下の某新聞に見たることすらあり。一欄に一ケ所二ケ所は愛嬌となりて面白きこともあれど。おカメが甘酒に醉ひたる如く。愛嬌になるからとてゲラ〱ものは考へざるべからず。況んや學術的研究の本篇の如きは一點一畫すらゾンザイにし難きものあり。尋常一樣の三面記事同樣の校正は御免蒙ふりたきものなり。余や平生多く苦情を言はぬ方なれど。昨紙の誤謬の甚しきを見るに及んでは。默りて居られず。一言を挿み置くのみ。孰れ本篇を書籍とする際は。自ら十分校正の任にあたる積りなり。讀者が本篇に對する批評も。其後の眞面目なる聲をかけて貰ひたしと希望を陳べ置くのみ。

▲黄帝とはアブラハムの譯字のみ(四)

皇字と黄字と—君と黄と—離る可らざる關係—世界の秘密國—顏色雪の如し—牡丹餅の解—佛面の黄なる譯—貴德の面

黄の字を以て。何故に皇帝の尊號とせりやといふに付ては。先づ皇字が黄字と同意なることに着眼せざるべからず。唐韻。集韻。韻會正韻の諸書並びに曰く。皇《クワウ》は胡《コ》光《コウ》切《セツ》音黄《クワウ》と。以て見るべし。皇は黄と同音なるを。更らに翻りて。之を我が國語と比較するに。皇の意義たるKimiの音は。黄の訓たるKi-miと同一に歸着す。而して黄の訓のKimiは。之をKamiとして。カミとなり。KamiよりKabiとなれば。即ち梵語のカビラと一致す。去ばキミてふ名詞其れ自身が。根本に於て色彩の黄より出たる緣故ありと謂ざる可らず。猶進んでカビラの綴音KabiraのK字を省けば。Abiraとなる。依りて皇字とアビラの關係を調ぶるに。アビラはアブラとして。皇《クワウ》の古文に𦤎《クワウ》の字あり。𦤎《クワウ》は白《ハク》油《イフ》の成字なり。白油《ヘクイフ》の白《ヘク》は黄の本體なり夜間黄色を望めば白となる。是れ其本體を現ずるなり。去れば結局はアブラといふと。黄といふと。皇といふことは離るべからざる關係ありと見ざるべからず。此關係は如何なる邊より來るかと探るに。契丹史に。黄油を塗りて王位に即くといふとあり。へブリウ語のメシヤといふも矢張り同樣の意義なりといふより考ふれば。太古は斯くの如き風俗禮式の行はれたる國ありと謂はざる可らず。而して其國の本家本元と見るべきは。世界の秘密國として。今猶神秘の幕に蔽はれつゝある西藏國を除て外にあるべからず。西藏は世界の屋根の軒つゞきなり。その爲空氣乾燥にして皮膚アレ易きが故に。現時に至るも富貴の家の子女は。絶えず滿身にバタを塗りて。ヒゞアカギレの豫防を事とす。其習慣はヒマラヤの峰の颪と俱に。四邊の境域に吹きおろして。東西兩人種間にも傳播したるものなりけらし。契丹風俗の内には。女子滿面に油を塗り。之れに黄粉《キナコ》をふりかけて。以て寒氣を防ぐ。之を佛面といふ。而して其佛面の剝落する時は。久しく日光を見ざるが爲めに。顏色雪の如く白くして。其婉容いはんかたなしといふ一條あり。我國の俗謡に『アノ娘《こ》よい娘《こ》ぢや牡丹餅顔で。黄《き》ナ粉《こ》つけたら猶よかろ』といふの一首は。强ちに市井巷間の出鱈目に成る駄洒落にあらずして。久しき以前より傳來されたる歴史の消息をも含蓄せりと見るを得べし牡丹餅はバタモチなり。バタは黄油なり。黄油を食用とす。之をバタモチといふ。而して黄油を塗りて靈座に登る。之れをブツダといふ。ブツダの漢譯は佛陀也。故に油を塗りて黄粉をふりかけたる顔を佛面といふ。佛を指して黄面老子といふも之れが爲なり。多くの佛畫が其佛面を黄金色にするも。根本は決して佛陀が金屬の面部を有せりといふの義に非ずして。黄油を塗りて靈座に即けるものてふ意味より。漸次轉訛し來たるものたるや疑ふべからず釋迦在世の時八萬の大衆を拔いて。獨り拈華微笑の深奥を傳承せる麻訶迦葉は。原音マカカシバなり。マカは大なり。カシバは師父とも譯す。而して之れが別譯として金色の頭陀といふ義を傳ふるは。カシバの面色には黄油を塗り居たるを明らかにせる也。今此のカシバの種族を。古樂の面の中より探り出すに。正しく高麗舞の中なる貴德の面と相符す。貴德は原名Kuechikuを漢譯せる文字に外ならずして。Kuchiku は現今のコサックのとなり。コサックの轉カシクとなり。カシクの轉はカシハとなる。キリキス人種の古名なり。其西藏の西南に一藩屏を成す者をクルガといふ。クルカはキリギの轉なり。キリギの第三音に變じたるもの。クルガとなり。クルクのH音となりたるもの。フルフといふ。フルフにムを加へたるもの即ちフルフムにして。ブラフマの名稱は之れより生ず。所謂波羅《ブラ》門《フマ》族とは。今のクルガ人及びキリギス人の原名なりと知るべし。故にカシクの轉カシバの名を以て呼ばれたる金色の頭陀は。佛典中明らかに波羅門種たることをいへり。其カシクの轉キトクを名とせる貴德の面も亦黄色に塗りたてれらたるを見れば。黄油を以て面に塗るの習慣は西藏の高原中にても。波羅門族を以て其の開山と謂はざるべからず。アブラハムは黄帝にして。黄帝は波羅門種なりとは此處に於てか。之を稱道するの理由あることを悟るべし。

▲黄帝とはアブラハムの譯字のみ(五)

——同語の異譯——アビラウンケンソワカ——相撲の大山——天上の旱魃を使役す
——淳于髡の諷刺——沙馬耳汗土の解——從來の漢籍研究法——一大革命の時運——

今試みにアブラハムの名稱中アの不定冠詞を除けるものと。左の言語とを比較せよ。

(甲)ブラフマ(梵天《ぼんてん》)　衆生の父

(乙)ブルハン(佛陀)　衆生の父

甲はサンスクリットにして。乙は蒙古語なり。其指す所梵天といひ佛陀といふの差にありと雖も。倶に衆生の父たるの意義を離れず。同語の異譯たるや疑ふべからず。然らは。此のブラフマ若くはブルハンに不定冠詞のアを加へ見よ。

(甲)アブラフマ

(乙)アブルハン

取りも直さずアブラハムの名稱現前するに非ず。然らばバイブル中のアブラハムの語義は如何。

(丙)アブラハム(大聖) 衆多の人の父。 即ち右に揭ぐる處の如し。 之をブラフマ及びブルハンに比較するに。 何の異なりたる處がある。 衆多の人は即ち衆生なり。 衆生の父は卽ち佛陀なり。 而して又梵天なり。 而して漢譯すれば黃帝の義に該當す。 黃帝卽ちアブラハムにして。 アブラハム卽ち黃帝たるの義。 愈々明らかなりといふべし。 梵語の胎藏界大日如來の眞言たるアビラウムケンソワカといふもアブラハムのアビラと同じなり。 アは地なり。 ビは水なりラは火なり杯と。 寸斷寸說するは。 後世本義を忘却してからの强牽に過ぎざること。 猶オンマンバタミーホンを六道に割りあてゝ解說すると同樣の窮策なり。 彼斯にてもアブラといへば善神に屬す。 我國にても相摸《サガミ》の大山阿夫利《アフリ》神社は。 其本尊に就て諸說あれ共。 不動明王といふを以て最も確實なりとなすべく。 不動明王の本地は大日如來なれば。 大日如來の眞言アブラは。 やがて阿夫利神社の阿夫利と同義と見るを得べし。 元來ブラフムの梵天とは。 大陽種といふことなれば。 大日如來といふ義とブラフムとは殆んど離るべからさる關係あり。 此故に不動明王も亦バラモン敎の神を奉じて。 佛門の護法となせるものたるを知るべし。而して黄帝は其一生の事蹟中に。自己の讐敵と戰ふとき。天上の旱魃鬼を招いて之を使役せりといふ一事あるに徴して。暗に太陽種たるの義を寓したる形跡ありといふを得べし。而かも印度にアビラウンケンソワカの眞言あるにも係らず。支那には殆んど之れと似よりし神呪も存せざるは不思議なりといふものあらむも。支那は早くよりアルハベットの使用を忘却せる爲。多くの古言を象形若くは會意の文字によりて傳へたるにより。初めは借音に過ぎざりしもの。年所を經るに隨ひて。終に會意となり。トンでもなき他の意味に移り行ける者頗る多し。去ればアビラウンケンソワカの眞言の如きも Ŭhoro munkou sya man sya となりたるものに漢字の歐窶滿《オフロマン》籌汗《カウウ》。邪滿車《シャマンシャ》を充て。之を新年祭の祝詞とし。更らに五穀蕃熟。穰穰滿家の二句を添へて。滑稽家淳于髡をして齊王に諷刺せしむるに至りたる次第なり。斯くの如きことは支那では敢て珍しからぬことにて。曾て今の『日本及び日本人』の前身たる舊『日本新聞』紙上に於て。中央亜細亜の古都サマルカンドの歴史地理を詳述せる者あり其題號を萬葉假名にて『沙馬耳汗土《サマルカンド》』と記したり。余嘗時北京に客遊中なりしか。一日支那人中の學者先生、余が寓居に訪ひ寄りしかば。余は此の題號を示して。此の記事に付て研究したきこと有り。足下の博學必ずや廣洽の識を藏せん。願くは垂教を吝む勿れと請ひたりしに。學者先生妙な顔して余を一瞥して曰く。足下は此意義を左まで難解のものとなし玉ふや。此は足下にも似合はぬこと也。抑も沙馬とは沙漠を旅行する馬の略字なり。即ち沙漠旅行の馬。之を省筆して沙馬といふ。其沙馬の耳朶は流汗の淋漓たる處。之れに沙漠の塵土來りて附着す。之を沙馬耳汗土《シャーマールーカントー》といふ。沙馬ノ耳ハ土《チリ》ニ汗《アセ》スといふ義なり。豈他あらんやと。言ひ終りて自得揚々たり。余此深甚微妙の講釋を聞いて一時呆然として口を閉づるを忘る。後瞿然として支那は五十音及び「いろは」を有せざる爲め。如何に文明の進路を蔽塞せられたるかに想到し。更らに從來の漢籍研究法は。徃々にして借音と會意と混同せるものあらんことに氣附き。此に古訓舊釋の必ずしも遵奉に價ひせざるを知るに至れり。アブラウンケンソワカと歐寠滿篝汗邪滿車との比較は偏へに沙馬の鞭影に驚きたる後の賜なり。ア、支那の古史研究も亦一大革命の時運に襲はれんとする者に非るか否か。

◬黄帝とはアブラハムの譯字のみ（六）

總ての部分の比較研究——口に滴たる金露の潤ひ——有熊國とは何處ぞ——梵天國は即ち西藏國なり——紅玉を産する川——豐浦の解——ヘディン博士の旅行談——禪定に入る」の義——博奕「花合せのテラ」——豈に赤の他人ならむや

アブラハムと黄帝とが。其名稱に於て抱合せりといふと雖も。單に名稱に於てのみ抱合する者は。獨りアブラハムと黄帝とに限らず。アブラハムと佛陀とも抱合し。アブラハムと梵天とも抱合す。此に於いてか更にアブラハムと黄帝との他の總ての部分に向て。其比較研究を進めざるべからず。而して得たる結果。全然歸一するに及んで。初めてアブラハム即ち黄帝てふ大斷定を下す事を得べし。いざ去らば。甘蔗の節々漸く嚙み碎いて。口に滴たる金露の潤ひに舌皷を打たしむべきかな。竹書紀年には。黄帝を記して元年帝即《ク》「位居《ル》二有熊《ニ》一」とあり。拾遺記も亦軒轅《ハ》出自《ヨリ》二「有熊之國」一と載せたり。此有熊國とは何處を指すか。陋儒或は之を以て現今の支那内地に附會せんとするも。其事の無謀なるは既に數々論じ盡せり。有熊の國は必ずや函谷關以西の地名ならざるべからず。有熊はイフシユンなり。更に約すればウスンなり。ウスンは烏孫とも書く。アムダリヤ沿岸より伊犁方面にかけて大勢力ありし國なり。而かも其事蹟は秦漢以後に屬するを以て。烏孫のアムダリヤに建國以前。猶其擁藍の地に在りし名稱なりといふを至當とすべく。さすれば其擁藍の地は孰れに在りやといふに。同じく烏孫藏と稱するものは于闐なり。于闐の其根本は。烏斯藏なり。即ち西藏なり。西藏の北音シーツアンは。ウシーツアンのウを略したる也。故に黄帝は西藏の高原より系統を引きたるものに相違なし。而かも有は有無の文字解剖の時既に述べ置きたる如く。アブルの音義あり。熊は胡《ホ》弓《クン》切《セツ》なれば。フンなり。フンは南音なり。北音にてはスンといふ。去れば有熊の二字は。一面ウスンと讀み得べきと倶に。一面には又アブルフンとも讀み得べし。此アブルフンのアを省きたるもの。ブルフンにして。ブルフンとは梵天のことなり。西藏の婆羅門即ちクルガ人種此れ也。梵天國とはバラモンの國といふことにて。其バラモンの國は取りも直さず西藏なるより推せば。有熊をアブルフンと讀むと。ウスンと讀むとに係らず並びに同一地點を指したる名稱に歸着するを見るべし。アブラハムの原名は。アブラムといふ。アブラムとは有熊のアブルフンてふ國名を名乘りしものなるべし。アブラハムの兄弟ハランてふもの。其父に先ちて死せる地をカルデアといふ。カルデアとは恐らく西藏の麓なる于《ウ》闐《チン》のクルデアなるべし。バイブルに所謂カルデアのウルといふものは。即ち于闐の玉隴《ユイルン》なり。ウルハシノパールといふ。ウルは紅なり。ハシは玉なり。ノールは川なり。紅玉を産する川の名也。而してアブラハムの父はテラといふ。テラとば寺の字の訓となりて。今では純然たる日本語となり了せたれども。元來は伽藍《チヤラム》のチヤラなり。チヤラは亦トヨラともなる。トヨは漢字昭を充つれど。日本にては豊浦と書す。豊浦とは浦津の名稱と思ふものあれど。水邊にもあらざる地に豊浦といふは畿內にも在り。長門の豊浦も其名稱の根本は浦津の意味より出でしにはあらず。實は大廟の在る處といふ義なり。故に日本全國の地名にて豊浦といふを探し出し其地の由來を調べ見るべし。浦津には關係なくとも廟には必ず關係あり。トヨラはチヤラとなり。　チヤラはテラとなる。　此テラは伊犂にてトラといふも同語なり。ヘディン博士のタリーム盆地旅行談に『其處で先づ最初に發見した珍らしいものは。トラと稱する大なる塔であつて』云々とあるトラは即我國のテラ也。而して此テラは根本義として塔の名稱たるは。ヘディン博士の記する處の如し。此塔は一名ソトバといふ。ソトバはサダブ也。サダブはサダムなり。定の字は即ち此義を存す。故に禪定に入るといふは禪を修する塔に入るとなり。此塔の義たる定の字訓をサダムといふはソトブの轉なり。故にサダムといふもテラといふも同一なり。博奕又は花合せにて其出來高の幾分を持場主又は席主の納むるをテラといふも。賭博のサダメを取るといふことにて。キマリたものを貰ふ意味也。サダメとテラと斯く相伴なふこと分明となれば。アブラハムの父がテラと呼ばるゝに對して。黃帝の父の名が少典と記されたるも亦其一致を認めざるべからず。少典はShaodamなり。即ちサダムの音譯なり。サデムはソトバなり。テラのことなり。是れ其少典の文字を借音としてのみ見るも猶斯くの如し。若し典字が式典祭典若くは典禮の典の如く。

其用所多くテラを離れざるに至りては。更らに會意を以て借音の不足を補はんとせる者に似たり。アブラハムと黄帝は其本人同士の名稱が一致するのみならず。其父の名稱も亦一致す。是豈赤の他人といふを得むや。

▲黄帝の母は何者ぞ

——黄帝の母は昊樞か附寶か——姫水とは何處ぞ——紫式部に於けるが如し——太古の天とは西藏の高原——釋迦は飛行器に乘れるに非ず——地とは孰れを指せるや——觀世音の呪文の解——

アブラハムの父は。テラなること明らかなれど。其母の誰れなるやはバイブルにも記載を缺きたり。而して黄帝の母に就ては竹書註には母ヲ曰フ㆓附寶㆒トとあり。其疏には太平御覽一百三十五卷ニ河圖ヲ引イテ曰ク。黄帝ノ母ハ地祇ノ子ニシテ。附寶ト名ヅク云々とあり。然るに拾遺記には母ヲ曰フ㆓昊樞㆒とあり。昊樞と附寶と二説孰れか是なりやといふに。余は曰く。兩説倶に取るべし。蓋し昊樞はコウスウなり。コウスウはコンスンともクシとも通ず。黄帝の姓を公孫姓とし又姫姓とするも皆母の姓をいへるのみ。公孫はKONSUNなり。姫の字は居之切なれば。キヨシ也。故に縮めて言へば姫なり。伸べて言へば公孫なり。公孫のコンスンを。押へて書けば昊樞のコウスウとなるのみ。而して其コウスウ即ち居之は。地名を取りて姓とせるものに相違なしとして。之を説文に照らすに。曰く黄帝姫水ニ居リ。姫ヲ以テ氏ト爲ス。周人其姓ヲ嗣グとあれば。姫水とはキシウスといふ地名なるべし。何となれば姫は居之の約音にして。水はウスといふ語なれば也。依りて之を西藏附近の地名に求むるに。トルキスタンのフエルガーナ州に於て。其南方を限れる山脈をアライといふ。其山脈の更に南方に廣大なる谿谷あり。是れ即ちアムダリヤの一大支流を成せるキシウスてふ地方なり。此谿谷を隔てゝ更にトランスアライ山脈あり。其南方は所謂パミールの高原にして。實に西藏と軒を並べし世界の屋根なり。思ふに黄帝の母の故郷は此のキシウスなるべし。周室の姫氏を名乘るも亦豈曾て此地に居住せることあるに依るものならざらむや。穆天子傳には崑崙山脈の一高峰、春山の下に姫姓の人を訪ふ處あり。正しく此地と相合す。キシウスのキシを姫とも。公孫とも昊樞とも書きたれど。倶に同音の異譯と見るべし。故に拾遺記に母ヲ昊樞ト曰フと書けるは。母の姓を記したるものと知らるゝなり。然らば竹書註及び河圖の附寶といへるは。母の實名かといふに。此は恐らく母の職名なるべし。猶紫式部の紫は綽名にして。式部は職名なるがごとし。さるにても附寶とは如何なる職名かといふに。此は正しく蒙古語のボンボ西藏語のボンボと同じく。附寶の二字をフーパオと讀みて。巫祝のボーたるなからんや。ボーはボンともいふ。梵《ボン》の字は此音譯なり。凡《ボン》林《ラム》と下より逆讀して。ブラムの音を合成したる也。何故に附寶をこのブラムと同系のボーと見るかと言へば。河圖に地祇の子とあるを以てなり。夫れ地祇とは天神に對する文字なり。太古の天とは孰れを指したるやと云ふに。西《トベ》藏《ツト》の高原なり。(トベット)の(トベ)が(デベ)となり(デベ)が(デブ)となり(デブ)が(デム)となり(デム)が(テム)となりしもの。即ち天の字音テンなり。佛教の三十三天といふも彼蒼の大空をいへるにはあらず。其根本の起原は。印度方面より西藏の高所を指したるのみ。故に釋迦が忉利天に上りて説法せりといふも。飛行器を發明して。空中に舞ひあがりし謂に非ずして。其實は。ネポール方面よりドーラギリの山上に旅行し。其頃の吐番人を濟度せんと試みたるのみ。ドーラギリのドーラを音譯せるもの。即ち忉利《トウリ》なり。ギリとは山をいふ。之を形容して天といふは。其高きをあらはしたるなり。決して誇大妄想狂の案出せる神話と同一に視るべからず。此天の訓をアマとして。ソレより流れ出づるものと考へたるがアムダリヤなり。然らば地とは孰れを指したるやといふに。西藏より下界は皆地なり。去れど其根本的に地の名を負へるは伊犁よりバルカシノールに注ぐツイ川の沿岸地帶なり。ツイ亦斗維とも書く。今單に吹《ツイ》の字を充つ。此地概ね卑濕の地なり。故に地の字は池の土といふ合成字より。其偏の水を略し。斗維《トヰ》の合音チーとなる。之を地の字に附與せるなり。古史に天河、地河、中河といへるは。アムダリヤを天河とし。ツイダリヤを地河とし。シルダリヤを中河とせるなり。其中アムダリヤと。ツイダリヤは。陰陽二神に配合して。之を尊び。終に觀世音の呪文としてアムダリー、トウダリー、ダリーツハーといふ眞言を生み出すに至れり。此の眞言は今專ら他の意味に解釋さるゝと雖も。原始的意義は天河《アムタリヤ》。地河《ツイダリヤ》。河總育《ダリヤスベテヲソダツ》といふことにて。アムダリヤとツイダリヤの恩惠を謳ふたるなり。

▲式三番の呪文の解

——式三番の呪文の轉訛——亂曲は喇嘛曲の誤傳——災難即滅——師走の餅の切賣の如し——八幡の紋の三ツ巴なる由來——神皇正統紀の杜撰——暫らく鋒鋩を包んで袋の裏に藏れ居らむ——

アムタリ、トウタリ、タリソハーの呪文は。西藏高原より伊犂一帶の地まで。餘程廣く傳播されたるものらしく。西域の舞樂、甘州涼州を經て。唐朝に傳はり。更らに東漸して日本に來り。幾多の星霜を閲して終に現在の歌舞妓芝居と變形するや。劈頭第一の式三番に於て。明らかに此呪文を高誦するの例を開けり。其文句は原音のアムタリヤ。トウタリヤ。タリヤソハカが。一轉して。アムタリー。タウタリー。タリーソハーとなり。再轉してオウタラリ。タウタラリ。タラリソホーとなり。三轉してタウタラリ。タウタラリ。タラリローとまでに變訛しゆけるを以て。今人容易に其眞言たるに氣附くものなきも。音韻復原律に照らして。一たび之を檢覈すれば。何々皆本然の面目を露出し來りて。一毫も疑ふべき無し。況んや式三番に限りて。之を亂曲《ラムギヨク》と唱ふるは。喇嘛曲《ラムギヨク》の謬傳たること。其長袖高帽、悉く喇嘛《ラマ》の服裝たるを見て知るべく。右手に袖を卷いて左方を顧み。舌を吐くこと三寸なる其が舞踏の態形は。西藏に於て貴人に接するの最敬禮に恰當するに於いてをや。又況んや兩袖を卷いて胸と口と額とにあて。オンモハーと唱ふるは。西藏人相見の式に現存する禮法の一にして。オンモハーはオンマホンの訛りたること爭ふべからざるをや。オンマホンは原文オムアホンなり。身口意の三合天地人の三才に通じて。一たび此呪を念ずれば。其日の災難即滅すと傳へらる。或は之を以て蓮華手菩薩の呪文オンマニパタミーホンの略誦なりとする者あり。抑もオンマニパタミーホンの呪文は。青海蒙古十三神山の大祖岳の名稱より出でたるものにして。思ふにシキテン族の塞種、即ち釋迦牟尼佛の同系の先民族が山岳崇拜の信仰を口唱せる者。民族の移轉と倶に其語の出所も亦傳來を失ひ終に最初のオンと最後のホンとを除き。中間のマニパトミを以て。蓮花中の寶珠と曲解し。之より更らに。蓮華手菩薩として Padmapani てふ一佛名を案出したるものに相違なし。然れども。マニパトミを以て。蓮華中の寶珠とせば。パトミマニといふがシキテン族の語法にして。之を逆讀語系のソレの如く。マニパトミといふべき理なし。此れ其譯語の曲解たるをあらはすべき明證なり。况んや。現在の喇《ラ》嘛《マ》教徒の講釋の如く。之れを六字として。六道に配りつけ。オムは天なり。マは修羅なり。ニは人間なり。パは畜生道なり。ミは餓鬼道なり。ホンは地獄なり。故に一たび之を唱ふれば。六道輪廻の業を免がれて。直ちに出離生死の大涅槃に到達すなどゝは。師走の鰤の切賣の如く。餘りに世話しき庖丁遣ひたるに驚かざるを得ず。語を寄す年の市人。ワキ目をふらず。請ふ其本に返れ。本に返れば一目燎然、青海蒙古の十三神山は悉く阿木尼の三字を冠するを發見せん阿木尼は日本語の阿摩能と同じきこと。之を羅馬字に綴りて Amuni と Amano とに書き並べて見せずとも明らかなり。而してアマノはアマのカグヤマのアマ也。アマノハカグヤマのアマは日本語にては天の意味に取れども。蒙古語にては祖先の義たるに過ぎず。此れは蒙古語の解が正當らしきといふは。アマハカグヤマといへども。同じアマハを冠するアマハ橋立といへども。孰れも地上を離れざればなり。此祖先の義たるアマノと同意のアムニの三字を冠して。青海蒙古に崇拜せらるゝ者十三山あり。其中の大祖岳は。オムニマドムソンといふ。此オムニマドムソンのマは。パの轉にして。ソはホと通へるより推せば。原音はオムニバドムホン也。オムニハドムホンは。即ちオンマニパトミホンの根本語たること。爭はんと欲するも得べからず。此語の最初の眞義は祖先の陰陽兩尊を祭れる御墳墓といふ意味なり。此アマノを略せるもの。パトミホンとなり。ミホンの約せるもの。モンとなりて。パトを接したる後。パトモンの語を生じ。パトモンの日本語となりたるもの。古くは。フトマニとなり。通俗にはハチマンとなれり。フトマニは☯なり。是れ陰陽兩尊の形也。ハチマンの紋を三つ巴とするは。元此フトマニの☯より轉じたるのみ。イザナギイザナミの昔しよりフトマニは以て天津神の大御心を伺ふ唯一の靈法たりしを思へば。オムマニパタミホンてふ神呪はイカヽに普遍的なるものたりしか。唯此一語を解釋せんか。此れのみにても一朝一夕の談にて盡くべくもあらず。其ハチマンを八幡とせる神皇正統紀の著者の舊解の杜撰なることや。之れを以て單に應神天皇の一尊號とのみ思へる舊神道家連中の僻見を破らんとせば。毛錐飛んで那邊の膚を刺すや知るべからず。如かず暫らく鋒鋩を包むで袋の裡に藏くれ居らんには。

▲黄帝の母の名

―胸中の鬱勃―佛敎大辭典の大誤謬―ホンポ敎徒日本の博士學士を嗤はむ―モンパの起源―黄帝の母の名の起源―庫裏の解―春蘭をホホクりといふ―頭巾を捨てて面前に立たむとす―

言ふまいと思へど今日の寒さかな。懷手にて浮世三分五厘に見流しても。學理討究の爲には。又しても胸中の鬱勃たるもの。口を銜いて出でんとはするなり。去らばオンマニパタミーホンの神呪と。黄帝の母と何の關係ありやといふに。此れは直接何等の關係なきも。我が佛敎の碩學宿儒アラユル博士學士のお揃ひにて。其第一編を刊行されたる佛教大辭典の中に於いて。オンマニバドメーフンと題し。解釋されたるものを見るに。西藏のボンパ Bön-pa 教徒は。此六字の題目を變形して。無意味の囈語マドリムドゥサラヅ Ma-tri-mu-trisa-ladzu となし。之を喧唱せりと書かれたるも。此れは大きな間違にて。オンマニパタミーホンを。如何に轉訛さして見た處で。マドリムトリサラヅとなり得べきものにあらず。マドリムトリサラヅとは。矢張りアマタリドムタリソハラヅの略語にして。根本はアムタリトウタリタリソハーに出でたるや疑ふべらず。斯かる見易き比較をすら怠りて。用語もあらうに。天窓から無意味の囈語と喝破されたる其鼻息きは荒らけれど。ボンバ教徒にして之れを知るあらば。日本の博士學士は揃ひも揃ふて不謹愼なる言辭を弄し。無意味の囈語を並べ居る連中のみと嗤もやせん。佛教大辭典は近來の好著なりと思ふが故に。此上の慾には今少し根本的研究に立入りて。前人未發の新解説を發表して貰ひたかりしと。一寸布團の裾をたゝくもイラざる老婆心かも知らず。足にさはりて痛からうとも惡氣でないから御免候へ。偖も佛教大辭典に引用されたるボンバといふはヘディン博士が講演にてペムボPemboとして發表したる西藏宗教の一種と同教にして。原名はポンポなり。ポンポをペムボと書きポンパといふも傳ふるものゝ口音にて。おのが勝手に訛りたるのみ。佛教大辭典のも。ヘディン博士のも。倶に正音とは言ひ難し。然ど轉化の軌道を逸せるにも非らざれば此等は大目に見て差支なし。現に我國の綿布の一種にフランチルに似て地質粗く。毛の立るものゝ名を。モンパといふあり。今紋派」と書き「文派」と書き又「紋羽」共書きて。一定の漢字を有せざるは。此ポンポ教徒の法衣に用ゆる羊毛の織物を摸擬せるものにて。(ポンポ)が(ポンパ)となり。(ポンパ)が(ボンパ)となり。(ボンパ)が(モンパ)となりたるなり。斯く言へば西藏語が如何なる徑路にて我國に入れりやと疑ふものあらむも。西藏の高原なる高山植物の系統は。同じ地續きの支那方面に分布せられずして。ヒマラヤ山を超えて琉球に入り。我日本島に連絡ありとは。其道の學者の夙とに稱道する處。隨て植物名の如きも。春菊をローマといふを日本語なりと思ひきや。純然たる我國語にはラリルレロの五字を以て起れる名詞とては。薬にしたくもないものならんとは。然らばローヤとは何國の言語りなりやといふに。此れも矢張り西藏語にて。菊といふ意味の語なりけり。去れば(ボンボ)が(モンパ)として傳はりしとて。一も不思議とするには足らず。此のモンパの原名ボンボてふものが。即黄帝の母のフーパオてふ名稱の起源なるべし。ボンボは佛教より以前に起りたる世界最古の宗敎にして。梵といふは即ち是なり。此ボンボは波羅門《ベラモン》種なり。其寺廟をテラガといふ。テラガはフトアララギの略なりフトのフを省頭音として。トと響かせ。之に殿の義アララギを加ふれば。トアララギとなる。トアララギの略タララギとなり。タララギ更に短縮してタラギとなる。タラギがテラギとなり。テラギがテラとなりて。総にトヨラの略音のテラと一致するを見る。此に於てか考るに。トヨラのヨラの本原はヤラにして。ヤラはアラより出で。アラはアララギの略なるべし。日本語にて蘭の字訓をアララギといふは。蘭の花の形、神殿に髣髴たるより此名を得たるものにして。其最も相似たるは春蘭なり。春蘭はホホクリと呼ぶ。クリは寺院のことなり。蒙古にてはフリといふ。日本にては庫裏《クリ》と書きて。寺院の控屋と解せるも。根本は神座《カミクラ》の座《クラ》の轉なるべし。然らばホホクリのホホとは何ぞや。是れポンポの中略ポポが清音となりたるものにして。ホホの音譯としては附《ア》寶《ハウ》と書くも亦相叶ふなり。見るべし春蘭は花瓣の中に神像形のものありて。里の子供等之を呼んでお地藏樣といふを。是れ蘭をアララギと呼び。春蘭をホホクリといふ所以なり。附寶はポンポの略符として。ポンポの寺院はテラグといふ。ヘディン氏の講演にタルゴガングリーとあるタルゴは。此のテラグの訛りなり。ガングリーはココムアグリ即ち氷山にて日本語のガケ(懸崖)と同じ響きを有す。タルゴガングリーは寺院のある氷山といふとにて。其東麓にセルシク、グンパといふポンポ敎の大殿堂あるが故に此名あり。タルゴはテラとなり。テラはアプラハムの父の名として用ゐられ。ポンポはプーパオとなり。プーパオは黃帝の母の名として命ぜらる。アブラヘム即黃帝の父母は。今や頭巾をかなぐりすてゝ我が面前に立たんとする也。

▲書室の代用鯉（第二便）

竹亭氏のハガキ——カビラとカビー——水面の油狀とキラ——漢字の煌々——宮樣々々御馬の前に——蒙古にては火たカラ——キリストはカイラス——蒙古語のキラス——アンポルアンブラアブラウンケンソハカ

尾道竹亭氏より左のハガキ來る。

驚心駭目と申すは、貴下の新説に充つべき讃辭にや候ふべき、二十日紙上（キラ）に就て水面に油狀を見るをキラがウクと云ふ俗語、是も所緣有之候や、乞示敎

尾道竹亭　佐々木照山先生

右は二千九百年前西域探檢日誌（五十一）に於て。『黄は梵語カビラといふ。カビの約はキとなる。日本語は之に應ず。之れに語尾のラを添へたるものキラなり』といへるに對し。黄字の油に緣ある所より思つきて。キラの類例の範圍を擴張されたる發見として。能くも氣附かれたりといふの外なし。之れに往を告げて來を知るものとは。竹亭君の新消息に充つべき讃辭にや候べき。イカ

にも貴説の如く。水面に油を見るをキラがウクといふ俗語も拙論のキラと所縁ありといふは。梵語のカビラはキアブラの縮りたるものなれば。漢字黄字の示す如く。油とは切りても切れぬ關係あり。カビラの約キラを以て。直ちに油狀を見る場に充つるも。同語の應用なりと知るべし。元來單にキラとのみいはずして。試に之を疊言すれば。キラ〱とて物の光る形容となる。此キラ〱は。漢字煌煌と書く。皇字は𦤎として。矢張りアブラに緣あること嘗て述べ置たり。而してアブラはアブリの轉にして。火を伴なふ故に。黄字の古文は又炗とも書くことゝ。是れも既に述べ置きたり。炗字の火の輝くよりキラ〱といふ形容詞を生じ。之れが廣く充てられたるが。トコトンヤレ節の『宮樣々々お馬の前にキラ〱するのはアリヤ何ぢやいな』よりイソ節の『大洗ひ名所は日の出に月見。光り輝くキラ〱と』に至る迄。皆此應用に外ならず蒙古にては。火のことをカラといふ之れに炎の義たるヒを附して。カラヒといふを。日本にて顚置してヒカラといへば光の義となる。光といふも火といふも。其色は黄を以て本來とす。故に火のカラてふ語はキラの轉なるべしとも思はゝる也。而してキラ〳〵のキラに不定冠詞のアを加へ見よ即ち火光の作用アキラとして明の字訓は直ちに出現さるべし。キラのキがヒとなりて。ヒラといへばヒル(白日)てふ語源も此に案出せらるべし。蒙古にても玻璃其他の物の輝くをキラスといふといへば。耶蘇の名のキリストをカイラスより出でたるものとして。カイラスはカイラス山名より來り。カイラス山の名は。カイラスてふ靈獸より出でたるものなるが。此靈獸は其毛の美麗なること。油を塗りて光澤を出したる如しといふに思ひ合せて。カイラス或ひは蒙古語のキラスにあらずやと思はる。何となれば。キリストとは希臘語にしてヘブリウ語に非ず。ヘブリウ語にてはメシヤといふメシヤとは油を塗りて靈座に上りし人といふ義なれば。此油を塗りて云々といふ語のメシヤの代用として冠せられたるキリストの語意にも亦之と同樣の意味あるべきは必然のことなれば也。去ればキリストのキリスは蒙古語のキラスと一致し。蒙古語のキラスは、日本語のキラ〳〵のキラと一致するに於て。キラとアブラとは離るべからざるものたること。最早一分の疑を挿む餘地なきものゝ如し。雲母を和名キラといふも。其キラ〳〵したるより名づくといふを以て舊說とすれど。礦物中には雲母以上にキラ〳〵する者猶多し。依りて思ふに。雲母は其五彩並びに具はりて。日に向て之を見るべく。陰地に雜色の見えざること。猶油の色彩と同じきものあるより。即ちアブラの意味に於いて之をキララと呼びしを起源とすべく。漢字雲母の二字も堀《ホル》時《トキ》忌《ム》ㇾ作《ス》ㇾ聲《テ》也。據《ヨレバ》ㇾ此《ニ》則《チ》此石《ハ》乃《チ》雲之根《ナリ》。故《ニ》名《ク》二雲母《ト》一といふ三才圖繪の解釋に滿足すべきかといふに。雲の根なれば何故に堀る時聲を作すを忌むか。一向不審なりといはざるべからず。此故にキララをアブラの義より命せし名として。之れと一致の認めらるゝは。Unboの雲母は之に支那語の名詞基たる兒《ル》の字を加へウンボルとして。U音を更らにアに響かせば。アンボルとなる。即ちアンブラの借音たると見るの優れるには如かざるべし。少々アブラが乘り過ぎて問はず語りに陷らんとせり。アブラウンケンソハカ先づ此答へはこの邊にて御免蒙るべし。

▲書室の代用鯉（第三便）

——新研究の新氣運——着眼奇警、構想卓拔——先生の所謂蠑螺學者——日常の教科書——生を知らず死を知らず——奇警に長けたる耶蘇——自己の瘦我慢——釋迦の見て來たやうな申分——諸像の瞥見——

二千九百年前西域探檢日誌の研究を發表してより。讀者の熱心なる。憤して啓し、悱して發する者引きも切らず。其一隅を擧げて反へすに三隅を以てする。比々皆然り。古は曰く。與に言ふべくして言はざれば人を失ひ。與に言ふべからずして言へば言を失ふと。余や幸ひに人を失はず。而して又言を失はざる也。豈『賴《たのみ》あるものゝふの交り哉』を謳はざるを得むや。蓋し時運の旋轉は雄花の花粉、風に乘じて飛び。千里相見ざるの雌花に投じて茲に結實の媒介を爲すが如く然るものあり。新研究の新氣運は。其機の熟するや久しからずとせず。我々讀書子の躍進すべきは此時を措て其れ何れの日をか待たむ。左に揭ぐる大阪西區川岸町森孝文氏の一文の如きは。其着眼の奇警にして。構想の卓拔なる。敢て孔夫子の口調を學ぶにあらざるも。起レ予ヲ者ハ商也。始テ可ニ與ト言レ詩ヲ已ノミ矣の感を同うせざる能はず。此れも亦新氣運の產物に非ざるなからんや。其文に曰く。

謹而照山先生の硯北に呈して、感謝の深意を表す。幸に教示を厭ふこと勿れ。余や十數年來。學に識見ある眞師友なく。偶まありとするも。先生の所謂蝶螺學者のみ多くして。研究の眞萌芽に接することあるも。誘導し啓發することなく。却て叱咤罵詈せるらゝこと幾度なるを知らず。然るに今年は如何なる多幸か。吾先生が二千九百年前探撿の新航路を發表せらるゝこと。實に余は此眞面目なる研究によりて一回は一回毎に。智識を啓發せらるゝこと。恰も案山子の体格檢査せられて、其實狀を見るが如き思ひあり。故に余は多年讀賣の愛讀者なりしも。今回始めて久米先生の歷史の裏面と。先生が日記を合せて。日常の教科書とするに至れり。余の習慣として。原來疑問の生じて到底解決の望み難きは。永年記憶するの風習あり。去る三十五年の頃。「白粉を落したる耶蘇」を讀みしことあり。又孔釋基の思想の動機を彼此申せしとあり。概要次の如し。お笑ひし玉へ、初に余は斯く思へり。人は自己を庇護し辯護する者也とて。孔子の人倫を非常に唱導せる所以は。彼が野合の生見なるが故に。幼時同輩走卒の爲に輕蔑せられ。迫害と迄は行かずとも。今日の私生兒已上位なる待遇を受けしならむ。全く論據とては無けれども。

推するに。長ずると共に自己の位置を高め。其害毒を實見せしを以て。途に人倫の大道を唱導するに至りしならむと思ひしことあり。天命に托して罪を恐れしむること。全く他の制裁を甘受すべしと教へ。「生を知らず死を知らず」とは。其母が巧妙なる手段によりて、自己を生みしを庇護せしか。

耶蘇の私生兒なるも。これ叉老父に嫁せるマリヤとしてに猿智慧の樣なれども巧妙神秘的に精靈を宿せりとは。夫及び他人を瞞着する手段としては。上々なれども。如何にせん。隱れたるより顯るはなしで。耶蘇の少時に走卒の爲めに實父なきことを笑ひ罵られたるならむ。この事途に心に染み。奇智に長けたる耶蘇は。長じてそれを辯護し。多神教に反對なる一神教を立て。汝の父は假名なり。眞の父は天父なりと。自己の瘦我慢を張り貫きしにあらずや。父母兄弟に背くも天父に背かざれば罪なしと説く邊は。如何にもマリヤ及び自己を庇護せるにあらずや。

釋迦に至りては。文化の隆盛期に出でたる丈けありて。族籍其他の關係上。歡樂極りて哀情の口なり。誰も同轍ならむ。故に言ふ處皆な此謂なり。彼が學殖に委せて。一世に滿足せず。現在の上に過去未來の三世に亘るなど。大膽にも見て來た樣なる申分。十界差別の大店を開くなぞ。過去は何で、現在は何、未來は何ならむと教ゆるなぞ。實に境遇が生みしといふとて。余りに大量なりし。是心是佛、是心作佛とて。罪を神に、天命に、なぞと逃口を云はず。善惡共に自業自得と教ゆる。然して乞食となれる釋迦に多神教の傾きあるは。宮廷の昔を偲びて庇護せるにはあらずや。

實に先生のお眼を汚す樣なことなれ共。嬉しさの餘り言はずば腹ふくるゝ譯。玆に謝辭を述べて。先生の敏腕增々學界の羅針盤を改造せられんことを祈る。頓首

十二月廿日　森孝文生

照山先生硯北

右は忌憚なく三聖の境遇より看破し來りて。其思想の動機を窺はんとせる處面白く拜見せり。文中余の宿論と符する處亦多し。今一々之を擧げずと雖も研究の方面を此くの如き邊に擴張せんと欲するは。余の方針と一致す。猶十分奮躍を希望するのみ。三聖に付ては。余は其畫像より一瞥せる意見を。簡短に記述し置くに止めん。

▲書室の代用鯉（第四便）

——釋迦立て空を說き——老子座して之を聽き——孔子俯して之を笑ふ——釋迦の眼は下に向ふ——極樂の主人公——耶蘇の眼は上に向ふ——大工の習慣——法界平等の大主義——孔子の眼は中平——存外捌けた人——遺憾なき三聖の表現——

耶蘇教渡來以前の三聖といへば。儒佛老なりしが。或る佛者が佛を上位に

立たしめ。老を中間に座せしめ。孔子を下位に俯せしめたる畫を以て。儒者の讃を求めたるに。儒者もサル者。直ちに筆を把りて。釋迦立ちて空を說き老子座して之を聽き。孔子俯して之を笑ふと題したりとは。古き話なるが。今時三聖といへば。多く釋、基、孔を指せり。今其畫像を見るに。釋迦の畫像は其眼俯して下に向へり。是れ王樣の家に生れて。高い處から常に群臣を見下した習慣と。乞食となりて、路傍の行き倒れまでを廻向せんと心掛けたる眼遣ひの現はれたるなり。思想も雪山修業中は上求菩提の時機なれば。時々上を見たる故。十二月八日の明星も。目につきしが。其時。有情非情悉有佛性と絕叫したを限りに。草木國土をして悉皆成佛せしめんとて。出山の後は。其眼常に下に向へりと思はる。言はゞ最初は釋迦族の上に婆羅門族《バラモンゾク》ありて。婆《バ》羅門族《ラモンゾク》のみ極樂往生が出來ると唱ふる不公平に憤慨したものが。後には强て婆羅門族《バラモンゾク》の極樂に往かずとも人は考へやうで。自分々々に極樂を造り。自ら其極樂の主人となり得るものなりといふ處に漕ぎつけ。偖こそ唯身淨土。己心彌陀とすましこむことが出來たるなれ。斯うなりては。憎しと思ひし婆羅門までが。我が藥籠中のものとなりて。初めて下化衆生といふ眼を垂れたる次第なるべし。

耶蘇の畫像は。其眼仰いで上に向へり。是れ大工の家に生れて。低い處から常に屋根を見上げた習慣と。私生兒否アイノコとして。小供仲間の白雲《しらくも》天《あ》窓《また》に窘《いぢ》められては引きすへられたるとき。誰ぞ來て助けて――と救ひを求めし眼遣ひの現はれたる也。思想も地上にては餘り幅が利く身分に非れば。天國の建立を望み。天父を賴みに自ら慰藉したるより。其眼自ら上に張りたりと覺えたり。釋迦と耶蘇と共に時勢に反抗して。其時代精神の缺乏に乘じ崛起せるは一なり。釋迦の時代は婆羅門全盛にして。此族は寧ろ一神教の傾きありし故に。釋迦は乃ち婆羅門の裏をかきて。多神教と出かけ。耶蘇の時代は。猶太全盛にして。此族は寧ろ多神教の傾きありし故に。耶蘇は乃ち猶太族の裏をかきて。一神教を押し立てたるも。耶蘇も釋迦も倶に階級制度を無視して。法界平等の大主義を取りしは。二者孰れも異族の階級下に壓迫せられし苦痛の身にしみたるより。之れを回復せんと試みたる也。此點は彼れも是れも其符を合する如きを見るべし。孔子に至りては。其書像の眼中平なり彼其家系は名門の流れにして。上の部なれども。其受胎は疑問の裏にありて下の部に屬す。上たらんとして上たらず。下たらんとして下たらず。中平の眼遣びより外なき也。殷人の裔にして周人の朝に立たんとす。烈を以て言ば周の粟を食ふべからず。佞を以て行はゞ殷の敎をも抛ざるべからず。中庸に出るの外に道なきなり。論語の序説に。「爲兒嬉戲《スルニ》常《ニ》陳《ネ》俎豆《ヲ》設《ク》禮容《ヲ》」とあるは。其母徴在が尼山に祈るし寺籠りの間。朝夕親炙せし祭官の御行儀が知らず識らず胎内に感受せられて。先天的に眼八分の作法が天窓に染み込みし處に。長ずるに及んで委吏と爲りたれば。牢米薪炭の取扱ひに。天秤棒を狂はせまじとて、水準に正せる眼遣ひは其料量と倶に。中平となりしものならむ。觀來れば孔子の生涯は。酸いも甘いも嚙み分けたれば。生知安行の聖人などと。鹿爪らしく聞えて居乍ら。存外捌けた處あり。淫婦南子を見て野暮な子路から嗅ぎつけられても。「自分が往きて惡い處なら。天道さまが行かしはせぬヨ」と乙にすましてヅボリとぬけた處。何ともいへぬ妙味あり。下足番の役に上帝を連れ出して。上にもあらす。下にもあらず。矢張中間ブラリとして。圭角のトレた工合は。實にや其眼の耶蘇の如く上を向かず。釋迦の如く下を向かざる所以なりと謂ふを得べし。此れ余が三聖を像より評し。畫像を眼より評したる判斷なり。若し其畫像の色より言はゞ。釋迦の面は黄色なり。基督の面は蒼色なり。孔子の面は黒色なり。黄は地の色なり其眼下を向くべく。蒼は天の色なり。其眼上を向くべし。黒は天地の幕さがりて。暗中を探ぐる人の顔の。上にも下にも向かざる如く。生ヲ知ラス死ヲ知ラス脚下の一歩を。一分きざみに踏みしめ〳〵行かんとする也。其面色と其眸子とは。三聖の境遇經歷及び思想を遺憾なく曝露せる者に非ずして何ぞや。今森孝文氏の一文に促されて思ひつきたるまゝを卒直に述べて見たり。此れより以上の問題に渉り。三教一致の研究は。年を易へて更らに二千九百年前西域探撿日誌中に出沒することあるべし。實は日誌の評釋は。其序論丈けにても。年内に終らんものと勵みたれ共。逝く者は斯くの如きか。水と流るゝ月日には追ひつかれず。今年は此回限りにて筆を擱かざるべからず。筆を擱くには三聖の人物論に超すものなし。此れ余が掉尾の一振として。此書室の代用錕を草する所以なり。去らば又新たなる歳と倶に。筆硯を清めて諸君と相見えん。多福なれ讀者諸君。榮光は天地に充てるよ。

▲エホバは巫祝の徒

——黄帝の母はホムボ——アボフにイボフにイハフ——エホバとイハフ——シヤマンと沙門——三位一体説の根本——コノカミト哥哥——佛像口邊の曲線——額上二個の黒點——日本のウスメ——オカメの面の由來——

黄帝の母の名「附寶」は蒙古語のボムボ()の音譯にして。思ふに巫祝の名なるべしとは。嘗て既に述べ置きたる處なるが。今や此ボムボの研究を進めて。アブラハム傳中のエホバてふ人格的の神は。何者なるやをツキトムべき機會に到着せり。は蒙古にて。普通ボフと訛り。漢字にては之を道士と譯せり。然り黄帝教の道士の根源と。此のボムボとは二而不二の關係あり。而してボムボとエホバとも又漸く將さに密着の間柄たらむとする也。ホムホの略音ホフを捉へて之に阿行の不定冠詞を戴かしめよ。(アボフ)が(イボフ)に轉

ずる時早くも日本語の巫祝の祝の字訓(イハフ)と一致するを發見すべし。但し(イハフ)の語は動詞なれば。之を名詞とせんには。如何にすべきやといふに。唯だ其與へられたる(イ)の一冠詞を奪へば即ち(ハフ)となる。之に名詞基たる(リ)を加ふれば。(ハフリ)となるにて足れりとす。(ハフリ)とは神を祝する人の古名なり。此は獨り日本語に於てのみ然るに非ず。蒙古語にても祝神人の原名はにて。(バカー)の轉(バハー)なれば。此の(ハ)音を(フ)音に移して。更らに(リ)の名詞基を添ふれば。(バフリ)といふ音を發見すべし。(バフリ)が(ボフリ)となりて更に之を他の動詞に轉ぜんとして。中間に(ム)の字を挿みたるが葬の訓(ホフムリ)也。即ち知る(ボフムリ)とは巫祝の徒の預る所なるを。天堂の說は此點よりして(エホバ)の教徒に附隨さるべき因緣あり。而して(エホバ)とは(イハフ)とは其音根に於いて同一なり。(エ)と(イ)と(ホ)と(ハ)と(バ)と(フ)と試に之を轉換して見よ。(イハフ)は即ち(エホバ)にして。(エホバ)は即ち(イハフ)なり。而して祝の漢字は示に从ひ。兄に从ふ。而して其音はシュクなりとすれば。シュクの音は。イハフに何の關係ありやといふに。此字音の生れ出でたる根本は。其字旁の兄の字に在り。兄は北音シユングなり。シユングの略は。シユクとなり。シユクは其字偏示を伴ふたる後までも。其原音を保留せり。而かも祝の字にシユングの音ある兄を配合せるは。滿洲語にて神人をᠰᠠᠮᠠᠨ(シャマン)といふより取り。シャマグ即はちシユムグとして借り用ゐたるなり。シャマンは。今シャーマン教として傳はるものなれど。此は獨り滿洲語のみに存在するに非ず。印度語の沙門の如きも。亦此のシャマンの語と同根なり。日本にては。祝の字偏の示を訓して。シメスといふ。シメス偏は總て神に關係ある文字にして示の二横線は天地に象り。其三縱線は。日月星に配す。太古天然崇拜の觀念より。天地日月星を以て神とし。其自然の攝理に接觸せるを謂ふて。靈示を蒙ふると號す。此靈示を蒙ふる人即ち沙門なり。沙彌なり。シャーマンなり巫祝の徒なり。ハフリなり。イホブなり。エホバなり。バイブルのエホバはエホバの一語を以て直ちに神の御名となせども、此は取次人の名が漸次擴張されて。其本店の名を壓倒せる迄のことにして。エホバは巫祝の名なり。神の本稱にはあらず。我國にても神前のシリクメ繩をシメ繩といふは。陰陽二線をヨリアハセて。其端を下に垂る者三ヶ所づゝとす。此れ即シメスの示の由りて來る所也。此三ヶ所の垂れたるもの。倶に一源より出づとなしたるが。三位一體說の根本にして。三位一體をシメトリーといふも。此のシメより出でたるなり。太古結繩の政を其儘傳へたるが。我が國のシメ繩にして。之れを象形文字として傳へたるが。支那の示字なり。而して之を言語の上のみに有したるが。西洋のシメトリーなり。此の三位一體の神意を奉じて之を他の衆生に垂示する者を兄とす。兄とは一日の長ありても兄なり。其當時の群小より賢明なりと崇められたるもの即ち兄分となりたるなり。此兄分はコノカミといふ。コノカミのコンカムとなりしものを譯せるが。支那語の哥哥なり哥《コー》哥《コー》のコンカムといふ原音より。相通音の(バ)行に移りたるが。ボンバムなりボンバムは即ちボンボンと同じく。ボンボンは略してボンボなり。而して此ボンボの古俗。人に長たる兄貴分は。鼻下に八字を書きて。之を刺繡せり。此は口をアマと呼び。ノをオとし。しをウンとして。アマオウン即ちオムオウンのダラニに象りたるなり。故に呪は兄に从ひ口に从ふ。之を合してノロフといふ。ノロフは蒙古語のノルブと同じく。祝福の義なり。佛像の或る者が其口邊にの如き曲線を存するは。即ちアムオウンの黥文なり。但だ下唇の下にを加へたるは。形の口をとし。をとして。まの略符とせるのみ。羅馬字とサンスクリトと日本のいろはの如き皆同一根本より出でしものにして。太古は彼此相通せるものなり。漢字は此佛像の下唇のを略して。とし之れを祝字の字旁とせり。兄の音はシユムグにして。此訓はイハフなり。さればシメトリーの宣傳者は。巫祝にして。巫祝は即ちイハフなりイハフは即ちエホバ也。依りて知るエホバの口邊には。猶佛像の如く曲線の黥文あるべき筈なるを。而して其額上に更に二個の黑點を加へたるものなり。兊は易に於て☱なり。額に二小點あり。下に二長線あり。之れを小女の卦とす。此小女は巫女《イチコ》なり。人に垂示を與ふる者をいふ。故に兊に言を加ふれば說となる。何でも說示する役なり。而して其者は額にボー〳〵眉を二つ書き。口のはたには。二條の長線を黥せしなり。其二條の長線を變じて。圓紅とせるが。日本のウスメの面なり。ウスメは即ちボンボの中の巫女なり。

而して亦エホブの尊號を有すべきもの也。エをオとし。ホをカとし。フをムとすれば。オカムとなる。オカメの面とは。此事なり。然れば黄帝の母は額にボー〳〵眉を書きたるオカメ式の巫女にして。黄帝即ちアブラハムたらばアブラハムの所謂エホバとは。其母の尊信せる巫女祝神の徒たりしや疑ひなし。偖此額上にボー〳〵眉を有する風俗は何處を以て本家とするか先づ之を探り出さん。

△エホバ巫祝の徒（續）

エホバとポプ――强牽附會の四字は迂儒陋學の口癖――達磨殿の思案――議論の脚腰腐る――お公卿のお化粧――ポチ〳〵眉とチヨン〳〵眉――醫書聖惠方――

額上に兩星を畵くは。西藏古代の風習にして。此風習の流れてバイブルに入り。エホバに聖の二字を帽子の前庇に附すること。及び幵が轉じて支那に入り。禹の鈎鈐となりたることは。既に甞て説明を經たる處。今に及んで再び之れを繰り返すの煩を要せざるも。唯エホバとポフと關係あり。ポフと巫祝の祝字と關係あり。祝字の発字と關係あり。発字のボー〳〵眉と關係ありボー〳〵眉の西藏と關係あることを回想一番するの時は。所謂ボー〳〵眉の語源は。眉即ちボンポ眉より出たることを否定す可らず。斯く言へば淺人或は嘖々の辨を弄して。是强牽附會なりと言はん。從來迂儒陋學の徒の新說を拒む武器としては。唯だ此の强牽附會の四字を振り回はして。獨り自から高く標置し。忘れても自說を吐かざるを以て萬全の策と心得居るもの丶如し。面白い哉。其の戰略の淺薄無智たることや。夫れ强牽附會と言はゞ之れを約言して謬說といふことなる也。他を以て謬說とする以上。自から正說とするの所信なかるべからず。然れ共自から以て正說とするは。所謂自から正說とするのみ。未だ天下萬衆の前に在りて。憑證を鬪かはし。理論を比較して決定せるものにはあらず。而かも自から正說とする些の所信だにあらば猶ほ恕すべし。大概は胸中無一物の達磨殿。九年面壁の思案有り氣な面相は廣大らしけれど。議論の脚腰既に腐りて。立つに立たれぬ人のみ多し。若し余が說を以つて强牽附會なりと謂はゞ。余はそういふ人の强牽附會ならざる説より先づ承はりて。飽く迄も比較論辯するを避けず。却つて恐る折角の祖師西來意も。化けそこなふて煙草屋の看板となるに終るの人なきや否やと。今余がボー〳〵眉を以つて。西藏古代風俗より立證し。之を[illegible]眉の訛りたるものとせんに。人あり曰はん。此れは日本の御公卿の御化粧にて。何等意味ある者に非ずと。見よ林檎の一墜も猶天下の至理を藏す。斷木片石の微も無意味に存在するものならんや。斯く言はゞ又言はん。ボー〳〵は墨をポーポーと塗るによると。墨クロ〳〵といふは。聞けど墨をボー〳〵とは形容詞にならず若ボー〳〵といふを以て墨の形容詞とするを得ば。何故にソレよりも猶普通なる。ボチ〳〵眉と謂はざるや。將たチョン〳〵眉と謂はざるや。問ひ去り問ひ來れば。其人茫々として答ふる所を知らず此れでは茫々眉といふが至當なりといふてのけたくなるに非ずや。獨り此ボー〳〵眉のみに限らず。若し余の説にして強牽附會なりと排撃し去らんとする者あらば先づ何人が聞いても寸分の虚隙なき正眞正札付きの確説といふものを提供し釋迦が小兒に向て汝の持する黄葉は黄金に非ず。黄金は此に在り。汝の黄葉と比較し見よといふの大慈大悲を垂れるが如き。學に忠實なる先生あらば。余は隨喜渇仰の感涙を以て其の人を迎へん。然らずんばたとへ妖怪變化の一時目さきをくらまして。蜷川新左エ門の枕頭に黄金佛の姿を現すと雖も。新左エ門豈一矢を酬ひずして已む者ならんやと。隣の和向の說敎に聽きしことあり。今の世の博士學士の或る者が賠償なしに他人の物をたゝき落さんとするの陋手段は。サナガラ狐狸のお祭り肴をねらふが如きを見るに耐へず。事の序でに斯くは言ふ也。いざ去はボーボー眉は。ボンポ眉の轉訛として。更に論歩を進むべきか。元來此ボーボー眉の二星を解して。エホバに聖とせるバイブルより思合するに。聖とエホバと連結されてあらはれたる者。支那にも何かありそふなりと捜索せるに。現に上野博物館珍藏の宋版醫書に其題號を聖惠方と名づけしものあり。惠方は呉音にてエハウなり。而かも此のウはブの轉なれば。原音はエハブなり。既に聖字あり。又エハブありとすれば。此題號が如何なる意味に於て斯く名けられたるやの來歷を探る以前に。バイブル所載の彼の一節を思ひ出さゞるを得ず。余の研究せし所に依れば。エハブ即ちエホバは。

巫祝の徒の職名なり。然らば巫祝の徒と醫藥との關係を辿らば。此惠方の題號を解すること。左まで六つかしからざるべし。此に於てか余は先づ此點に向つて多少の天窓《あたま》を傾けざるべからず。

▲いとまの神の崇り

──几と几──殳の遺風──諫鼓踊──いとまの神──謝罪の爲生血を出す具としての三指無双刀──鬱血療法の原理──呪文は凡夫の氣マゲヲカシ──文明と野蠻は從弟同士

醫は一に又毉と書く。醫及び毉の字の上半部たる殹《エ井》は。於計《ウ井チン》切音殹《ウ井ン》なり。意味は切音の示す如く。日本語に戻せば。ウチン即ち撃《ウ》ツなり。說文に曰く。殹《ウ井》撃中聲也と。然るに此撃中の聲たる殹字を分拆すれば。医に从ひ殳に从ぶ。殳は几に从ひ又に从ぶ。几は音シユと呼ぶ。几案の几の字と異なる所は。其乙の字の尻をハネると。ハネざるとの差なり。之をハヌれば几にして。日本語のツクヱなり。之をハネざれば殹にして鳥の短羽となるも。元來は刀字の逆にして。鳥の長羽の如く刀形を成すに至らざるが故に。轉用せるものなれば。

根本をいへば無刄なり。其下部たる又の字は三指に象るを本義とする故に。几と又とを合して。殳の字を組み立てたる時は。三本にして無刄なるの意味を構成す。故に楊子方言には。三枝刀に擬したり。周體夏官司兵の掌五兵の註には。戈と戟と酋と矛とに並べて殳を五兵の一に算へたり　釋名には殳殊也。長一丈二尺無刄。有所撞挃於車上便殊離也とあり。考工記には殳長尋有四尺とあれば。一尋を八尺として矢張一丈二尺あり。之を如何に用ひしかといふに。精薀に曰く。几擊兵也。象建干兵車而不用。故其首有垂遊形。執之前驅。赴敵則加。又爲殳とあるに據れば。平生は一丈二尺の長いものを。車の上に押し立てゝ。之にビラ〳〵短冊形のものをつけ。觸ればナグルゾといふ威嚇道具に用ひしに過ぎざるも。一たび敵に出逢ふときは。之をブンまはして滅多擊ちにせるものらしく聞ゆるなり。殊とは朱に染りて死すること也。开を恐怖して群衆の離開するを殊離するとはいふなり。詩の衞風に伯也執殳爲王前驅といふは。即ち此意味より出でたるなり。鹿島祭の棒合戰や。薩摩の棒踊りは。未だ仔細に研究せしことなければ。此の殳と如何なる類似を存するや不明なれども。予が郷里にて。陰暦八月八日の赤崎祭に奏する諌鼓踊(原名は鞨鼓踊)の前驅者二名が。五尺計りの樫の棒の兩端に。五彩の紙を鳥の短羽の如く切りて飾りたるを携へたるは。即ち此の殳の遺風なるべし。舊幕の大名列行には。金棒となりて前驅の道具に備はりしもソレ也。去れど此等は皆原形漸く頽れて。ソレからソレへと移りしものなれば。容易に殳《シュ》字制作當時の面影を尋ね難けれど。思ふに三指無刄の本義より考ふるに。殳は猶刀の一種にして。其柄の形となりたるか。又はの如くなり居たるものにして。其戈と異なる所は無刄といふにありたるものならむ。此殳《シュ》の兵器は何故に醫道に關係ありやといふに。太古は日月星の三體を以て宇宙の主宰神となし。之を名づけてイトマの神といへり。菅公傳中の歌に『むねのいとまのあらん限りは』とあるいとまは即ち此神を指したる也。而して人の疾病に罹かるは。此いとまの神の祟りと考へしなり。其も無理ならず。日中に歩して暑にあてられ。月下に臥して寒に冐されたるもの。皆神明の所罰と思ふは。人智未開の時には有りがちの迷信なるべし。而かも神明の所罰を恐懼するの極。自ら體中の血を出して謝罪せざれば。平癒し難しとし。其身體を毀損するの具として。造り出されたるが此三指無及の刀なり。太古の巫祝は此三指無及の刀の三指は。日月星の三體に象りたるものとし之を以て多くは病人の眉間若くは胸間。又は背中等を摩擦し。其血のニジむを待ちて初めて手を罷むれば。不思議なる哉。大概の病はケロリと快癒するを常とす。此れ最近獨逸の醫學博士連中が唱道したる鬱血療法と同一理由にして。たゞ古人は之を迷信に得。今人は之を生理に考へしのみ。詮し詰むれば。太古の人に功能ありしものは。現今の人にも功能あり。昔の負傷せるものが。其疵口を指にて強く壓し。『チノミチハチチトハハトノムスビアヒ。チノミチトマレチノミチノカミ。アビラウンケンソハカ。アビラウンケンソハカ』を三度唱へし後。其手を離せば。奇妙に其血の已みたりしも。今はＡＢＣの廿六字を六遍唱へて三字不足乍ら。矢張其血の留まると同じ。必竟呪文は凡夫の氣マグラカシにて。其功能の原因は指壓にありと知らぬが佛。神樣の御影なりとて。知らず識らず衞生の理に叶ひしは。野蠻々々と輕蔑すれど。借問す極致の文明とと極致の野蠻とは從弟《いとこ》同士に非るか。

▲いとまの神の崇り（續）

――イタミとは日本語に非ず――三眼の護法神――病難除の呪ひ――月經の符兆――利の字の義――雪白額上の紅線――休暇の解――酒の名産地――九百九十九疋の缺鼻猿――賑やかなる明治の學界――

イトマの神の崇り。之をイタミと名づく。所謂イタミとは日本語のみにあらず。痛も疼もひとしくタム又はトムなり。之に不定冠詞のイを加ふれば。支那語も亦イタミ若くはイトムの聲を發す。獨り支那語と日本語とのみならず。アイヌに於ても之と類似の名詞あり。而かも刀を以て其病人の額を傷つくといふまで一致す。其刀の一二種が上野博物館に陳列されたるは。餘り程經しことにあらず。而して日本語にてはツカの間といふことゝ。イトマといふことは同義なりとすれば。イトマの神の刀のツカに象られたるは。日本も同じことなるべし。佛畫の中の護法神に三眼とてある肖像は。多く此のイトマの神なり。左右の兩眼を日月にたとへ。中間に贖罪の血痕を印せる者。即ち星の座になぞらへて。之をイトマの表現とす。其疵痕に寶石をハメコミたるもの所謂三十二相の白毫相の起る所以。今では帽子の前の飾りとして。西藏の或る部落に猶其遺風を傳ふる所あり。嘗て蒙古旅行中或る僧侶の額上に刺黥の一圈點を施せるを見て。其何の爲なるやを問ひしに。是れ病難除けの呪《まぢな》ひなりといへり。今に至りて初めて知る。蒙古に於ける此の刺點《イレズミ》は即ちイトマの餘風に相違なきを。又支那芝居を觀て更らに目にとまりしは劇中宮女若くは后妃に扮する美人の其額上蛾眉の中程にあたりて。紅縱線を一劃せるもの少からざるを訝り。之を博識の支那人に問へるに。彼は曰く。此れ月經のある符兆として。古代宮中に行はれたる風俗なりと。ソレ位のことなれば禪海てふ書に詳かなり。月經ある者何故に額上に紅縱線を一劃せるやと問へるに。此れには學者先生首を掉て那《ナア》我《オー》怎《ツオ》麽《ンモ》知《ケー》道《タヲ》(ソレヲ私らがドウシテ知ラウ)と三十六計をきめ込たり。其後段々研究せるに。支那人は頭痛烈しき時。鑷錢を把て眉間をコスリ。喉の痛む時は喉をコスリ。脊のイタム時は脊中をコスリ皆血のニジムを見て初て手をやむ。是所謂イトマの呪即ち獨逸の鬱血療法也。

其何故に鐚銭を用ふるやといふに古へ泉布は概ね兵器に象りに非ればばの形なり。前者は刀にして後者は箭なり。之を錢として通用せる時代あれば錢を。モウケルコトを利といふも。禾に从ひ刀に从ふたり。これよりして刀の代りに錢を用ひて。摩擦するは。利を見てせざるは勇無きなりてふ支那人より言へば。誠に卓絶なる考案なり。去れば古代の宮中にて。月經當時の貴婦人方が頭疼々乎として疼むにあたり。多くは例のイトマ呪ひを行ひたりしが。雪白の額上に紅一線を劃するは。中々に美觀を添へたるより。はては實用と虚飾との兩面兼ねたりしものが。血を出すことを怖がるものありて。臙脂《ベニ》を塗りてお化粧として仕舞ふたるぞ。やがて現在の支那芝居のソレなるべき。此イトマの時のみは。奉侍の御役を省かるゝ故。即ち無事閑散なり。故に無事閑散を稱してイトマといふは。元是れ病に依りて間を得たるより出でたる詞にして。人は病に非る限り。一寸の光陰も輕ずべからざるが當然なり。漢字にてイトマの字は暇と書く。日あり殳《シュ》の變形たる𠬝あり。殳は三指無及の刀なり。此の三指無及の刀を用ひたる時。既に休暇の暇の義となるなり。イトマは喇嘛教にても同じ名にて呼ばる。喇嘛僧の之を祭るや。飲食にあたりては。飯ならば三粒を卓上に置き。酒ならば三指を以て之を空中に彈く。然る後にあらざれば。決して飲食することなし。故に後にはイトマは酒の神なりとするに至れり。依りて思ふに。酒の名産地にイタミの名あるは。或は此神に因縁あるに非ざるか。菅家の詠中既に『むねのいとま』の一首あれば。今人茫々古義を忘れたりとて。焉んぞ古代の人の今人の如く無識なりと斷定するを得んや。今人多く古義を忘る。己れがノートブックに載せてなきを見ては。即ちいふ是附會なりと。九百九十九疋の缺鼻猿〻たつた一疋の全鼻猿を嗤笑せんとは。サルにても動物園を去る遠からざる哉。明治の學界の賑かなることや。

▲ドングリ崇拜

―刀の鍔と三の妙數―老子の夷希微說―イチミはイトマの轉―三面六臂とサメラヒ―ボンポ敎の三位一体說―三德具備の樹木―赤塗の稻荷大明神は秦氏の土產―イナリはイノリ―ドングリを食ふ狐

殳《シユ》の三指無及の刀より轉じで。刀のツカとなり。ツカより移りて。其ツバに
あらはれたる者は。世に珍しからぬ形のソレ也。イトマは三の妙數を尊
崇するにより。如何に變轉するも此數目を離るゝこと無し。形の鍔は其
空所に於て。三の妙數をあらはしたるを見るべし。此イトマの思想西藏高原
より降りて。天山南路に入り。回疆思想と混和して支那に持ち込まれたるも
のは。老子道德經の夷希微の說なり。夷希微は南音のイチミに充つるに漢字
を以てせる音にして。希は普通キとヒとシとの三音より外含まざるものと解
すれ共。此字の根本は爻と巾との合字なれば。爻より見るも。巾より見るも。
C音のチを暗藏するは疑ふべからず。故に曰く夷希微はイチミなり。而して
イチミはイトマの轉なり。而かも老子は此イトマの轉。イチミの靈妙不思議
なるを解說する爲に。イトマの妙數三段に分析して曰く。視《レドモ》レ之不レ見。名《ケテ》曰レ夷《ト》。
聽《ケドモ》レ之不レ聞。名《ケテ》曰レ希《ト》。搏《テドモ》レ之不レ得。名《ケテ》曰レ微。此《ノ》三者不レ可二致詰一。故混而爲レ一と。老子
が此分析法は。猶武辨の義にして莊嚴の意に轉ぜるサモラヒの語を漢譯して。
三面六臂《サメラヒ》の四字に充て。此の四字より着想して。三個の面と六個の臂とを存

する勇猛神を案出せる支那人一流の筆法と同じく。アルハベットの代用に。萬葉流の漢字を用ゐ。其の漢字の借音より。乘り替へて會意の方面にお鉢を廻はし。字義の上よりイトマの威德を謳歌せんと企てしまでにして。思想の根本はポンポ教の三位一體說を離るゝ能はず。故に曰く此三ツノ者ハ致詰スベカラズ。故ニ混ジテ一ト爲スと。斯くの如きの思想は老子の胸中を濾過して哲學的に搾り出されたれ共、他の方面には其信仰の酸敗して。一種の迷想を醸せるも亦尠からず。ドングリの木の一種が。其皮は藥となり。其材は薪炭となり。其實は飲食品となる以上三德の具備せるを發見して。之れに三の妙數の名稱を奉りたるが。以知比《イチビ》なり。三才圖繪には和名抄の櫟を以て以知比《イチビ》の訓にあてたるを非なりとしたれども。幵は以知比《イチビ》と云語が、三德の表彰たるを知ぬからの誤解にして。三才圖繪よりも和名抄の解を正しとすべし。此三德の表彰の意味に於て櫟樹を神體として崇拜せることは。獨り日本のみならず。獨逸の古代にもありしといふ。獨逸人は原來伊犁のテングリオグラ附近より西に移りし種族なれば。テングリオグラの三峰より成る靈山崇拜が。其山下の三德具備せる喬木に移り。其喬木の名がテングリよりドングリに轉じて。東方に傳りしと同樣に。其植物崇拜の念は西に向つても其傍系を引たるものならむ。日本にても。此櫟樹崇拜の習俗をもたらし來れるものは。恐く秦氏の一族渡來にはじまるべし。秦氏は犬戎の裔。其先は伊犁のウルムチ附近より崛起す。ウルムチは又紅廟とも譯す。今猶赤塗りのお宮あり。我國に赤塗りのお宮の稻荷大明神を持參せるは。此秦氏の御土產にして。稻荷を正一位と呼ぶは。最初櫟に向て。イノリを獻げたるより起る。イナリはイノリ也。即ち以知比《イチビ》の木にイノリしより。以知比伊奈利《イチビイナリ》と呼びたりしが。終に位階の一位と轉化され。中古よりは。朝廷も亦諸國の神祇に位階を授くるの制度を起されたるにより。はては正訛混同、識別すべからざるに至りしものと思はるゝなり。ウルムチはウルンゲモチなり。中間のルを省きて。ウンゲモチと轉化せるもの。我がウケモチの神の名と相通せしより。イノリの餅イナリを移して。稻荷と書き。以て五穀の神とせるも。ドングリ崇拜時代の遺物として。今に狐を配合せるは。稻と狐と何等の關係あるに非ず。其實ドングリの實を喰ひに寄りし狐を以て神の使と解したるによるのみ。思ふに稲荷の祉に限りて。何處でも赤く塗りたてるは。此ドンぐりの皮は赤色粗厚にして。其名も赤龍皮と呼ばるゝ程のものなれば。之を煎じ出して塗りたるが起原なるべし。椎の皮又は楊桃の皮にて漁網を染め。橡の實の殼にて皂《くろ》き染汁を製する如きは。今猶民間に行はるゝ所なれば。ドンぐり崇拝時代にては。ドンぐりの皮の煎汁は最も貴重の染料なりしならんか。

▲扶桑こは櫟のと也

――ドングリを木の神――櫟の字の解剖――ケンチヨウの本家――秦氏の姓の起源――夕日には阿蘇山を隠す――雪竈の産地――空中に天樂を聞きしは釋迦の誇大妄想に非ず――

景行紀云天皇到二筑紫後國御木一居二於高田ノ行宮一。時ニ有リ二僵樹一長サ九百七十丈焉。百僚踏テ二其樹一而往來。時人歌曰

あさしものみけのさをはしまへつぎみ。みいわらたすもみけのさをはし

天皇問レ之曰。是何樹ソヤ。有二一老夫一曰。是樹者歴木《クヌギ》也。嘗テ未レ僵之先。當二朝日ノ暉一

則隱杵島山當夕日暉ノ覆阿蘇山也。天皇曰。是樹者神木ナリ故ニ是國ハ宜シク號御木《ミキ》國云々と。ドングリの木の神と崇められたる實例は。我が史上にも顯然たり。山海經などに屢々見ゆる扶桑は扶《フ》と叒《ルン》と木《ムー》の三字を疊みて二字に合成せること。猶鹿と兒と島の三字を疊みて麑島の二字を合成せると同じく。之を復原して其音を探れば。フルンムーなり。フルンムーのフ音を省頭して。ルンムーとせる代りに用ひたるが。若木《ルームー》なり。若木はルームーなり。故に扶桑と若木とは同一の植物名として通用せらる。而して此の植物の何物なるやは。古來議論種々に別れて。未だ確定する處なしと雖も。余は矢張りドングリの木なるべしと思考す。ドングリの木の漢字は櫟なり。即ち樂木の二字より成る。故に之を縱書して讀み下せばルオムーなり。ルオムーのルームーと其音韻に於て同根たる一見して明らかなり。然らばフルンムーの原名其儘にて之を呼ぶ地のなきことなかるべしと吟味せるに。蒙古游牧記の樗欏樹は即ち是なり。游牧記士《ト》默《モツト》特部の註に曰く。案ズルニ所部ノ山中ニ樗欏樹ヲ産ス。最モ多シ葉ノ大キサ掌ノ如シ。秋深クシテ霜其葉ニ沃ゲバ。丹黄シテ楓林ト相映ズ。

扶桑とは櫟のこと也

或ハ以爲ラク。即チ槲也。初山東種地人《ツユンヂーレン》蠶種出日を携へテ試ニ養フテ以テ繭ヲ作ル。厚重寒ニ宜シ。欂欏繭《ケン》ト名ヅク。其後人爭フテ之レニ效フ。建昌ノ人尤モ工ナリ。今世行ハル、建昌繭ハ是也とあり。此建昌繭は日清戰後盛んに我邦に輸入さるケンチヨウの本家なり。其山繭は欂欏の葉にて養はる。欂欏樹はプーローシユーなり。此樹の字の代りに木の字を以てすれば。プーロームーなり。プーロームーは扶欏木《フーロームー》と同音に非ずや。故に今蒙古誌にてフリイホロヘイといへば蠶となるが其フリイはフルムの轉也。我國にて絹を傳來せる秦氏にウヅマサの姓を賜はりしを。舊說にてはウヅタカクマサシキ杯と曲解したれ共。其實はウルマの轉ウヅマとなりしものが。太秦族の尊奉せるウスルマサの回敎の呪語と混和したりしものにて。ウルマサといへば。矢張り桑といふことなり。此プーロームー即ち槲の木は日本にても。朝日には杵島山を隱くし。夕月には阿蘇山を隱くせしといへば。其大木なりしことは日扶桑の上に出づといふ山海經の句とも合するなり。去りとて山海經の扶桑國を以て直ちに日本なりとするは大早計にして。山海經の扶桑は今のウルムチを指したるものなるべし。元來蠶の原產地と認むべきは伊犂のドングリオグラと覺ぼしきは。本綱にも。雪蠶ハ陰山ノ以北及ビ峨眉山ニ生ズソノ二山ハ雪ヲ積ムヿ歷世消ヘズソノ中ニ生ズ大キサ瓠ノ如シとあるにても知らる。陰山とはドングリオグラの事也。ドングリオグラの山の名は、やがてドングリの木の名となれりとは。既に述べたる所の如し。而してドングリオグラはウルムチを離るゝこと十數町の距離に在り。其のウルムチの名も紅廟と譯し得ると同時に。又扶桑木《フルンムー》の轉音とも相響くを注意すべし。而して扶桑木《フルンムー》は樂木なり。樂はチリガランといふが原語なり。チリガランはチレンガランなり。天山といふことより轉化す。何故に天山を以て樂の語の出所とするかと云に。此は天山の積雪氷結して龜裂を生ずるや。龜裂の自ら相擊ち相軋り相分るゝの音響は。自然と宮商角徵羽の五音を發して何とも言れぬ面白味を感せしむ。佛典中の空中に天樂を聞くてふ思想の大根本は。釋迦が天山と同高度の靈山修業中に感得せる實驗を告白せるものにして。決して誇大妄想の言に非ず。故にチレン(郝連山の郝連もズンガリー語ノ音譯なり)ガランがトングりとなれば。天の義となり。チリガランとなれば。樂の義となる。樂に木を添たるが。櫟の字にして、之れにドングリの濁音を負はせたるが。ドングリてふ訓の起原なり。

▲ドングリ研究

――ガランの轉化――櫟の實の背くらべ――靈を尊んで女王と稱す――姫の字の源――我が俗間の傳說――無用の長物――三池の石炭――ドングリの名所――六甲山の研究――酒造業の開山――武庫とは御姫樣の義――百濟國人の才覺――織機の古實ありや――

原來チレンガランのガランに不定冠詞のアを加ふれは。アガランとなるアガランのアガリと略されたるものは。日本語の上《あが》りといふ詞にして。高所を指す「爪先きアガリ」のアガリは此れなり。アガリのオガリとなりて。其リの略されたるものは。丘岡の訓オカなり。オガリのオグラとなりしものは。豪古語の山てふ語なり。オガリのオの不定冠詞を省きガリーとなりしものは。西藏語の山てふ詞なり。然るに此ガリーの音まで。チレンの約テンに附着して。

テングリとなりしものが。今のテングリてふ蒙古語なり。此語中既に山の義含まれたれ共。後世其本義を失ふて。天とは彼蒼の大空と考へたるより。更に山の義を別に添へたるが。テングリオグラてふ名稱なり。此テングリオグラの最高峰は。バクド山にして。其山は三峰並立せるより。テングリの丈けくらべと唱へたりけむ。开が秦氏等の如き渡來民によりて傳來されたる後。漸次換骨奪體的に櫟の實の背くらべと俗化されたるもの今の俗諺となりしに相違なし。而して此の櫟の一名をクヌギといふは即ち繭木《クヌギ》なり。繭《クヌ》の字音は絹《キヌ》の字訓となりたれど。根本はクイヌ即ち女王といふ語より出でたるものなるべし。女王とは蠶を尊んでお姫様といへる觀念のあらはれたる也。蠶神を天駟といふには女の義見えざれ共。蜀にて祭れる蠶神馬頭娘はお姫様の義確かに動かすべからず。クイヌ木の一名カシといふも。カシはクサの轉。クサはキサなり。キサはキサキのキサにて。之を居之として一字に約せるが姫の字なり。淮南王ノ蠶經ニハ黄帝ノ元妃西陵氏始メテ蠶スとあり蠶をキサキサマの化身なりてふ我國俗間の傳説も。此等の諸説と一致するに非ずや。莊子人間世に。匠石見櫟社樹其大蔽牛とあるより推すに。櫟樹の大にして且つ神と祭祀されたるは何處も同じ風俗なりけらし。實利一遍の外なき支那人なれば。觀者如市、匠石不顧として莊子の書中には。無用の長物視されたる義に載せられたれ共。若し日本に在りなば。サヽシヽヅヽメヽ神木の制札イヽカヽメヽシヽク注連繩打ちまはして。拍手の音も響かしたりしなるべし。されば景行紀の所謂御木の國てふ國名にまで命じられしも左ることにて。御木の名稱三池となりて。今は石炭に有名なるも。斯かる大植物類の地中に埋もれて炭化せるものあればなるべし。偖此の三池の地名を考ふるに三は尊稱詞の御の代用とし。池は大木の義イケキの三音がイケの二音に略されたるものなるべく。之れに萬葉流の漢字假名を充てたるが池の字なるべし。此に於て同じ池字を有する攝洲池田の地名の池も亦是れイケキの略には非ずやと疑はるゝまゝに。其地ドングリの樹の存在如何と顧みれば。果然三才圖繪に曰く。攝洲池田ノ炭多クハ槲《クヌギ》木ナリ。其樹高大ナルモノ有ル乎と。去れば池田近所は古來ドヽンヽグヽリヽの名所なるべし。之より推して池田と倶に美釀の譽れ高き伊丹の訓イタミを考ふるに。イタミはイチミなり。即ち櫟の古名なり更らに。此池田伊丹を麓に抱きたる六甲山の地名を案ずるに。六甲は歴各《レキカウ》と一致す。歴各《レキカウ》の切音は櫟なりユヅルハの山として彼の一休和尚傳に見えたるは。徒然艸の『峰はゆづるはの峰』とあると倶に六甲山の和名なりとか。此ユヅルハは思ふにイヂリビの轉。即ちイチリミ。其短音イチミとして。矢張り櫟字の訓より出でたる轉化なるべし。今は昔に似ざるも。昔は滿山蓊鬱たる櫟樹の名所にてありたりけむ。其ドングリの實を採りて釀造せるが。池田伊丹の造酒業の御開山なるべし。或は六甲山の六甲は古名武庫の換字にして後世の擬詞なりといふものあり。イカにも純然たる日本語としては。ラリルレロの音を冠せる名詞のある可くあらねば。之を武庫の音譯と見んも尤なる觀方也。然るに武庫とはイカなるものかと尋ぬるに。此武庫は聟と言ひ。椋と言ひ。向と言ひ。諸說一定せず。去れど余の見る處に依れば。武庫とはmukokoの略にして。ムーコーは御《ミ》格格《コーコー》なり。御姬様といふことなり。此ムコーコーの原音をミカーゲーとして存したるが。六甲山の一名即ちミカゲなり。今御影とかきて石材の名にも轉じたれども。太古は蠶の產地なりけむ。コーコーをカヒコーとしたるが蠶なれども。古へは母のかふこの繭ごもりとある歌の如く。かふこと呼びし時代あり。此かふこといふはゴーゴーといふ長州詞の貴孃の義と同じく。蒙古にても格《コー》格《コー》として。矢張りお姫さまのことなり。故に其略稱のムコは女子のことにして男子の義にはあたらぬが本義なり。ムコガネとして初めて俗間の聟となるは。御《ム》娘《コ》之《ガ》兄《アニ》の義にして。娘《ムコ》の爲に兄《アニ》ノ君を迎へたりといふワケなり。此のムコが轉じてマクとなれば繭のことなり。釋名に曰く。繭曰ㇾ幕也と。去ば武庫山の武庫も繭《マフ》の山の義にして。矢張り繭木《クヌギ》山といふことならむ。其根本からいへば。住吉大社解狀の御子の訛りとせるは當れり。たゝ其御子とは蠶を指したるものなりといふ處までは考へつかざりしならむ。萬葉集の『たまはやす武庫のわたりに天つたふ日の暮行けば家をしぞ思ふ』とあるたまはやすは則ち蠶の繭の黃玉白玉の如く光輝あるを謂ひたるものならむ。姓氏錄に攝津國諸蕃牟《ム》古《コノ》首出《オフト》ㇾ自百濟國人片《ヘ》禮《レ》吉志《キチシ》」とある。此片《ヘ》禮《レ》はヘレにして。ブリと同じく。蠶の義なるべし。六甲山の西の國を播磨といへるも。ハリマ即ちフルムの國なり。フルムは即ち櫟なり。去れば六甲山の原名をミカゲの山とし。其略ムコとなり。ムコはマクとなり。マクはマフとなり。マフはマユとなればマユの山の義即ち繭木山也。繭木《クヌギ》の漢字櫟木の反切を求め之を六甲の字に托して歷各《レツカウ》の音通を取りたるは。百濟國人などの才覺に出でしものにして。後世は唯だ之を復活して襲用せるまでならむ。左すれば武庫の換字として六甲を箝めたりとのみにも限るべきに非ず。要は此地方に織機の古實ありや否や其有無によりて此疑義は自然に決せらるべし。

▲ドングリ研究（續）

—秦と旗と—ドンクりを尊んでイケキと稱す—掃く程の地名—怪しき虫の迷信—ドブロクの語源—蜀山人の雅號—伊丹の實地踏査—住吉の神酒を給與すり—酒の字の解—寸分の虚隙を餘さず—ドングリと酉との關係—

池田は古名呉服《クレハノ》里にして。織機には應神天皇時代より緣故あり。和名抄に攝津秦鄕《ハタノガウ》といふは其地なり。秦の膚《ハタ》によろしきものを織るより。ハダの訓とせりとあるも。蒙古語にてハータとは絹の織物なり。我國の機の字訓も此ハータの短音にして。旗の訓も此の絹の織物を竿の頭にヒルガヘしたるより出でたるなり。去れば秦の和訓ハダもハタより。名づけしものと見て差支なし。此秦氏を移して池田の郷に住まはせたるは。此地に織機の原料山繭の澤山ありしを證すべく。山繭はドングリの木に生ずる故。ドングリをイケキと稱んで。最初は織女神の名とせるが伊居多《イケタ》神社なり。此伊居多《イケタ》神社の一名を穴《アナ》織《ヘ》神社ともいふは。アヤハオリのアヤがアナと訛りしものか。此池田附近には。秦下郷、秦上郷、服部麻田等。織機に關係の地名が掃く程ある也。伊丹の同郡中にも桑津郷あり。延喜式には伊居多神社は舊く此地に在りたりともいへり。之を以て見ても攝津が上古いかに蠶業の地たりしかを察するに足るべし。蠶業は桑樹の以前は多く山繭を取りしはいふまでもなく。聖德太子の時に。閭巷說をなすものあり。或る怪しき虫を奉じ。之を祭れば百福立ろに到るとの迷信盛んに起りしは。此山繭の虫のことを聞き違へて。左もなき虫を珍重したりしより。山繭の本家太秦《ウツマサ》氏は其眞物にあらざるを示す爲。民間誤傳の神虫を打殺したることあり。是ぞ『うづまさはかみともかみとつたへこし。とこよのかみをうちきたますも』の歌の起源なるといふ程なれば。太秦と山繭の關係。山繭とドングリの木の關係を思はゞ。六甲山といひ。武庫の山といひ。ユヅリハの山といふも。齊しく栩の木の山といふことは思ひ浮ばるべし。而かも其名稱の斯く區々分立せるは。或は百濟や或は新羅や或は吳や漢や諸蕃の人々が。各自本國の詞もて自分々々に命名せしより。斯くは一山にして數名を負ふに至りしものなるべし。獨りドングリの多かりし證は之れのみならず。伊丹《イタミ》の地名をイチビの轉として見れば。此の櫟の實を蒸して飲料となせしも。亦此秦氏の如き渡來民の敎ふる所。原料に事を缺いではドブロクも出來ぬワケなり。ドブロクとは。今酴醾漉とかけるも。ドングリクのンがムとなり。ムがブとなりて。ドブグリクと呼びしものゝ轉化にして。木實より酒を醸せし最初の名なり。其搾られたるものをアリケといふ。西洋のアルコールも此アリケと同義より出づ。アリケは我國にて關西の小兒語に酒をアカといふと同じ。江戸にても蜀山人の狂名を『よものあから』といふ其あからは酒のことなり。去らば伊丹の地名にも。酒に緣ある稱呼ありさうなりと探り見るに。有レ之哉々レ々々。伊丹町の東に在る一座の荒邱。南北三町東西二町。壕壘の形稍々辨ずべきもの。之を伊丹氏の城址とす。此城址の古名は有岡《アリオカ》なり。アリオカはアロカの延音なること。猶蜂岡の訓ハチオカがハトカ(佛の義)の延音なるが如し。去れば造酒の人の古跡も此近傍にあるべしと求むるに。園田村大字上坂部の地は。太平記元弘三年の條には之を酒部と記したり。姓氏録に酒部公あり。攝津皇別久久智坂合部同大彦之後也とある坂合部は即ち坂部にして。坂部は取りもなをさず酒部なり。大鷦鷯天皇御代に韓國を經過して渡來せる二外人の。自ら稱して造酒の才ありと申し出でたるに賜はりし酒肴の姓の系統なり。宜なり新羅人の入朝するや。先づ住吉の神酒を敏賣崎《ミヌメノサキ》にて給與すること儀式となれるは。斯かる緣故のあるからなり。然れば即ち攝津の酒造業は。豈徳川氏時代を以て其發端となすべきものならむや。此れは是遠く神代の昔より其淵源の遡るべき者ありて存することを知らざるべからず。但し其著しく改良されたるは坂部の姓のあらはれたる頃よりならむ。坂部の宮は伊佐具《イサグ》神社として延喜式に載せたり。伊佐具はイスグなり。古は木實を嚙みて瓶に吐出し。其瓶を密封して發酵せしむ。之を酒をカモスといふ。カモスはカミスなり。嚙むより出づ。イスグは酒《イスグ》なり。口中の嚙みたるものをイスキ出すなり。漢字酒の字は酒に成らんとして未だ成らざる象なり。此イスグのスグかサグとなり。サグが清音となりしもの。日本語のサケなり。此サケの神をイトマといふ。イトマはイチミとして酒の原料の名なり。イダミとして酒の醸造元の名なりとすれば。余が前回イトマの神とイダミの地名と關係ありと道破せる者。此に至りて寸分の虚隙を餘さず。シツクリ抱合歸一せるにあらずや。況んや所謂伊佐具《イサグ》神社てふものが。其御神體稲荷明神といふに至りては。イチビイナリの轉化として。秦氏傳來の御土産なりと述べ置きたることといよ〳〵以て實證ありと言はざるを得ず。僭も三指無及の刀より。イトマの神に及び。イトマの神よりドングリに及ぶ。知らずドングリと醤と何の關係かある。暫らく之を金瓶に封じて。其發酵を待ちて開かむ。

▲醫の字の解剖

——醫の字の解剖——同一に歸す——楠正成の新作字——二竪に象りし人形——矢の字の解剖——大追ふ物の起源——箱に狗頭を藏す——ヤブ醫者の出所——

醫の字は三指無及の殳の外更に医を有す医は說文には弓弩ノ矢ヲ盛ル器。匚ニ从ヒ。矢ニ从フ。亦《エキ》ノ聲とあり。亦は yeki なり。其 e を u に轉じて yuki とすれば。我國語のユキと一致す。ユキは普通彀《ユキ》と書く。所謂韛靫盛ル箭チ之室釋名云、步人所ノ帶。以箭叉ス其中ニ也とあるが如く。矢張り矢ヲ盛ル器なり。今之を宇《ウ》都《ツ》保《ボ》といふ。依りて医字の反切を求むるに。于《ウ》計《チム》切とあり。于計は北音 uchun なり。而して其語尾のンはムより來り。ムはプより來りしものとすれば uchub となる。即ち漢字も我國語も同一に歸す。而かしてウツボのツはC音なるが故に。矢張りウキボと同じく。ウキホはユキコの變音なれば。根本は靫《ユキ》子《コ》なり。名詞の下に子を附するは。東北廣前地方に珍らしからず。支那語に於ては。子又は兒はツー又はアルの音を以て。大概名詞の語尾に附着せり。日本紀に大神負靭《ユキ》のことあれば。ユキてふ詞は古言なり。ウツボはユキヲの訛りと見るべし。而かも楠正成の制作新字に穼の字あり。此は靭の字畫多きを厭ひて。假名を以て漢字を組織せる例の便法を應用しウとツとホとを合成せるものにして。南北朝の頃既にウツホといふ名の行はれしを證すべし。左れば訛りとしても昨日や今日のことにあらず。此ウツボ即ちユキの古字が医の字なり。匚は胡禮切にて。日本語のクリヌキのクリと同じく。中を虚にして物を受ける器の象なり。之に矢を盛りて医となる。其反切がウツボで。其約音がユキとあれば。ユキのウツボと轉じたる楠正成時代の出來事で無きこと明瞭なるべし。偖此ユキてふ物が何故に医と關係ありやといふに。徒然草に云ふ所に據れば。古代疫癘の流行する時に。京洛五條天神、鞍馬靭の明神の社頭に。靭《ユキ》を掛けて其疫癘を避くることを祈りたりといふことなるが。此事の起りは太古醫術未だ進まざるとき。否大に進みて鬱血療法がイトマの呪法として行はれたりし頃。早くも精神療法の一種として。ヒキメの祈禱といふものあり。病人を一室に臥せ置き。二堅に象りし人形をつくりて形の鏑矢にて其人形を調伏する法なり。　昔話にては彼の堀河院御在位の時夜々おびえたまぎらせ給ふ事ありしを義家朝臣南殿の大床にさぶらひて御悩の刻限鳴弦すると二度の後。　高聲に前の陸奥守義家と名乘りたれば。　聞く人身の毛よだち。御悩おこたらせ給ひしよし。平家物語に見えたるは。　即ちヒキメの矢にて射たるをいふなり。　ヒキメの矢はカブラヤなり。　之を射るときは。　其音空氣を切りてすさまじく。　グーウンと鳴響くなり。　靺鞨族の如きも。　此鳴鏑を恐るゝこと甚しかりしといへば。　其頭武器の中にては。　日露戰爭當時の機關砲の音の畏れられたるより。　猶氣味惡く受け取られたる者ならむ。　凡そ弓矢を以て病魔惡鬼を驅除するは。　支那にても蓬矢桑弧以て四方を射るの故事あるにても推して知るべく。　西藏にても矢の原始器トルヂヱを擲ちて惡魔を拂ふ式ありヒキ目の祈禱は。　此れ等と離るべからざる關係あるべし。　蓋しヒキ目のカブラヤは犬追ふ物の儀式に犬を射るの矢なり。　依りて矢の字を考ふるに。　矢は天に一横線を加へたるなり。　而して此天は犬の字の變形せるものならむ。　依りて正韻を撿するに。　天は伊《イ》鳥《ニヨウ》切なれば。　即ちイヌの字音を帶ぶ若し犬をチヨワイヌとして大狗の義とすれば。天は生れて間もなき狗兒なるべし。此狗兒に一横線を加ふるとすれば。其横線は犬追ふ物の矢ならざるべからず。此犬追ふ物の起源に付ては諸説一定せずと雖も。余は矢張り大陸打圍《タイウヰー》の輸入に外ならずと思ふが故に。神功皇后に初まるるといふは。稍其當を得たりと信ず。而して天に从ひ女に从へば妖怪の妖となる。此妖は何を意味するかといふに。即ち巫子《イチゴ》なり。梓巫《アヅサミコ》といふソレ也。梓巫とは弓の弦を鳴らして呪文を唱へ。其後一種の箱に向つて吉凶禍福を請ふ者の稱にして　此箱の中には狗頭を藏せりといふ。其狗頭は梓巫の請ひに應じて病氣の原因及び治法を授け。又其使役に甘んじて種々の不思議を現はすと信じられたるが。此妖字の天に从ひ女に从ふ所以なり。此はヒキメの鳴弦が。更に迷信を伴ふて此別種の發達を成したりと判すべし。所謂イヌガミの信仰なども。亦此の部類に屬すべきものならむ。然るに此の迷信は精神治療法として奏功するときと。然らざるときとあり。奏功の時は神の代理者として梓巫の徒の凡夫より尊敬を博せるは一方ならざるべきも。不幸にして不奏功の時は死者の遺族故舊の徒の罵りて妖巫《サウブ》醫者《ヰシヤ》と呼びたりけむ俗諺の藪醫といふは此出所を忘れて無意味のアテ字を埋めしなり。此流の治療にては大概病ひの愈えざりしにや短折するを天といひたるも。妖字と關係あり。兎に角醫は毉とも書く如く。巫祝の徒より開かれたるなり。支那語にても醫を大夫といふは大巫の換字なり。西洋のドクトルをタカトリとして研究すれば。タカトリは祭壇の義なれは。矢張り巫祝の義を離れず。今猶宣教師の醫を兼ねるもの多きも。實は歴史上の來由ありてのことなるべし。

△藪醫と禁厭

西洋の藪醫――呪文にて生命を維持する一門――ヤブは巫なり――鼻涕仙人の丸藥――松井源水の居合拔き――厭の字の解剖――犬張子も然り――醫の字――エスキモオ族の奇習――

藪醫は西洋にても。バンブードクトルといへば。竹に緣ある意味あるべしてふ疑ひの起らざるにもあらざれど。西洋のバンブーも猶我國にて妖巫の藪と訛りし如く。何かの詞の轉訛なるべし。若し巫祝の意味より言はゞ。バンプーはハニフーなり。ハニフーは日本語のハフリと同じく。矢張り祝の字なれど。マホメダンにては。此巫祝の徒の禁欲主義なるをハニフといふ。其徒は滋養物を斥け藥餌に依らずたゞ呪文のみにて患者の生命を維持せんとするの一門なり。支那の上古に苗父といふ醫あり。北面して十言を呪すれば即ち諸病平癒すといはれたり。此の苗父の字音ビヤウフーをはねて言へば。ビヤンフーなり。バンプーとは此の類の醫なるべし。苗父一名弟父《チーフ》といふは。テーフチ即はち蒙古語のトモチといふを音譯せる迄なり。トモチとは呪文のみにて諸病を平癒せんとする醫者なり。去ればトモチは即ちビヤンフーにしてビヤンフーは即ちヤブなるべし。ヤブは三才圖繪には野巫として其名實天台止觀に出づとなすも。余は野字より妖字の意味深きを以て妖巫なるべしといへり。されど支那の中古にも呪文のみにて治療する人に踰附といふあり。此踰附も亦 yufu より yafu に轉じ得べきを見れば。最初はヤンプ(英彦山にてヤマブシを呼ぶ詞)といふ詞の如き道士業と云ふ意味にて。別に褒貶の義なかりしかも知らず。去れば踰附の如きは。木を搦めて脛となし。草を束ねて軀と爲し竅を吹き腦を定め。死者をして復た生かしめたとあれば。元より藪とか妖巫とか野巫とかいふ文字の擬せらるべきに非らず。併し斯くの如きの人は一千年間に一度の出現も期すべからず。其の他のヤンブは大概庸醫なりしより此の庸醫のヤンブーを呼ぶ爲めに。野巫とか妖巫とかの名稱を附する必要生じたりと覺えたり。鼻涕仙人といふは。鼻屎を搏めて丸藥となし。それにて諸病を醫したりとあるも。矢張り涕鼻仙人の涕鼻に弟父と同音のテーブーをかけたるなるべし。之を逆寫して鼻涕とせるにや。トモチのトモはイの不定冠詞を省きしのみにて。之を復原すれば。矢張りイトモなり。即ちイトマの神呪を稱ふる流亞を言たる也。チは者といふ義なり。日本語のヤリテ、ハナシテ等のテと同じく。支那語の的《テー》字なり。打水《タースイ》的、拉車《ラーチョー》的が水汲み、車ヒキとなるに同じ。此的《テー》を省き而して其不定冠詞を除きて。トモとなりしを字音に通せしが弟父なり。ソレを逆書せるが鼻涕なり。我國にてもマヂナイにて歯を拔く一門に。松井源水といふあり。マツヰを下からよめば矢張りヰツマ即ちゐとまなり。此一門はイトマの呪法たる刀を弄して居合《ゐあひ》を拔く處は。確かに原始の面影を存せり。姓名と職業との一致は爭ひ難きものありといふべし。元來マチナイといふ詞からして。mとdとnとiとより成る。其頭字を逆讀すれは。インドマなり。ンを省きて之を見れば。即ちイトマの義を逆さにしてマトイとせるまでなり。此はアバラカタといふ卒塔婆の文字を逆書してタカラバアとせると同じく。古代に行はれし言語轉換の一法則なり。マチナイのイをヒに換へて動詞としたるは。後のことなり。マチナイのイトマより來れるは。日本語の分析以外。漢字にても立證し得べし。漢字にはマチナイの正字は厭なり。禁厭と云へば一層早分りすべし。禁はヒモロギに注連繩を張り。其繩の垂目三ヶ所にある象にして。此より內には魔性の物の入るを許さぬといふ義也。其垂目の三ヶ所にイトマの妙數を寓せる也。厭は犬に从ひ。日月に从ひ。厂に从ふ。厂は虛厈切音漢にして天漢又は霄漢といふ。銀河の代りに用ゐたるなり。厂字の一劃は蒼穹にして。ノ劃は銀河なり。星辰の辰の字の如きも古文厎と書く。皆此の銀河を厂に象りたるなり。一概に厂は水厓の高者として。地上のソレとのみ解するは非なり。水厓の高きは天河に越すものなし。天河は星なり。故に日月星と犬とを合せる者が厭なり。犬は太古の民族が外來の敵を防ぐ唯一の賴みにして。此思想は有形のみならず無形の妖魔をも防ぎ得べしといふに至れるが梓巫《アヅサミコ》の秘筐の狗頭を首め俗間の犬張子まで皆然りとす。厭は於琰切又は於撿切なれば。ウヰタム又はウヰチヤムなり。即ちヰタムなり。日本語にてはイトフなり。ヰタムとイトフと倶にイトマより出でたるは其字の構造之を證明して餘りあり。而して此のイトマの妙數をあらはす爲に。口の兩邊に竅を穿ち。以て三個の空所を得たりとして喜びたるが靨の字なり。靨はエクボなり。笑ふてくばむ所の稱なれども。最初は病難除けの呪に。面に日月星を勸請するとて穿ちしもの。其風習の癈滅せる後までも遺傳的に痕跡をとゞめしがそれなり。エスキモー族の中には今猶口の兩邊に竅を穿ち。其竅に竹のパイプをさしこみ。兩管同時に煙を吸ひ込みて。中央の口よりプーと噴き出す風俗の處あり。靨の別音に益涉《イイチヨク》切あり。エスキモー今は生食の義に解せられたれども。或はエミスクマ(笑虚隙《エミスクマ》)に非るなきか。

▲書室の代用鯉

△岐阜馬瀬無名氏よりの來翰に曰く。恭賀新年小生は十有餘年來、直接又は間接に讀賣を愛讀致居候、殊に貴下の二千九百年前の日誌は、大膽なるが如く、小心なるが如く、附會なるが如く、附會ならざる如く、玄妙の味を其内に含み、有益にして又なき面白味は此間に味ひ候、實に／＼有難存じ候、御禮旁々尙御完結の上は別行出版成被下度候、

照山曰御過稱不敢當。々々々。但だ小生は何處迄も。研究的態度を以て世界的に。開放的に。忌憚なく比較討究せる結果を發表して見たる迄に候。此稿は未定稿とも言はゞ言ふべきものにて御座候。故に小生の發表せる意見に對し。附會と御氣附の廉あらば。遠慮なく御論難を蒙りたく。左すれば惡く自説を墨守して固持ッ、ヶ病に襲はるゝやうな偏狹なをは致さぬ積りに御座候。其代り附會と見たる理由と。其理由を證據立つる爲の正解といふものを御示し被下候事丈は。前以て御願申上置候。米國一流の藪から棒的提議は。採用の限りに無之候此れは貴下に對して申上ぐるにはあたらぬことに候へども。無代償にて横奪的の批評を試みんとす

ろ者多き世の中なれば。此機會を利用して廣く讀者に御斷り申上置く次第に御座候。猶單行本として出版云々の件は。定結を待たず三月分づゝ位取り纏め。ハシカヲ〳〵出版しては如何との注文多く有之候に付き。目下其計畫にて。昨年末の分迄第一編とし。近々日高有倫堂より發行の手筈に御座候。

△埼玉縣比企郡小川町大塚仲太郎氏よりの來翰に曰く。拜啓二千九百年前の西域探撿日誌面白く拜見仕り。每朝寢起きに讀賣紙上にて。貴說拜讀致す時は大に愉快に感じ候。此頃折々休載の日有之。其の節は大に力落ち。朝飯も不美く候。扨て米にウルチ、モチの二種有之。ウルチの名の起原につき不審に候處。イチミ、イナツより正一位稲荷の起りし貴說を讀み。稲荷の借字の稲の一種をウルムチのムを略し。ウルチと云ひ。他の一種をムチと云ひしが。轉化してモチになりしならむと氣付き候。御高見は如何。モチイヒを作る米故にモチなどといふは。曲解ならむと存じ候へ共間違にや。又キツネのツは天つ風のツと同樣にて。木の根に非らざるか。之はこじつけ過ぎ候か如何。心付きし點伺上候草々。

照山曰ウルチの名のウルムチの略稱たるは。貴說間然する所なし。伊犂は米穀の原産地にて。今日にてヽ伊犁の米は。日本の米より大粒に御座候。而して世に傳ふる稲荷大明神の畫像は。結髪にして有髯なる一翁が。カメギヌを着し。袴を穿ちたる者多く。之を高砂の尉と嫗との尉に比らべ。浦島の畫像に比べ。而して川崎大師の平間の翁に比するに。其頭髪及び服裝が恐く一致いたし候。此肩衣は漢字にて襦と申す者にて。急就篇註に。短クシテ要《コシ》ニ施スチ襦ト日フとあり。釋名に要襦ハ形襦ノ如ク。其要上は翅チ。下は要《コシ》に齊シキ也とあるが正しく是にて候而て其袴は漢字にては裙と申者にて。説文に下裳也とあり。釋名に裙ハ羣也。裙幅チ連接スル也とあるに相當り候。此裙襦を用ひるはウルムチを中心として伊犁一帶の古風に御座候。此のウルムの轉音はフルムとなること本文にて申上候通り然るに川崎大師の寺號はヒラマ寺にて。其開基はヒラマの翁に有之候。ヒラマとフルムと既に同音の轉化なるに。高砂の尉の所在は。ハリマの國に御座候へば。此れ亦フルムに歸着可致。ウラシマは蒙古語ウランスムとして紅廟といふ義に相當り候處。紅廟とはウルムチの漢名に相叶ひ申候。左すればウラシマの子もタカサゴの尉もヒラマの翁も。皆倶に稲荷大明神と其名稱及風俗を同じく致し候。此民族は、或は宗教に。或は漁業に。或は婚禮の儀式に。或は農作物の傳播に。思ひ〱の物を傳來せるものらしく。其傳來の主要物によりて。之れが稱呼を別々にいたしたるものと相考へられ候。偖此のイナリ研究にて最も着目すべきは。稲の字と荷の字を合すればイナニと讀むべきを。イナリと讀み候こと。誠に特殊のヨミカタにて御座候。此は「ヲリルレロ」と「ナニヌネノ」の轉換にて。朝鮮の字訓には其類例不乏候。我國にては。信州の小谷温泉の名稱之を普通よりいへば宜しくオタニとよむべくして。オタリと讀ませたるが。此稻荷のヨミカタと同一に御座候去れば伊犁の犁の音を逐にニと取りかへ見るときは。此にイニといふ音を發し候イニはイネと同音に候へば。稻を訓してイネといふことからして。其原產地の名稱を取りたるものかと存ぜられ候。之をイノチノネの略なりなどゝ申すは。比較研究てふ事の行はれざりし舊式の獨斷說に御座候。

▲書室の代用鯉

——不自然に非ず——ウルハシキの語源——餅の解——狐とは穴の事——お穴樣の名稱
——蒙古語との一致——木瓜とは何ぞ——トカクシ山の穴——

稻の訓イネ旣に其原產地の名稱を冠せる以上は。ウルチ米のウルムチより出でたりとあるも。一向不自然には無之候。其モチのムチといふより來るといふも。元より緣故は避くべからざるものと認め候。此のウルムチのウルは日本にてウルハシキといふウルと同じく。語源はウランにて御座候。ウランのンがゲと鼻音につまりて。ウラングゲとなりしものの。更らにウラはアとなり。アンはウとなりて。ウゲモチと響きしが。稲荷を日本より呼びたる保食《ウケモチ》の神號にて御座候」去ればモチとは食物の總稱にて。單に餅をのみ指したるワケに無之は。ウケモチのモチに食字を擬したる古訓にても相分り申候。而して此モチとバタとの關係は。曾て本文の中にて論及せること有之候故。玆に之を省きてモチがムチより出でたりとする緣故は如何といふに。ウルムチのムチは回回語の嗎咱《マツ》と同じく。日本語のマツリと同じく祭祠の義に御座候祭祠に獻ずるの米は餅にして供ふるが古風にて。今日まで正月の御鏡を首め吉凶に關する神事佛事には。必ず餅の伴なふも之が爲に候。漢字餅の字は幷に从び食に从ふ幷はヒモロギの上に並べたる或物に御座候。开はヒモロギにて。其上のソ點が餅に象りたるものたることに御注目相成りたく候。モチイヒを作る米故に。モチといふの說は曲解とはいふべからざるも。モチイヒのモチそれ自身が何事を意味せるかを語らざる以上。本末顚倒の嫌は免れず候次ぎにキツネのツは天つ風のつと同樣にて。木つ根に非らざるか。之はこじつけ過ぎ候か如何との御尋ねに候處。之れが木つ根の意味か然らざるかを決するは。矢張り比較して見る外無之候。比較して歸納的に結論に到着致し候ものが。木の根の義に綜合され得るときは。貴說は立派なる一新說として價値を認らるべく。然らざれば矢張りこじつけたるを免れ難く候。而して小生の見る處は。キツネの訓は木の根の意味にあらず。何となれば。狐の居る處必ずしも木の根のみに非ざればなりといふワケにて御座候。而してキツネは木の根の義に非ずとすれば。其正解は果して如何といふ點に進み來るが。問題の順序にて候。依りて鄙見を申し述ぶれば。キツネとはアナといふことより出でたる名詞なるべきかと存候。蒙古語にてナガといへば。穴のことにて御座候。我國にても穴戸をナガトと申し候へば。古は矢張り穴とナガとは同義にて候こと確かに御座候。此ナガに不定冠詞のオを加へて。オナガとすれば。蒙古語にて直に狐のことに相成り候。我國にては。此場合に於けるオは往々尊稱詞の御と混同して用ゐられ候。即ちオアナ樣の御穴は多くの場合は狐てふ語の代用名詞に御座候。穴守稻荷などは先づ其一適例と見るべき者に御座候。而してアナの蒙古語ナガが蒙古にて。狐名と相成り候と同時に。穴の字音ketnは日本語の狐の字訓と相成り居候。伊勢物語の夜も明けばきつにはめなでのきつは水槽なりとあるの異説も有之候へ共。小生は矢張りキツネの略稱と見る方穩當となし。キツネをケツネといふは一般珍からぬことにて候。若此ネを稲荷研究に伴ふたる「ラリルレロ」と「ナニヌネノ」の轉換法則に還原すれば。キツネはキツレと相成り候。キツレを更に轉じて。カツラといたし候へば。日本語にてもカツラギ山のカツラと同じく。矢張り穴の古語に相成り候而して狐は必らずしも木の根に據らざれども。穴居せざる者は無之候。然らば狐の漢字は穴居と如何なる關係ありやといふ疑問次ぎに起り可申候。此の答へとしては先づ狐の字音は洪孤切なればホンコなり。ホはオの變音としてオンコとなり。ンは開いてナと響けば。オナコと相成り。此處に蒙古語との一致を認め候。而して犭に从ひ瓜に从ふ字の搆造よりいへば。『己が名の旁を喰ふ狐哉』の古句はいふに及ばず。支那にても瓜州の瓜大きさ一抱えに餘り狐其の中に巣くふといふが如き。瓜と狐とは離るべからざる關係あり。ソレ故に瓜に从ひオに从びたる物らしく存候。更に面白きは正字通に所謂柯枝國別種曰木瓜。穴居ス。男女裸體。綴結草木之葉蔽前後見星槎勝覽といふ。此の木瓜とは何故に名づけしやを考ふるに。木瓜は日本の黄烏瓜《キカラスウリ》のことにて。本綱には括樓ヘ果贏之實ナリ齊人呼デ爲木瓜とある是なり。されば木瓜とは括樓のことにて。クワツロウはクツロと縮まるべく。クツロはカツラとして穴となり。クツニとしてはキツネの語源と一致するを見るべく。而して此の人種も亦穴居族なり。稻荷研究の一材料たる小谷《オタリ》温泉の隣地は。トカクシ山のクヅリウなり。クヅリウ今は九頭龍《クヅリウ》と書けども。根本は矢張りクツルにして。穴の古語なり。トカクシ山の穴を一見せる者は。此解の間違なきことを首肯すべく候。

▲書室の代用鯉（續）

——柯枝は交趾と同族——地球の中心に届ける大風穴——九尾の狐の解——各地の穴居族河内の瓢箪山——淨土寺の安針塚——パイタラ葉の横文字——實は英國の人——日本橋の安心町——十字架を携へずして數躯の佛体——足跡を印せし地——

思ふに柯枝《カウチ》は其名稱より考へて。安南の古名交趾と同族たるべく。交趾は更らに火州《クワチウ》より出でたるものなるべく。火州《クワチウ》も亦科布斗《コプト》の音釋にはあらずやと存候。开は伊犁北邊の科布斗《コプト》の名稱が火州《クワチウ》としてカラシャル城附近に擴がり。更らに南下して安南に出で丶交趾となり。更らに海を踰へて我國の河内《カワチ》にも關係を繫ぎしにあらずやと存候。去ればカウチの名は何を意味するかといふに。カウはクとなりクにチを添ふれば。クチとなる。クチは穴《ケツ》の轉として。アナの義と解すれば。日本語の口《クチ》も亦適解を得たるワケに御座候。ソコで科布斗《コプト》には何の穴ありやといふに。地球の中心に届けるものにはあらずやとの評判ある大風穴あり。次ぎにカラシャルは古の焉耆にして。山海經に在る青丘とは此地のボロオゲラを指せるものなり。山海經に曰く青丘國其狐は四足九尾となり。九尾とは九本の尾のある譯にはあらず。尾の色が九筋の縞になりて居ることとあり。去れば火州《クワチウ》も無論お穴を尊ぶ處なり。而して交趾に出で丶は夷鬼と稱する穴居族あり。夷鬼はカラシャルの古名焉耆《ユンキ》の訛ならむ。此交趾と同樣かと思はる丶柯枝にも矢張り木瓜と稱する穴居族あり。其木瓜は一名ヒサゴウリといふ。ヒサゴは瓢簞なり。此に於て我國の河内の國は。其カワチの名稱がカウチと一致するのみならず。瓢簞山は有名なる稻荷の鎭座ます所なるは辻占の牆壁を聞いても大概合點參るべく候。其稻荷の御神係は古の火州《クワチウ》風俗の裙襦頭髻其儘なりといふに至りては。此間何の關係なしといふ斷言は出來兼れ申候。之を要するに狐の漢字も音義倶にアナの關係ありさすればキツネは矢張り穴の義より來るといふこと穩當なるべく考へられ候右御

答まで

△石狩國花畔村醫師石井芳丸君よりの來翰に曰く。 拜啓 横須賀停車場ヲ距ル五六町ニシテ淨土寺ト申ス寺院アリ。 寺ヲ距ル里許ノ丘上ニ安針塚ト云フ墳墓アリ。 傳ヘ云漂流ノ英國人アンジンナルモノ幕府ニ事ヘ。 鐵砲指南役ヲ勤メ。 該地即チ逸見村ヲ食ミ居リシト。 東京日本橋ノ安針町ハ何カ同人ニ由緒アルモノ如シ。 而テ淨土寺ニハ右安針ノ守リ本尊ナルモノアリテ保存セラル。 數軀ノ佛体ト幅二寸長二尺許ノバイタラ葉ニ梵字横文字ヲ記セルアリ。 京濱ノ英國人等コレヲ傳ヘ聞キテ。 右ノ墳墓ニ詣ズル序デニ守本尊ノ拜觀ヲ請フ者踵ヲ接スレドモ。 誰一人右ノ横文字ヲ讀ミ得ルモノ無ク。 從テアンジンノ事蹟ナルモノモ。 判然セザルトコロヨリ。 四五年前神奈川知事親ラ該地ニ出張シテ墳墓ヲ發掘セシカドモ。 何ノ得ルトコロナカリシ。 幸ニ貴下ノ天眼通ニ依リテ。 彼ノバイタラ葉ノ文意闡明スルヲ得バ。 歷史ノ資料ニ貢獻スルノミナラズ。 アンジンモ定メテ地下ニ安心シ。 守尊モ是ヨリ花々シキ出世ヲナスコトナラン。 萬一御通リ掛ケノ折アラバ御調査被下候テハ如何ニ候ヤ

但シ同寺現住職ハ。小生ノ實兄ニコレアリ候。右亂筆不文ヲ顧ミズ得貴意候也。草々敬具。

照山曰。御問合のアンジンは所謂三浦アンジンの事なるべく。三浦アンジンならば。武江年表には明人安針と記し。新記には朝鮮人と有之候へ共。實の處は英國ケント州ギリンガムの人。本名をウイリアム、アダムと申すが正確なるべく。西暦一千六百年即ち我が慶長五年の二月平戸に漂着し。海賊の嫌疑を蒙ふりて。大阪に押送せられ。後其冤罪たること明らかになりて。徳川家康の寵愛する所となり江戸日本橋に邸宅を賜はりしものが即ち安針町にて。其采地として二百五十石を相摸國三浦郡逸見村に賜はり。依りて姓を三浦と名乘りしことは世の普ねく知る所にて候。其安針と呼びたりしは水先案内の歐洲語アンジンを會意的の漢字に代へたるまでにて。其稱呼の着想たるや自己の本業を其儘名となし。之れに地名の三浦を取りて日本流の苗字を名乘りし處。いかにも滑脱自在にて物に滯らぬ氣風相見へ候。之れに依りて考ふるに。渠が英國の出生たるに似ず。耶蘇の十字架を携へずして。却て數軀の佛体と。バイタラ葉の梵文とを持參せしは一寸不審に思はれ候へ共。此男は西暦千五百九十八年前即ち渠が我國に漂着の前三年より。和蘭東印度會社の水先案内を勸めし經歷あれば。此佛像及びバイダラ經文も。東印度に於て之を得たるものなるべく。其佛像も郷に入りては郷に隨ふ才子肌らしき渠が。果して守本尊として信仰せしや否やは疑問なりと思はるゝは逸見鹿島神社の棟木にも奉建立鹿島御寶前大擅那三浦安針敬白云々とある位なれば。神でも佛でも往き先き〳〵の信仰に如才なく迎合せるにはあらずやとも疑はる。要するに其パイタラ葉の横文も印度文字なるに相違なかるべく。其印度文字は多分佛教の經文の一節にて。安針の身上の記事には直接無關係なるべく。左すればイカに之を飜譯して見たところが。之れよりして今日以上安針の事蹟を探ぐり出すことは難かるべくと存候。尤も其字体の如何と其佛像の樣子にては。シヤムか。ピルマか。或ひは純印度かといふ鑑識と倶に。渠が足跡を印せし地の判定はつき可申候折角の御勸めに候へば。同地方通行の際は拜觀を願ひ出づべく。貴下よりも豫め御實兄に御通知置き被下度候。

△書室の代用鯉（山の一）

——柿の語源——赤き樹——サンスクリットのカキンツカ——カキは陸——ウーランで
ふ蒙古語——ウーランアカ同源——キは黄の義——カキは赤黄の義——

△靜岡縣周智農林學校長山崎德吉氏よりの來翰に曰く。拜啓未だ御拜芝を得ず候へ共。愈々御清康慶賀此ことに奉存候。然れば先般來讀賣新聞御掲載

の玉稿二千九百年前西域探檢日誌、寧ろ驚嘆の眼を以て日々再三拜讀仕居候。堆書塲裏御多忙の處を煩はすは洵に恐多き義に有之候へ共。「柿の語源」につきて兼てより種々取調べ。且つは其道の先輩にもたゞし候へ共。何分意に滿つる樣の解決を得ず。この上は最早先生を煩はすより外に途なしと存じ。かくは尊嚴を犯して御高教を仰ぐ次第に有之候。左に覺束ながら。之迄取調候概要相認め候。

「カキ」の語源につきては。種々の說有之倭名鈔に。說文兼名苑を引きて。柿はカキ赤實果也とあり。又新井白石は。其著東雅に。萬葉集抄を引きて。古語に「カ」といへるは赤之義也といふことあり。其實赤くして其葉も亦霜を經し後に紅なれば。カキとは赤き樹也といふなるべしと云ひ。俚言集覽增補の部に。カキと名づくるは。カヽヤクの略にて。其葉其實ことに赤きを云ふと有之候。尙大槻博士も其著言海にカキは赫きの意にて。實色紅葉にいふかと記さる。然るに松村博士(任三)は說をなして曰ふ。古きサンスクリットに。柿をカキンヅカと呼ふ。其カキンのカキ殘りて日本語のカキとなりしものならんと申され候。尚又辻村喜助は果樹語源考に梵語 Khaki は泥土の義にして。黄褐色を意味す現今軍服に用ひらるゝ色彩なりと雖も。カキの語源は或は斯裡に胚胎したるやと思考せらると。尚氏は萬葉に呵《ア》加《カ》等《ト》伎《キ》乃《ノ》加《カ》波《ヘ》多《タ》例《レ》等《ト》枳《キ》爾《ニ》之《シ》麻《マ》加《カ》枳《キ》乎《ヲ》己《コ》枳《ギ》爾《ニ》之《シ》布《フ》禰《ネ》乃《ノ》他《タ》都《ツ》枳《キ》之《レ》良《ラ》受《ズ》母《モ》とある其之《シ》麻《マ》加《カ》枳《キ》は島蔭にて。蔭をカキと謂へる如く。古代に於てカキの實は即ち蔭の實といふより出たるには非ずや。果實成熟に至るまで久しく葉蔭に存すればなりと云はれ候。

されど我國の言葉は蒙古西藏の語より來れるもの多く。柿の如き或は其系統を茲に發せるやも知るべからずと存せられ候。次に柿の漢名につきては。柿は花鏡に朱果より來れる旨有之候。即シユの轉じてシとなれるものか柿の正字は柹にて。柿は其俗字。又杮といへるは。柿の一種葡萄柿に當てたる文字なり。尚柿の漢名數種あり。朱果烏林。七遷、花稗、槺棗、鎮頭迦、赬虬卵、赤實果等

柿の學名 Lliospyros Kaki は希臘語天來の食 Lliospyros より出で。佛蘭語 Kokidujapon は「日本の柿」の直譯たる事いふまでもなし。

以上甚だ覺束なき次第に有之候へ共。今日これ以上の智識は。迂生の淺學なるこれを得るに由なく。甚だ遺憾に存候。何卒特別の御厚情を以て高敎を垂れ給はんことを切に懇願仕候。

照山曰く。貴書拜見御職務柄とは申せ御熱心の御調査感服の外なく。御高示によりて。小生の益を受たることも不尠候。カキの語源に關する小生の考へも。大概は似たやうなものにて。別段飛び離れたる新說も無之候へ共。折角の御問合せに候へば。氣附きし點丈け御高聽に達し置き候。先づ倭名鈔の所謂カキ赤實果也とあるば。語源の解とは申し難く。唯だカキと赤との聯結を記臆に留め置きて。次に白石の所謂古語に(カ)といへるは赤之義也といふに及び。此の(カ)は何より來るかといふことを研究するの必要差し起り候。此の(カ)は(アカの不定冠詞たるアを略したるものたるや疑ひなく。其のアカは再三說明し置ける如く。ウーランてふ蒙古語のnがgとつまりて。ウーランゲとなりたるもの此(ウーラ)を約して(ア)となるに(ンゲ)を加へて(アンゲ)となり(アンゲ)が(アンガ)と諧調し(アンガ)が(アガ)と縮まり(アガ)が濁音となりて(アカ)となりアカが(カ)となりたる順序を思ひ合すれば。ウーランもアカも同源たることと明らかに御座候。去れば白石が(カキ)の(カ)を以て萬葉集抔を引きて。赤とせるには小生も異論無之候へ共。但だカキのキを以て。木としたるには大反對に御座候。白石は實も赤く葉も赤ければ赤き樹也と申し候へ共。實も赤く葉も赤きといふ義なれば。何故に樹まで赤しといひ得べきや。實の――若くは葉の――といふ前置きあれば。赤き樹といふ語の意味分明なれ共。前置なくして。單に赤き樹と申せば赤木といふワケ也。柿の木は赤木には非ず。斯かればカキのキは木の義に非ざるや明らかなり。依りて思ふに此のキは黃の義なるべし黃は梵語カピラの約キラといふことは。既に再三申述べ置きたり。故にキラの略が日本語のキといふことは讀者も猶。記臆に新たなるべくと存候。即ちカキとは赤黃の義なるべくと考へられ候。俚言集覽增補のカ、ヤクを以てカキの語源とせるも。其のカ、ヤクの(カガ)てふ詞が。根本から赤《カ》黃《ギ》ヤクたるに氣附かざりしものにて。末を取りて本に擬せんとせる過ちは。大槻博士の言海も同樣の欠點に陷れるものといふの外なく候。

▲書室の代用鯉(山の二)

――柿を赤黃の梨といふ――梨は聖靈の菓なり――梵語雅名と三才圖會――カキは泥土の義――雲と臺と――畫の字の解――雉子及び鬼灯子の語源――獼猴をサルといふ譯――

大槻博士の言海の說に比すれば。任三松村博士の說は。大に耳を傾くるの價値有之候。即ちサンスクリツトにて。柿をカキンヅカと呼ぶ。其カキンのカキ殘りて日本語のカキとなりしものならんとは。着眼一寸面白く存候。但だ此カキンヅカのカキとは。何の義かといふことまでの説明を缺き居る丈けが殘念に御座候。ソコで此のカキンヅカのヅカは梵語[梵字]《トウギヤ》(梨)の義として。カキンを赤黄の意味に取れば。「赤黄の梨」として。柿の異名とせるものかとも存せられ候。サルガキを楝棗とし。榠樝《クワリン》を木李とし。山樝子を赤瓜子とする如く。菓物には。既定の名稱ある者に準じて。後來の新名を命ずる者多く御座候。而して梨は東京詞のみならず。蒙古にてもアリムにて。アリとは神の古語也。ムは實なれば。アリノミ即はち梨を聖靈果と傳ふるも此故にて。今は此名を山梨の一種に專有致させ候へども。太古マラリヤ的流行性の熱病多き時は。凡ての梨が神効ありとしてアリノミの名に於て尊はれたりけむかとも考候。今にオコリの厭《まぢない》に梨を用ゆるは多分此源因より來りしものと存候。其後柿を發見するに及び。其色の赤黄なるを以て之を「赤黄の梨」と呼びたりしが。カキンヅカの起源かと存候。さればカキンヅカとは異名にて。本稱には非らざるべし。其の本稱と覺しきは。慈覺大師の携へ歸れるといふ一書にして。翻經大徳兼翰林待詔覺定寺歸茲《クッチャ》國沙門禮言の編輯に成る梵語雑名に。柿の名を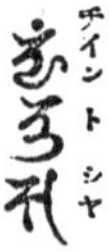《チイントシャ》とあるがそれなるべく候。此のチイントシャを漢譯せるものが。御來書中にも見えたる鎭頭迦《チントウカ》に相違無之。三才圖繪には鎭頭迦を以て柿の胡名と致し居候。梵語雑名の著者禮言は。今の天山南路クッチャにあたる處の人にして。無論胡國の産なり。而して此胡といふは。古月氏國の義なれば。印度の名稱イムドーが。月を名乘れると合する如く。即ち梵語としても最も古き系統に屬すべきものと考へられ候。去れば此の原名チイントシャを本稱として。其次ぎにパンジャム以南の地に於て命名されたる異稱が。松村博士の所謂カキンヅカなるべきかと存候。カキンのカキを赤黄とするの義に付ては。辻村喜助氏の果樹語源考に梵語 Khaki は泥土の義にして黄褐色を意味すといへるは。即はち小生の直ちに借用して以て前説の傍證に致さんとする者に御座候。元來カキはアカキにして赤く黄なる土はコゲツチなり。古事記には之れをカグツチといふ。カグはカキ也。イザナミのミコトを火傷せしめしとあれば。其の火山より噴出せる泥土の一種たるやいふまでもなし。

梵語のカーキーは。此カグツチと縁故を同じくして。其ツチを略せるものなり。然らば單にカグのみにて泥土の義と爲せるものも。亦我國語中にあらんとの疑起るべく。开は祝詞などによくある天雲のムカフス限りに對句とせるタニクグのサワタルキハミのタニクグは即ちそれに御座候。タニは谷なり。クグは舊說蟇とせるは滑稽なり。去らば天クモのクモも蜘蛛とすべきかといふに。クモは雲なりといふは十八同音に答ふべく。其雲に對するにクグは蟇なりとするは餘りに釣合ひ取れず。此のクグは別義あらんと存候處矢張りカグツチのカグの轉にして、赤黃色の眞土を申すことに御座候。而して此の赤黃色の眞土を以て。種々の顏料ともしたるが故に。カキの訓は。直ちに畫に移りて。古事記に所謂我夫子《ワセコ》之取佩《ガトリハケル》。於大刀之手上丹《ニタチノタナカミニ》畫著《カキツ》けといふカキとなりなるなり。去れは畫は丹(赤くして黃味を帶べる)にてカクをいへり。之をカクといふは赤黃《カキ》より來る也。而して此赤黃の粘土に穿てる穴をカグシといひ。其内に入るをカグルといふ。其裏面をカゲといふ。故に辻村喜助氏の第二說たる萬葉を引いてカゲをカギといふ故に柹はカゲならむといふは。第二義に落ちたり。取りあぐべき價値無之と存候。

カキを赤黃の色に解するは。日本語にて無理にあてはめたるやうに思ふ人もあらんかなれど。カキは赤黃色なりとは憂《カ》黠《キ》斯《ス》族の解として。中亞地方にも有之。カキのキキとなりて。キキスといふは雉子の面の赤黃なるより命せられ。カキのカガとなりてカガチといふは。鬼《ホホ》燈《ヅキ》子の色の赤黃なるに負はせたる名に御座候。此名稱を種族名とせる憂《カ》黠《キ》斯《ス》族は今のサルトウ族にてサルトウのサルはシラの轉なり。シラはカビラのキラとなり。キラのシラとなりシラのサルとなりたるものにて。サルトウとは。他に種々の異說も有之候へ共。小生は矢張り赤黃面の解を正當と致す者に御座候。動物中の猻猢をサルといふも同じく。此赤黃面より出たるものと存じ候。漢字の猻猢はサルの音ありて之を漢字に托したるまでと存候。去ればサルの一名をキッキといふも啻に其啼聲を寫せる音畫とのみに見るより。他に色彩の兼帶せりと取る方穩當なるべくと存候。

▲書室の代用鯉（山の三）

――柿の字は誤りなり――倶に同一點に歸す――柿の原産地は西域――トキジクのカクノコノミ――トコヨとは地獄の事に非ず――橘に非ず柿なり　東西一源――

柿の漢名につきては。柿の俗字たるはいふまでもなく。世上普通に用ゐる柿の字は。正字柹の譌りに御座候　柹は𠂔に从ひ木に从ふ。柹は亠は祭壇の符にて。中の十は串挿しせるもの。左右の八はツルシたる縷の象に御座候。即ちツルシカキとクシカキとを以て。祭壇に供したる意味にして。此遺風は我國の正月の注連飾りにも相殘り居候。而して柹の字音シを以て花鏡の朱果より來るに照らし。シユの轉ならむかとの御解釋も一理有之候へ共。柹は唐韻韻會とも鉏里切に候へば。此鉏里の音ソリを約して見さへすれは。直ちにシとなること分明に御座候。而してソリとはシラの義即ち赤黄の意味に合し候故。カキといふ日本語もシといふ支那字音も根本は倶に同一點に歸着いたすことに相成り候。滿洲語にてはマフイハシにて。我國語のアマホシと關係あるべく。蒙古語にてはモトンサブタラーといふ。此サブタラーは或は澁取といふ義と同様にあらずやと存候。モトンは木といふことにて。木より澁を取る即ち柿の異名なるべく。一名アラヤカンチヤカーは。梵語のカキン、ヅカと同語の轉訛なるべく。（カキン）が（アラヤカン）にあたり。（ヅカ）が（チヤカー）と相あたるとすれば。（チヤカー）は矢張り梨の義として（アラヤカン）は如何なる意味かといふに。梵語 [illegible]《アラキヤタ》 は赤黄の義なり。我が國の和歌枕詞にアラガチノハツチといふも。決して荒金の義にはあらず。即ち赤黄色の土といふ義にして。梵語のアラキヤタと同義なり。而してアラキヤタは又蒙古語のヤラヤカンと相同じとすれば。日本と蒙古と梵語との一致此に現前可致候。それのみならず滿洲語のマフイハシのハシもアラヤカンチヤカーのチヤカーも皆カキといふ語に一致するは。ハシのハはカのハにして。ハシのシはキのシなり。チヤカーのチヤはc音なれば。キヤとも轉じ得べく。第二のカーを加へて。キヤカーとも相響き申候。西藏語にてはアムアブゴにて。第二のアの鼻音につまりてガとなる時即ち。アムガブゴと相成り。之を短くすれば。アマガギと相成り申候。小生は此菓物の原產地は矢張り西域と考へ候。彼の胡名鎭頭迦はチングタウカとして。トングヂウクと照合するに。正しくトキジクと相成り候。トキジクとは元寛田吉海のことにて後國名となりて大食國となり。アラビヤの名稱と相成り候。歼はアラビヤ人がサマルカンドに居たるときなるべく。サマルカンド又康居《カング》といふ。故にトキジクのカングの菓とは。寛田吉海に沿へる康居《カング》の菓物といふことにて。此のカングは當時赤黄人種のサルトー族と。他族との雜種たるセミチック種の占領する所なりしかと思はる。故にトコヨとは地獄のことに非ず。古事記の多遲麻毛理が常世國に至りしといふも地獄に往きしわけにあらず。たゞ此寛田吉海の康居《カンキ》國に往けるのみ。而して其持ち歸れる菓物は。古事記の本文には橘なりと言わきたれ共。此註脚じみたる解釋は。大抵ヒエダのアレが口誦の意味を太安麿が。ヨイカゲンの早合點にて。埒あけたるもの多く。此の所々の書き入れが古事記の疵なりと思はるゝなり。若しトキジクのカグノコノミを橘とせば。縵八縵矛八矛を何と解すべき。縵はカゲ也。ツルシ絲なり。矛はホコ也。クシ木をいふなり。糸にツルシ。串に貫きて歸るべき菓物といへば。柿に相違なし、況んや柹の字の象形には纒矛俱にあらはれ居るをや。之を橘とすれば。如何に解くべきやうもあらす。往復九年の間には橘ならば。腐敗すべし。柹ならば腐敗することなし。故にトキジクを又非時とも書けるは。時に係はらざるをいふなり。而してチングダウカを縮むれば。チグチキ也。トキジクの轉たる鎭頭迦は柿の名として傳はる一面に。カグのコノミをカキのコノミとして。日本語に求むれば。原産地の地名は。赤黃を意味する義に於て。直ちに此菓物の赤黃なるに應用され。此にカキといふ一名稱をなしたるものならんと考へ候。されば橘は酒の香を添ゆる點に於て。ペルシヤ人アラビヤ人等に愛されたるが。酒の毒を消するものとしては。此柿の實にこすものなければ。此點に於て此物亦ペルシヤ人アラビヤ人に愛せられたるかと思はれ候兎に角康《カンキヨ》居といへば。菓物の名産地にして。大概の嘉木珍草の。支那本部に移し植ゑられたる其本元は。此地に御座候。第一期は穆天子之を支那本土に移し。第二期は張騫之を支那本土に移し。第三回目はヂンギスカン亦此地に來りて其目ぼしき者を支那本土に移したる形跡有之候小生のカキの名稱に對する解釋は。

ザツト斯くの如きものにて。之を要するに矢張り東西一源を信ずるワケに御座候。

漢名の朱果《チユーコー》、癩虬卵《ライキユーラン》などはヅク又はチヤカーと比較するも面白かるべく。ギリシア語フランス語に對しては。別段の感想も起り不申候。穆天子傳に多少の縁故あれば大略の御答迄如此に御座候草々不一。

▲書室の代用鯉

――インチとドングリ――日本のクヌギと漢土の櫟――ドングリオグラの喬木の總稱――三德兼備――布久良之婆――稻荷と一位――オコンコ櫟――オンコは穴の義――コン〳〵チキコワン〳〵シキ――フオックスとコクス――

▲奈良市東城奈來成人氏よりの來翰に曰く。御高説難有拜讀致し候に就ては一寸御參考迄に申上候。當地にインチと申す者御座候。ドングリと寸分の差違無御座候へ共。インチは鹿が嗜好する食物に御座候得共、彼の樫の實即ちドングリは之を食し不申候。又當地に「櫟本」と書してイチノモトと讀ませ候所御

座候。そうして櫟はクヌギと普通讀ませ候得共。普通クヌギと云ふ樹とインチの實る樹とは相違に御座候。而して櫟をイチと讀ませ候處より日本のクヌギと漢土の櫟との相違などを調べる必要は無御座候や。右は一寸氣付ばかりを申上候。亂筆御海容是祈る。

照山曰く漢字の櫟字はチリガラン山即ちドングリオグラの喬木を總稱せる廣き意味に於て。樂に从ひ木に从ひしものにして。之を區分名としては。イチビに鈎櫟といひ。トチに櫟梂といひ。クヌギに櫟橿子といひ。カシハに大葉櫟といふ如く。凡て櫟字を眼目に置きて命名せる者に御座候。寺島良安は和名抄の櫟を以てイチビとなすは誤り也と申候へ共。既に貴地方の地名にも櫟本と書きてイチノモトと讀ませたる處ありといへば。櫟の訓のイチビたること古訓に相違無之候。イチノモトのモトは蒙古語にて木といふことに相あたり候。其地名は定めて櫟樹の祭られたる所なるべく候。貴地方に所謂インチてふものは此櫟の古訓イチビを取りてそれに似たる木に轉用せるものなるべく。小生はイチビのイトマたる語源より研究して。三德兼備にあらざれば付すべからざる名稱なりとの根本論據を有し。此論據に合せざるものは。即ち其合せざる者が後世の混訛に出でたる者と確信いたし居候。同じイチビの名稱も飛騨の位山にてはアララギと申す俗稱の本を以て之に擬し居候。此アララギは普通蘭字を以て之にあて候へ共位山のアララギはアラ即ちウラの義にして。赤を意味し。ラギ即ち櫟の字にして矢張り赤きクヌギのことなるべく。幽討餘錄に位山を記して。山出笏。材質如血櫧俗呼與蘭《アララギ》同。又謂之一位《イチヰ》南方草木疏水松似檜而細長蓋此也とあり。又書記通證には。故實家說笏以櫟作之。採于飛彈位山倭名抄。櫟子。和名以知比蓋以與一位皆近也。有識問答所謂布久良之婆亦是也とある其者に御座候。

斯の如く地方によりては。色々に移りかはり候へ共。櫟字の根本は。廣義にとりイチビは三德といふ點より見て。舊說の紛亂錯綜せるを整理いたしたきものと存候。猶此のドングリの實を拾ふ狐に一位の稲荷を負はせたるは。以知比と一位の混訛より來れりてふ小生の前說は。書記通證及び幽討餘錄の所說を參照せば。一層明瞭なるべく。此は序でなれば。書き添へ置き候。兎に角各地方の方言は。餘程研究の參考に相成り候に付き。此後も可成御高示を賜はりたく通信歡迎いたし候。

△岐阜市鷗波生よりの來翰に曰く。拜啓筆硯益々御多祥奉賀候。扨小生が鄕里(岐阜市の東北約二里)にては。狐をば一つにオコンコ樣又はコンコン樣と申候。(小兒に對して多くは)右は全く先生の御研究「洪孤切」のホンコの轉オンコとなり。穴の義と一致する如く考へられ。即ちホンコ又はオンコの轉ゴンコとなり。之れにオの冠詞と。尊稱の語尾を附すれば。全く「お穴樣」と云ふ意味になり可申。曲解には無之候や。日々先生の御研究を拜誦するに當り。ゆくりなくも小兒時代より耳になれたる方言の出所を知り得たるかと。嬉しさの餘り一書を呈啓したる次第にて候。惡筆拙文幸に御推讀願上候敬具。

照山曰く狐をコンコンといふ小兒語は。小生の鄕里にても同樣に御座候。東京にても矢張りコンコンさんと申し居り候。紀伊の國の音無川の唄の、ハヤシにコンコンチキといふも欵々識《コワンコワンキ》てふ甲《カン》乙《オツ》兩音の符を稻荷の使狐にかけたる作者の趣向にて御座候。古くはコンクワイといふ唄も。矢張り狐のことに御座候。洪狐切は唐音にてはHonkuに候へども。漢音にてはKonkoに御座候ハヒフヘホとカキクケコの相通は。既に十數回も申上置く通に候。然らばコンコーといふは穴の義となるかといふに。カク、カカ、ココ、コンコは。カクシ、カクルの轉として。多くは穴の義に御座候。地名にあてゝ實地御研究相成り候はゞ分明可致候。之れにて思ひ合するは。英語にて狐をFoxと申すことはフオクス即ちコクスと同樣に御座候へば。コクスのカクス及び洪狐切のコンクに子の名詞基を添へて。洪狐子《コンクスー》と相成り。洪狐子《コンクスー》の轉じてホンクスといふと同じく。矢張り穴の義たるべしと存候。即ち各方面より綜合せる狐の名稱は。穴の義に一致いたし候。コンコも穴ならんといふ貴問は。曲解に非ること此れにて御安心相成りたく候不一。

▲書室の代用鯉

——「口舌して」と「月落鳥啼」——何とも當惑——今から下稽古——字數の調査——最も注目すべき要點——芭蕉嵐雪の和詩——なかなかの腕前——小生のは思ふて逢はざる戀

芝區三田豊岡町牧野彦太郎氏よりの來翰に曰く。謹啓未得拜芝榮候得共。讀賣紙上に御連載の西域探檢日誌は。毎朝本場所相撲の勝負附以上なる興味を以て拜讀致し居り。先生の御博識と學界に御忠實なる點に對しては。厚き敬意を表し申候。扨又各方面よりの各種各樣なる疑義に對する御心切の御解釋も愉快に拜見罷在候。近頃小生の御示敎を煩はすべき義は少々飛離れ居候。甚だ失禮に渉り候得共。夫の端唄本調子の(口舌して)といふ唄は。唐詩選中、張繼の「月落鳥啼」と申す詩の換骨脫體的意譯ならずや。少くも着想の結構は。右の詩に據りて。作文の妙味は却て原詩に勝り居り候に付。此疑ひを十餘年來懷き候而。先日同人間に相質し候に。贊否各半ば致し候に依り更に和漢兩文に渉れる某博士の說を叩き候に。博士は即座に案を拍て同意なる旨を表せら

れ候。貴見如何に有之候や。御繁用中恐入候得共。御斷案を煩はし申候。御
參考迄に左に唄と詩を併記致申候謹言

口舌して。思はせぶりな。そら寢入り。
奥の座敷の。爪彈が。ついなかだちで。
それなりに。亂るゝ髮の。つげの櫛。
八幡鐘の。後朝に。別れともなや送り船。

月落烏啼霜滿天
江楓漁火對愁眠
姑蘇城外寒山寺
夜半鐘聲到客船

照山曰く。此れは近頃畑違ひの御質問に預り。何とも當惑仕候。小生は詩文に心得ある如き氣のきいたる男に無之況して柳暗花明の境に金鞍白馬を躍らすの豪興は元より四疊半裏の爪彈きすらも解せざる無粹者にて御座候。先にも或人が作詩作文は如何にと申し越し候に付き。不作文章不作詩。有時呵筆與人離。茫茫學海吾何識。難測眼前一硯池。と返答致し候次第。これにて小生が風流韻事に迂遠なる一端御推察被下度候。併し穆天子傳中には穆王と西王母との詩歌の贈答も有之。二千九百年前西域探檢日誌も。ソコまで進めば。イヤでも詩歌に對して何とか申上げねばならぬワケに付き。今から下稽古の積りで鄙見を開陳致し候へば。イカにも御高示の端唄本調

子とやらは。貴説の如く楓橋夜泊の飜案かとも伺はれ申候。某博士は如何なる見地より即座に拍案同意と叫ばれ候や存じ不申候へ共。小生は先づ「口舌して」の一篇を貴見の如く四解に分析するに同意として。字數の五字句七字句の順序を調査すれば。實に左の如きを發見致し候。

五、七、五、口舌ヨリそら寢入り迄
七、五、七、奥座敷ヨリ中だちで迄
五、七、五、それなりにヨリ櫛迄
七、五、七、八幡鐘ヨリともなや迄
五、送り船一句

最後の五字句は。無論別れともなやの結びに御座候故。結局は四解と見て差支へ無之候。此四解は。第一解と第三解と倶に五七五より成り。第二解と第四解のともなや迄は。倶に七五七より成り立ち居候。カタミガハリに長短句の交叉せる處。イカにも整然として節調正しきを得たるものに御座候。單に此れのみならば端唄本調子の通有性とも申すべく。コレ丈けにて漢詩の意譯とは申されず候へども。此の第一解と第三解と第二解と第四解の轉換句法に伴なふて。第一解と第三解と第二解と第四解の語尾に轉換押韻を有すること。最も注目すべき要點に御座候。即ち第一解のソ、ラ、ネ、イリのリ文字と。第三解のッ、ゲ、ノ、ク、シのシ文字とは倶に五十韻第二横列にして第二解のナ、カ、ダ、チ、デのデ文字と。第四解のオ、ク、リ、フ、ネのネ文字は。倶に五十韻第四横列に屬する者に御座候。此五十韻の横列を韻字として用ゐ候ことは。俳人仲間に古く行はれ。芭蕉も嵐雪も皆唐詩を摸擬して和詩といふものを試み候時より珍らしからぬことに相成り居候。依りて考ふるに。此押韻を用ゐ居る以上は。此「口舌して」の端唄も。或は漢學者の奇才あるものか。俳人の風情を解する者の唐詩を脱化して作意を構へたりと申すも。強ち無理なる見立てに非ざるべく。さすれば唐詩中にて最も近き意味を有するは楓橋夜泊の詩なるべく。殊に口舌のソラ寢入に愁眠を現し。八幡鐘に夜半の鐘聲。送り船に客船とソレ〳〵對照するに符節を合するも面白く。而して月落烏啼霜滿天の起句を。最後の後朝の二字に疊みこみたる手際はなか〳〵の腕前にて御座候。斯くの如き觀察によりて。小生は貴下の御鑑定に對し。矢張り同意を表するワケに御座候。最後に鳥の鵜の眞似として。一寸蒙古流の頭韻法を用ゐてワカラヌ一篇を試み置き申候。此頭韻法は。我國にも往々有之候へ共。未だ其道の人の注意をひき不申候。孰れ穆天子傳の詩歌論に入りて。改めて可得貴意。只今はホンの見本として矢張り楓橋夜泊を飜案致し候。最も御高示の『口舌して』は逢フテ思ヲ遂ゲタル戀に御座候へ共。小生のは思フテ逢ハザル戀に致し申候。愁眠を主眼として船の字を枕に結びつけたる處。稍苦心の存する處に御座候。緣にのるかのらぬかは小生も自ら知らず。句法と字數丈は間違なからんかと存じ候。御一笑まで左に供覽致候。俗謠に頭韻は耳新しかるべく。韻字はまの一字に御座候。

まつ人の。こころも知らず。月ばかり。
窓にさし込む。寢心地。起きも上らず。
まどろます。寢返りすれば。船底の。
枕ぞゆらぐ。胸の内。こんとはつらい明の鐘。

▲ウスメの命は巫祝

——コロボンクルは三穴を尊ぶ——醫は人爲的の痕跡——オカメの面の由來——オタフクは醫輔の反切——ホホとホゲ——ウスメの命は善く笑ひ善く怒る——ヒフミヨは火剣よ——イムナヤは忌むなや——太摩尼のトホカミエミタミと同じ呪文——

エスキモーは。カルマツク語派なり。カルマツクは。コロボンクルなり。コロボンは三なり。クルは穴なり。其族は三穴を尊ぶ風あり。其三穴を尊ぶ風は住居の構造より面上の穿竅に至るまで。皆イトマ崇拜に根源せり。カルマツク語派は。獨りエスキモーのみならず。アイヌも然り。コサツクも然り。其コサツク中の一種族たるウスメツク人は。太古ウスメと呼ばれし人種なり。ウスメは其面に於て著しく目立つ醫を有す。此醫は矢張りエスキモーのそれと同じく。先史以前に在りては人爲的に穿ちし者の痕跡を面上に遺留せるなり。後其頰前を穿つの疼痛に耐へず。刺黥《イレズミ》を施して三の妙數に充てたる時代あり。然る後刺黥も亦其青黑き色を厭ひ。臙脂《ベニ》を以て兩頰を赤く圓く塗りたてたるが現今我國にて畫くオカメの面也。此オカメの面の化粧法は。支那にては滿洲婦人に於て今猶實見するを得べし。字書にて靨字が面上の黑子《ホクロ》と解せられたるは。刺黥《イレズミ》より。轉せし義と知るべし。其ホグロと呼ぶは頰黑《ホホグロ》なり。楚辭大招に靨輔奇牙《ヒンボキカ》。宜笑嗎只《ヨロシクフニエンタリ》。とあるは糸切り齒をぬきて兩頰に刺黥《イレズミ》せる南蠻の風俗をいへるものにて。宜笑嗎只とは。ニコリと笑ふにウツリがよいといふことなり。臺灣の生蕃には。此楚辭大招の如く今猶女子が糸切齒を拔いて兩頰に刺黥《イレズミ》せる奇習殘れり。但だ其刺黥《イレズミ》が最初の圓形より轉じて格子形又は網目形に變ゆきたるの差あるのみ。我國にてオカメの面をオタフクといへるは。靨輔の二字の反切より考へ出すことを得べし。靨は厭と同く於琰《オタン》切なり輔は甫と同じく符遇《フグウ》切なり。靨輔の二字を反切のみにて並ぶれば。於琰《オタン》符遇《フグウ》なり。即ちオタンフグウの縮りたるもの。オタフクとなりたるのみ。而かもオタフクの原音オタンフグウとは何を意味するかといふに。オタムフグミなり。即ちイトマの三數を現はしたる頰を有する義なり。其オカメの面と一致すること符節を合する如きを見よ。頰は日本語ホホなり。ホホはホグの轉。ホグはフグミの略なり。漢字にても輔《ホ》は頰《ホ》なり。奉甫《ホンプ》切ともなれば。ホホといふは日本語と同じことなり。而して奉甫はホングプなれば。フクミの延音なり。物を含む處といふ義なり。口の内にホホバルといふより轉じて怒を啣むことにも移りゆけり。古事記に天ノウズメノ命。海鼠の返答せざるを憤りて。此口や答へざるとて紐小刀を以て其口を柝くと見えたるは。矢張り啣みたるなり。啣むとは面フクラスことをもいふ。ウスメノ命は善く笑ふことも笑ふが。又善く怒ることも怒る神さまなり。其紐小刀を把りて。海鼠の口を拆きたるは。自己の兩頰に靨輔を穿つと反對に憎しと思ふ口を一文字に切開せるなり。此神は巫の舞の元祖にして。其職務は禁厭を司りしものと見えたり。天の岩戸の舞も。サバヘナスミチ。ヨロヅノハザハヒ。コトヽクオコルに對して。其ハザハヒを拂はんとて。ウケフセノロヒたるなり。其時の呪文はヒ、フ、ミ、ヨ、イ、ム、ナ、ヤ、コ、トといふ十言なり。此呪文は天香山の眞《マ》男《オ》鹿《シカ》(マナカと讀むは非なり)の肩を内抜きに抜きて骨占を試むべく準備整ふたる後祝福の感應をトする爲に唱へしものにして。ヒフミヨは火判よといふことなり。イムナヤとは忌むなやといふことなり。コトは神よといふことなり。譯して曰はゞ火裂ヲ以テ吉凶ヲ示シ玉へ。禍福倶ニ垂示ヲ忌ムヿ勿レ。神ヨ。といふ義なり。禮曲禮に假爾《ヨルナンヂノ》泰龜有《ルニ》レ常。假爾《ヨルナンヂノ》泰筮有《ルニ》レ常といへるも同じ意味なり。支那にては龜の甲を用ひしが日本にては眞《マ》男《オ》鹿《シカ》の骨なり。曲禮にて泰筮といへるは。天の香山の天波波迦といふにあたるなり。乾、元、亨、利、貞とは。カミ、ヨミ、シンリイタビの語に漢字をあてたるなり。カミは神なり。ヨミは判斷なり。亨利はシンリイなり。知ラスコトなり。タビはタマへなり。即ち神よ。判斷して知らしめ玉へといふ詞なり。猶太摩尼《フトマニ》のトホカミエミタミと同じ呪文なり。之を乾と元と亨と利と貞との五つにわけたるは。猶ヒフミヨイムナヤコト」を十個の數字に代用するに至れると同樣の經過なり。カミヨミシンリイタビといへば。矢張り十言なり。之に依りて考ふるに。支那の上古に苗父といへるものあり。北面して呪文を唱へしといふも矢張り十言なり。其の苗父の苗字は三苗の苗にして。三苗は三庿の略符なれば。矢張りカルマック族なるべし。苗父一名を弟父といふは。イトマの音譯たること既に述べたる如し。而して弟父《フイチ》の父字は甫と同じく附過切なれば。弟附過《テーフグ》とすれば不定冠詞を添へた丈けにて。阿弟附遇《オテフダ》となるなり。去れば弟父の厭字に關係ある正しく疑ふべからず。況んや禁厭の禁字に關係あるシリクメ繩は。此のオタフクたるウスメの命の祝福吉に叶ひし後。布刀玉の命によりて控き度されたるに於てをや。ウスメの命の職業が巫祝たりしは最早や寸毫の疑念を挿むの餘地なしといふを得べし。

▲神代の醫藥分業

――少彦名命はカルマツク族なり――禁厭の神が醫藥の神か――蛭貝比賣と蛤貝比賣――戀と敵とつけねらひ――救命の妙術――醫字と藥字と――獨逸の醫藥分業は我邦の神代に在り――

日本記に大巳貴命と少彦名命が力を戮せ心を一にして天下を經營したまひ。又蒼生の爲に其禁厭の法を定め玉ふたことをいひしものか本朝にては此二神を以て醫藥の神と爲せり。余はスクナヒコナの命を以て。スクイロボイク即ち足脚を患ひて矮小種となりしカルマツク族の一種となすが故に。若し禁厭とカルマック族と離るべからざる關係ありとすれば。此スクナヒコナの禁厭法はウスメのミコトも俱に知悉し居たるなるべし。何となればウスメ族も亦カルマック語派なればなり。然りスクナヒコナもウスメのミコトも之を禁厭の神と言ふを得べきも。直ちに以て醫藥の神と信ぜんとするは如何あるべき。若し醫藥の神として最も適當なる者を擇はんとならば。古事記に見えたる蚶貝比賣と蛤貝比賣に如く者はあらじと思ふ。蚶貝比賣と蛤貝比賣とは。スクナヒコナのミコトと俱に。俗間に於て醫藥の神に擬せられたるオホアナムチのミコトの大負傷を治療せし程の國手なり。此二神は蓋し神產巢日之命の侍醫なりしならむか。初め八十神、八上比賣の事によりて。オホアナムチの神を讎の敵とつけねらひ。伯岐の國の手間山本に猪狩りせんと欺きよせ。山上より烈火を以て燒きたる大石を轉ばし落して。オホアナムチの神を大火傷の下に斃しぬ。オホアナムチの命の父母天に詣りて之を神產巢日之命に訴へ。泣く〳〵救命の恩を垂れ玉はんことを請へば。神產巢日之命快諾して前記の二侍醫を派遣し玉ふ。即ち蚶貝比賣はキサキアツメテ蛤貝比賣はミヅを持ちて。オモハチシルを塗れば。オホアナムチの命。再び蘇り麗しき壯夫となりて出遊するに差支なきまでとなりぬ。此妙術はオホアナムチの命が蒲黄を以て兎の負傷を醫したるに比して。遙かに上の階級に在り。古事記には蚶貝蛤貝を以て。倶に貝類の字を充てたれども。此は猶萬葉假名と見て文字に拘せず。其の原音を取るべし。蚶貝は Chisakhai 也。キサカヒとよむ一面に。又アサハヒと讀み得らる可し。蒙古語にてチヤサカヒといへは。醫者のこと也。支那三皇の時の神醫に鬼臾區《クイソウク》とあるは。日本語のキサカイと同じ音也。クイソウクとキサカヒとは倶にチヤサカヒなり。チヤサカヒの別字を以て書れたるは僦貸季《チユタイキ》なり。チヤはチユとなり。サはタイとなり。カヒはキとなりしのみ。チユタイキは黄帝の臣岐伯の師なり。曰く僦貸季は經給、穴道、臓腑、陰陽、度數ヲ定メ、色脈ヲ理シテ神明ニ通ズ、醫ノ端此ニ肇ルとあれば。醫を指てチヤサカヒ又はキサカヒ又は。クイソウク又はチヤタイキと呼びし時代は。最も古き起原の頃ひ也。此(チヤサカヒ)が(チヤスチ)となり。(チヤスチ)のチヤ)が(ク)となり。(チ)が(シ)となりたる詞は。即ちクスシなり。クスシはチヤスチと同じきなり。日本にては藥師と書けり。故に蛤貝姫は藥師姫といふことなり。去らば蛤貝姫とはいかにといふに。蒙古語にてオムとは藥のことなり。故にオムカイのオムキーとなり。オムキーのオムチーとなりしものは。矢張り醫師の義となせり。漢字醫の字は集韻正韻俱に隠綺切《オムチー》なり。元來ウラルアルタイ語を疊みて。一字をつくりしものなれば。之を分析するに隨て。其原音の現出するは。從來も屢々發見せる處なるが。此處に面白きは。オムチーはオムガヒ姫としチャサカヒをキサカヒ姫として。兩者俱に醫道の神とせば兩々相異なりたる名稱を必要とせざるべしといふものあらむ。此に於て。(オムカヒ)と(チサカヒ)の區別を研究せざるべからず。(チサカヒ)即ち(キサカヒ)を譯して藥の字を充つべし。オムカヒは譯して醫の字を充つべし。醫は殹に从ひ酉に从ふ酉は 酉 なり。飲料を容るゝ器なり。韻會には醫を飲也とし。五音集韻には梅漿なりとし。周禮天官酒正には辨二四飲之物一二曰レ醫となり。今代蒙古にては飲むことをオ一音にいへども。古代はオムたりしに相違なし。オムは飲《イム》なり。之れが那行に横通せるものはノム又はニムなり。日本語のノムはオムの變化なり。故に藥は草根木皮を主とするの謂にして。其文字にも草冠あり。醫は水醬を司どるが故に。其文字に酉あり。之を我古事記に照合するに。(キサガヒ)姬は。(キサギアツメテ云々とあり。キサギは草木《クサキ》なり。舊註コソゲとするは非なり。オムガヒ姬は水を持チテオモノチシルを塗れば云々とあり。悉く藥と醫との文字に吻合す。獨逸で誇る醫藥分業は。我國にては神代既に之を實行し居たるなり。泰西百科の學東漸して醫學の最も我國に於て卓絶せる發達を遂げたるもの。實は數千年來の素質に適合せるが爲にあらざらんや。

▲クスリの語の出所

—我國醫學の祖神—クスリはクスプルの略—阿須奈呂にて薫烟—槲木皮の主治功能—最初は巫覡直に病を治す—處方の方は方士の方—俗語雅言の別—余が議論の根據—讀者に案内なしに既に本論に出入しつゝあり—

キサカヒ姬オムガヒ姬の名稱が。蒙古語の藥と醫とに一致すること既述の如しとすれば。我國醫藥の祖神は宜しくキサカヒ姬オムガヒ姬を以てオホアナムチスクナヒコナよりは本家筋なりとすべし。而して井サカヒのキサはクスリのクスとして。偖クスリとは何より出づるかといふに。此は恐らくクスブルの畧なるべし。西藏にては。土人病に罹かりし時。一寸した輕症ならばお醫者にかゝるまでもなく。全體に酥油を塗りて日光に曝らすに止め。若し雨天ならば絨を以て病者を覆ひ。柏葉を燒きて之を燻煙す。是れクスブルの語のクスリと轉ずる來歷なり。柏の字訓カシハはクスブの轉なり。本綱に曰く。松柏ハ以テ百木ノ長ト爲ス。凡ソ萬木皆陽ニ向フ。柏獨リ陰木ニシテ西ヲ指ス。猶鍼ノ北ヲ指スガゴトシ。故ニ字白ニ從フ。白ハ即チ西方ナリ。俗栢ニ作ルとあり。柏の材を阿須奈呂といふは。烏《ウ》斯《ス》乃《タイ》濃《ヌ》即ちウスタノ轉なり。ウスタノはウスタンなり。西藏の古名なり。西藏には此樹最も多し。去れば西藏に於て此樹の葉を燒いて病人を燻煙するは。一種の禁厭か將た又實際功能ありやといふに。三才圖繪は其主治功能を列記すること左の如し。

柏子仁甘、辛平、　肝經氣分ノ藥也。又潤ス腎ヲ。其氣清香。能透ス心腎ニ。益ス脾胃ヲ。蓋シ仙家上品ノ藥也。

側柏葉苦、理、微　治ス吐衂痢及赤白崩血ヲ。常服スレバ殺シ五臟蟲ヲ。益ス人ヲ。采ルニ其葉ヲ隨テ月建ノ方ニ取ル。其ノ多得ニ月令之氣一。此補陰之要藥也。久服レ之大益シテ二脾土一以テ滋レ肺ヲ。元旦以テレ之浸セバレ酒ニ辟サクレ邪ヲ。

西藏にて燻煙するは即ち此の側栢葉なるべし。此木は至りて堅く霜雪を畏れず。其葉側に向ふ。此に側栢の名あり。而かも地味の適不適ありて所在悉く之を得んこと難きにより。此木に代はるものを求めて得たるはドングリなり。

柏は葉を用ゐ。檞は皮を用ゆ。檞木皮の主治功能は左の如し。

檞木《クヌギノ》皮。苦、澁、煎服スレ防二虫及漏一。止二赤白痢腸風下血一。煎湯洗二惡瘡一。

是れドングリの醫藥に關係ある所以。説いて此に至れば初めて分明なりしなるべし。見よ櫟の字の樂に从ふ如く。藥の字も亦樂に从へり。此はチリカラン。山に藥草多しとある西域圖記より考ふるに。櫟の字も藥の字も倶に同一の山名チリカランを藥と譯して。其の旁に用ゐたること疑ふべからず。而かも斯くの如く草木を採聚して其主治功能を發見するに至れるは。餘程進歩せる後のことにして。最初は巫祝其者が直ちに病を治する役目をつとめしこと。西藏にて疾病の輕重醫藥の有無に拘らず。必ず喇嘛僧を招き讀經せしむるか。或は垂仲《スーヂユン》(道士の類)をして祈禱せしむるか。又は童男童女をして佛歌を唱ひ以て病魔を退祛せしむるか。三者其一は是非とも缺くべからざるものと定めあるが如くなりしなり。此に於てか後世醫藥の發達せる後までも其藥劑を擇ぶを處方といふ。方は道士の古名たる方士の方なり。方角によりて善惡を定むる方の字なり。側柏葉を採るにしても。月の建つ方に隨て。其多く月令の氣を得たるを取るとあるは。矢張り方角を離れぬなり。此方角の方字を取りて。醫藥の書名とせるが。宋版の聖惠方なり。而かも惠方は方角の神なり。此方角の神の名が直ちに醫家制劑の名に用ゐらるゝは。醫家と巫祝と元同一起源のものなればなり。故に醫の字は。又殹に从ひ巫に从ふて醫の字となる。支那語に於て醫を大夫といふは大巫の轉なり。日本語に於て長州の方言に神主を大夫と云も亦大巫の訛れるなり。神を奉ずる者を以て呼ぶ名は。即ち又人を醫する者の名なり。言を休めよ俗語觀るに足らずと。言語豈初めより雅俗の別あらんや。其廣く行はるるか。若くは久しく殘れるか。孰れにしても。生生存存の活力を有して。遍ねく人口に上る者は。世之を賤めて俗語といひ。稀れに言ひ稀れに聞き。纔かに一部載籍の上に其餘骸を保つ者は。之を名づけて雅言と號するも。雅言多くは死語にして。俗語は適者生存の理法に照らし。優勝者の地位に立てる者たるを知らず。此故に學說中一たび俗語を引いて證明することあらんか。一般に之を駄洒落の如く感ずる者多し。何ぞ顚倒の甚しきや。斯くの如くんば。殆んど衰亡に瀕せるアイヌは人類中の雅種にして。蕃殖以て無窮ならんとする我大和民族は。人類中の俗惡種なりと謂ふべきか天下豈斯くの如き愚論の存在を容さんや。而かも世間の學者が典故言語に渉るの誤解は大抵此の笑ふべき愚論と其揆を一にする者多し。請ふ余は大夫の俗語が賤むべからざるを證する爲め。同じく醫に關せる一の俗語を以て。周代より今日に及べる不朽の活語たるを擧げ。以て余が議論の根據を示すべし。而かも其引く處は即ち穆天子傳に據る。蓋し知らずして山に登るは勾配の緩なる大陸旅行の常也。讀者は余が筆の案内無しに本論に出入しつゝあるを夙に御存知なりや否や。

▲國手大醫の大施術

—論語の讀みやう—破格本論に入る—穆天子傳の神怪奇絶—其根柢の解釋—
—節々自から分明—解書評史の訣—

余が筆旣に本論に出入せりと聞て。今更に其破格に驚く者は。俗學者中にても三家村裏の村夫子に過ぎざるべし。村夫子の論語を講ずるや。必ず端を學而第一章に說き起し。次から次に順を追ふて進むの點は。大に秩序的の如くなるも。論語の一書排列の章句は。初めより順序を追ふて編輯せる者に非ず。此故に其紙丁を繙く事。如何に一二三四の數字を拾ふて講釋するも。思想は却て雜然として相關聯せざる者の陳列に逢ふて亂されんとするの恐れあり。活儒の論語を講ずるや。大に之れと異なり。先づ論語全篇の大主意を看破し孔子一生の大精神が。如何に修養され。如何に發揮され。如何に流布されたるかを默會神得し。然る後其主題を拈起して。之れと關聯せる章句を收中し。縦横上下に說去り說來らずんば休ず。此に於てか東家の丘より身を起して至聖先師文宣王に至るの面目眼前に活躍し。聞く者始めて孔子の人格に私淑するの便宜を把握するに至る。是れ論語を離れて而して論語を讀むの法也。徒らに區々屑々として尋常摘句に拘々たらば。論語を讀みて而して論語を知らざるの迂に陷らざる者は尠し矣。穆天子傳は冢中敗殘の書也。其編輯の順序は。隨聞隨錄の論語と其所因を異にして。其の歸着を同うす。之れを講ずるも。亦當さに格を出でゝ格に入るの一法に據らざる可らず。其序論の久しきに涉れるは。其本論の解決を易からしめんが爲也。見よ國手大醫の大施術を行ふの用意如何を。一把の刀、一寸のガーゼ、之を消毒し之を按排する。如何に其時間を費すかを。而かも一たび病根の所在を認めて。靈腕夢の如く之に觸るの時は。皮肉開けて筋骨自ら出づ。患者も亦惡血の淋漓として施術臺を染つゝあるを知ざる也。此際豈豫備期と實行期の分界を識別するものあらんや。序論中に本論あり。本論中にも亦序論あり。之を以て博士驢を買ふ。劵を書する三枚未だ驢の字に到らざる者と同視するは。同視する者の迂にして且鈍なる也。余が筆の本論に出入するも亦正に斯くの如し。然れ共出入は何處までも出入也。本論を出でて又本論に入るなり。本論に入りて又本論を出づるなり。之を以て直ちに本論の全部となすも亦即了を免れず。蓋し穆天子傳の一書は既に述べたる如く。傳と言はんよりも寧ろ記といふべきものなり。故に其評釋も本論となりては殆ど遠征の行路順序と。其途上の出來事の記事を主とす。而かも其出來事には神怪奇絕の者あり。千古の疑問も亦此中に存す。若し本論に入りて。其都度其疑問を解決せんとせば。是れ患者施術臺に横はりて後。肉を割くこと一寸にして刀を磨ぎ又た二寸にして礪ぎなほすと何の異なることあらむ。是れ速かならんことを求めて却て晩るゝの愚に陷るのみならず。施術を受くる者の疼痛を感ずる夫れ幾何ぞや。此の故に余は穆天子傳中のアラユル疑問を剔出し來りて。先づ其根柢より解釋を試み置き。一たび穆王遠征の記事に移れば。節々自ら分明に。句々一點の澁滯なく。千里の江陵一日に還るの大速力を取るに便ならしめんとする也。解書評史の訣は猶琵琶湖上の横絕に類す。武士の矢ばせの渡し近くとも。近きを取らば却て遠きに後れん。急げば廻れ勢多のからはしと。古人豈我を欺かんや。

▲穆王最愛の美人

——吉田松陰の書翰——コウセンの研究——洪川と雲水坊主——「ナメテ見よ」——三千年を經たる活語——穆天子の最愛の美人——平安朝のマラリヤ熱——水と米汁とより成れるコウセン——オモ湯の起源——最後の勝利

吉田松陰先生の書翰中に。コウセンを飲んで別れた云々といふ文句あり。此コウセンは。或は熬煎《ガウセン》と書き。或は粉煎《コセン》と書くものあれども。孰れも其アテ字たるに近く。之を正解とは信じ難し。何となれば熬《ガウ》も煎《セン》も五穀を炒るの意はあれども。之に熱水を加へて攪拌するの義は即ち缺く。此に於て余は此語を以て長州一地方の方言なる可しと思ひ居たるに。後或人と禪僧の逸事を談ずるに及び。鎌倉の洪川《コウセン》が或る雲水坊主より。「往昔《ソノカミ》コウセンと聞く麥コウセンか。米コウセンか」との一問を受け取り。即座に『ナメテ見ヨ』の一句にて屈伏せしめたる奇談を耳にし。コウセンの語が必ずしも關西地方のみの一方言に非ざるを知り得たるも。之を以て未だ周代既に其名あり。和漢に通じて三千年を經たるの素性正しき活語ならんとは思ひもそめざりき。然るに穆天子傳を閲する左の一節あり。

戊寅天子東狃《シテ》二于澤中《ニ》一逢《ア》二寒疾《ニ》一。天子舍《ス》二于澤中一。盛姫告《グ》レ病《ヲ》天子憐《ム》レ之《ヲ》。口レ澤《ヲ》曰二寒氏一。盛姫求《ム》レ飲《ヲ》。天子命《ジテ》レ人《ニ》取《リテ》レ漿《ヲ》而給《ス》。是《ヲ》曰二壺鍮一。

右の文中の盛姫とは。穆王が最愛の美人なり。片時も側を離さぬ寵姫なり。當時は西洋人の風俗と同じく。狩獵に行くにも夫婦連れなりしと覺ぼしく。穆王東狃《ス》二于澤中一とは獸を追跡して歸るを忘るゝを謂ふ。其打圍《ターウヰ》の最中にも。猶此盛姫は携へたるなり。然るに澤中の濕氣は人の膚を冒し。天子も寒疾になやまされたり。此寒疾は多分古代語のワラハ病即ち今のマラリヤなるべし。若しワラハをワラリハとして見よ。マラリヤと同語系なり。而してマラリヤのマラリはムロリ即ち水澤の義なるべし。水澤に依りて病を獲。其病は熱病なり。熱によりて幻覺を生ず。幻覺中に往々小坊主の形を目にす。此に於てマラリヤはワラハと轉じて童形の現はるゝ瘧病なりとせり。京都の地、猶未だ排水の宜しきを得ざりし時。宮中府中の高官貴女より。夕顔棚の下に住めるてらふどぬのの徒に至るまで。病といへば大抵ワラハ病なりしは。平安朝時代の物の本に。屢々證明されたる處なり。近くは臺灣にても占領當時は殆んど人としてマラリヤに犯されざる者なきの狀態なりしが。近頃排水の効あらはれて。年一年と患者の減少を見るといふ。去ればマラリヤは濕氣と相伴なふたる病氣なり。穆王澤中に寒疾を獲たるはマラリヤと見て。誤診はあるまし。マラリヤは傳染するなり。甲の患者の血を吸ひたる蚊が。飛んで乙の肌を螫せば。乙は忽ち其病に染むことあり。果然天子が寒疾に逢ふて澤中に舍れる間もなく。盛姬も亦病氣となれり。此れ穆王のマラリヤが其寵姬に感染せるなり。穆王豈氣の毒ならざるを得むや。いとし可愛の吾妹子が病の床に打ち臥したるそが紀念にとて其澤の名を號じて寒氏澤と呼べりとは。何處までも優長なる王樣風なるを見ずや。盛姬は熱發してソレドコロでなく。喉が渇く。何ぞ飲まして賜はれと苦悶せるを見兼ねて。天子直ちに人に命じ給はりたるが漿なり。漿字は資《シ》良《ラン》切即ちシル也。日本語にては汁《シル》と同じ。說文には本作漿。酢漿也。一曰水米汁相將《タスクル》也とあり。今此穆天子が盛姬に給はりたる漿は。水と米汁とより成れるコウセンなりと覺ほしきは。是曰壺輴といふの句に在り。壺は戸呉切、音コなり。輴は市緣切、音センなり。壺輴の二字讀んでコセンといふ。其長引となれるもの即ちコーセンなり。然れども思ふに此の壺輴の字も亦。音標文字の代はりに會意文字を以てせるに非ずやと思はるゝは。餘りに其義を取る遠ければ也。思ふにコーセンはKosumならむ。MはBの清音なり。故にコスムはコスブと同じき也。コスブは更らにクスブとなる。クスブは始め火にて燻せるヤキ米の類なるべし。此粉を以つて漿を作りしが。オモ湯なり。オモ湯は今も猶は藥用の効ありとせらる。蒙古語のオモは藥といふことなり。古事記のオモノチシルといふも此の類の物なるべし。燻米の進歩せるもの即ち炒米となり。炒米の粉を呼んで猶は舊稱のクスブを用ゐしがコセム即ちコーセンの起原となりたるものゝ如し。而してコーセンはクスブより來れりと見れば。矢張藥用の意味あり。宜なり盛姫病に依りて飲を求め。穆王之にコーセンを給することや。我國の民間にても僻還の地にては今猶コーセンを以て一服の葛根湯に代用する處亦少からざるべし。

而かも穆天子傳にコーセンの漢字に壺輪を充てたるは。壺は米紛の容器を思ひあはせ。輪は其粉を熱水にて攪拌する形。無幅の車を轉ずるが如きに象りたるものなるべし。左れば熬煎《ガウセン》と書き粉煎《コセン》と書くと同じく。此れも亦アテ字はアテ字に相違なし。但だ其コセンの語がわが國の一地方に行はれたる俗語に非ずして。周代既に此名あるを知らば俗語の素性豈馬鹿にさるべきものならむや。否其活力に富みて最後の勝利を現今に迄維持し來りたる點は。之を死語に比して幾倍の尊重に値ひすべきものあるを知らざるべからず。

二千九百年前西域探險日誌上卷終

解説

世界の人類も、言語も、宗教も、その源となるものは一つであり、世界文明の大先祖はウラルアルタイ語派のアッカド人種（古代オリエントの人種）であり、インドもバビロンも中国もその継承者たるに過ぎぬ。中国文明の産物とされる漢字は、元来原型的アルファベットを以てウラルアルタイ語を綴ったものが、複合凝結して形をなしたものであって、これを分解すれば原始のウラルアルタイ語に復帰する。よって、漢字を調べることによって東西文明の淵源の元来一なるところから発生したこと、またその文明も明らかになる、との奇説を発表した人物がいる。すなわち佐々木照山、その人である。

照山はその奇想天外から来るともいうべき説を、明治の時代において読売新聞紙上に毎日連載し、その一部を書冊とした。その書冊の名を『二千九百年前の西域探検日誌』という。小口は墨流しの模様をあしらい、天金で五百頁あまりの大冊である。この本は照山がその六十二年の生涯において唯一残した著作であり、当時の文豪、大町桂月や江見水蔭などの本を出版していた東京の日高有倫堂という書肆から刊行されている。背表紙や奥付には上巻と記されており、続巻を出す予定であったらしいが、刊行された様子はない。また上巻自体も今では非常な稀覯本となっており、古書店でも見かけることは少ない。その初版巻末に付せられた「有倫堂出版書目」には次のように記されている。

照山蒙古王、半生の心血の結晶たる世界的大著述は世に顕れたり。この書世に出でて始めて明かに東西文明の基点を指すべく、人類宗教言語風俗の根源を究むべきなり。実にこれに依って世界文明史を改造すべく、これに依って人類学言語学等に新紀元を開くべき、有力なる空前の珍書なり。明治時代未曾有の有益多趣味なる書籍なり。読者乞う、軽々に看破する勿れ。

つまり『西域探検日誌』という書冊は照山の半生の心血の結晶であり、世界的大著述であって、東西文明の基点と人類、宗教、言語、風俗の根源を明らかにする空前の珍書だというのである。

私がこの奇書『西域探検日誌』の著者である蒙古王、佐々木照山の名を知ったのは、古神道系宗教団体・天行居の創立者にして、神道霊学の大家・友清歓真が著せる『霊学筌蹄』によってであった。同書には鎮魂法、帰神法、音霊法、太占伝など神道霊学を学ぶ上で必須な事項が一通り述べられており、筌蹄（魚をとる筌《ふせご》と兎をとる蹄《わな》、物を手に入れるまでの道具で、つまりは手引きを意味する）という名の通りまさに霊学の入門書であったが、そこには「余が昔寝食を共にした佐々木照山氏（俗に蒙古王と称する豪傑にして山口県選出の衆議院議員）が蒙古から帰って来て明治四十何年頃か東京の読売新聞に『二千九百年前の西域探検日誌』を数百日にわたつて連載した際」に提示した説であるとして、佐々木照山の蒼頡《そうけつ》（鳥の足跡をみて初めて文字を作ったといわれる人物）に関する奇説に触れていた。

それによれば、初めて文字を作ったとされる蒼頡は伏義の臣とされ、あるいはまた伏義、神農以前の史皇氏の名であるとするものがあり、その口碑伝説の区々たる為に架空の人ではないかと疑うものもあるが、これは蒼頡なる者を以て一人の固有名詞であると心得たところからくるためで、じつは一人ではない。道教の神の一人とされる西王母なども、これを一人の名称であると誤解した為に種々の附会の説を生み出したが、蒼頡もまたこれを一人の人であると考えたために訳が分からなくなったのである。

このことは日本における名馬、池月が一頭ではなく七頭であり、池月とはじつは名馬の名称であることと同じであり、蒼頡とは甘粛（中国北西部の省で、別称、隴《ろう》。古来、天山南北路に連なる東西交通路に当り、西域文化が栄えた）からチベットにかけて活躍していたタングット人種（六～十四世紀、中国北西辺境に活躍したチベット系民族で、十一世紀前半、黄河の湾曲部に囲まれた部分で、長城以北の地域・オルドスに拠って西夏を建てたのはその一族）であるというのである。

後に偶然知遇を得た天行居の古参の道士より、「友清先生は大分佐々木照山の影響をうけているようだ」とて、照山の著書『二千九百年前の西域探検日誌』を借り受け一読するに及んで、『霊学

『筌蹄』とならんで神道霊学の入門書とされている『天行林』という友清の著書も、とてつもなくその影響のもとに書かれていることに気付かされた。

本田霊学（鎮魂帰神の学にして大本教に大きな影響を与えたもの）、宮地神仙道（肉身を以て神仙界に出入したとされる明治の神人・宮地水位の神仙道）、太古神法（伊勢の斎王・倭姫命が大成したとされる神道における枢秘の秘法）を統合し、後の古神道界に多大なる波紋を投げ掛けた友清歓真の初期の理論構築において、少なからざる影響を与えた照山とはいかなる人物だったのであろうかと興味を持ったのはその頃であった。

その後、友人の紹介で当時東京に居住する照山の息女（代々天皇祭祀を司った伯家神道を継承する人物の一人で、その伝書なども所有していた）に会う機会もあり、照山の人となりを聞き、また新史学で知られる木村鷹太郎の研究家、戸高一成氏に会って、鷹太郎の発想への照山の影響などを聞く機会があったが、私自らは神仙道や太古神法の研究に忙しく、佐々木照山について深く研究する機会を逸してきた。

だが最近になって日本思想家にして詩人、またSF作家としても知られる中山忠直（太古神法の継承者の一人である松浦彦操が、その人格教養を高く評価していた人物）が所蔵していた同書を入手し、その中表紙に「要保存、天下の奇書なり」と記し、その裏に「佐々木安五郎、馬鹿安と呼ばれ一生を終わる。天才不運の一例。余、本書を得て驚き舌を巻く。されど余コレを全部理解する力なし。本書の下巻出でざりしを惜しむ。本書、東洋史の未来を与奪せん」と書いているのを見て、改めて読み直してみれば、照山の説はまさに奇想天外であり、すべてを肯定できるわけではないが、言語、文化のみならず、霊学的、古神道的に見ても啓発されるところが少なくないことに改めて気づいた。こうしたことに興味を持つ人は必読の書なのである。しかし、残念ながら『西域探検日誌』は稀覯本となっているために本書を知る人は非常に稀であって、実物を目にすることはおろか書物の名さえも知らない人が多いというのが現状であったが、幸い今回、八幡書店より同書が小部数ではあるが、復刻されることになったのである。

佐々木照山は明治五年（一八七二）一月十七日、山口県豊浦郡阿川村（現豊北《ほうほく》町大字阿川）に佐々木源十郎の四男として生まれ、安五郎と名付けられた。家は代々農家でいわゆる郷士であった。幼少の頃から豪放磊落、敏にして胆略があったと伝えられる。一時、地元の粟野小学校で教鞭をとっていたが、中国に対する関心が次第に高まり、明治二十二年（一九八九）頃、教師をやめ、村長の勧めで熊本の九州学院（済々黌《せいせいこう》）に学び、中国語を修得した。一時鉱工業に従事したが、日清戦争の時にはその中国語の実力を買われて、通訳兼百人長として満州に渡った。停戦後は同郷の桂弥一の推薦で、乃木希典が総督をする台湾総督府に衛生関係の役人として勤めた。

明治三十年（一八九七）、児玉源太郎が総督に就任すると同時にそのやり方に意のあわなかった照山は退職し、生来の反骨精神が頭をもたげたものか、雑誌『高山国』を発刊し、また台湾民報主筆となって、盛んに総督府の植民地政策の過ちを指摘し攻撃した。「照山」の号を用い始めたのもこの頃であり、故郷・阿川村の高照山に由来するものだ。明治三十四年（一九〇一）、有名な文那浪人、川嶋浪速の妹静枝と結婚した。この年に頭山満や内田良平を中心に結成された右翼結社・黒龍会にも参加している。明治三十七年（一九〇四）、奈良の山林王、土倉鶴松《どくらつるまつ》親子の応援で、表向きは鉱脈探査の目的を装って深く内蒙古内地に潜入、探検し（これが照山をして、東西文明の起源を考えさせるきっかけとなったものと思われる）、また頭山満や犬養毅などの国民党の政策や政治活動に与して、中国人民の父・孫文の第一次中国革命を助けた。更に頑迷の聞こえ高かった蒙古のトルホト王を説得懐柔し、連れ帰り、これより「蒙古王」の異名をうけてその名は天下にますます顕われるようになり、以来中国の地において隠然と政治的方面に活躍した。

明治四十一年（一九〇八）、郷里より国民党所属代議士として、衆議院議員に初当選し、憲政本党非改革派に所属したが、明治四十三年（一九一〇）、同志と共に立憲国民党を結成し、野党として活躍する。大正三年（一九一四）の衆議院解散後の総選挙では第三位をもって当選した。照山は大衆の前で天下国家を論じ、議会壇上にあっては、毒舌、長広舌、政客として勇名を馳せた。ちなみにその頃に出版された『現代防長人物史』（大正五年発行）には、

前の衆議院議員佐々木安五郎君は、照山と号し、蒙古王の異名あり、国民党所属代議士として異彩を放ち、今や政治界に於ける奇骨漢佐々木照山の驍名は中外に喧伝し、君が疾風迅雷の間に獅子口する一喝一声は、真に議会壇上の清涼剤たり、刺激剤として四辺を圧するの威

あり力あるは、人の知悉する所、而して其の議論は硬直警発、其の気勢は豪宕雄邁なり、而かも警世痛快の言、簡にして鋭、高潔雄大の精神、貫流旺溢して寸鉄人を殺倒するの慨あり。

と記され、奇骨漢にして雄弁家なる照山の議会での様子が目に浮かぶようであるが、この照山には、大本教の出口王仁三郎も興味を持っていたらしく、彼が自ら編集・印刷の指揮をとったという大本教機関紙『神霊界』の大正十年三月号には、照山の議会での大暴れの様を記した記事がある。

奥さんに追出された酒人の蒙古王、静中動あり動中静あり、議院波瀾の禍機は、どこに潜在するか分らない。一昨日の本怪議は、台湾六三法案の六三でも無い問題で、安々五郎五郎と進んでいたが、薩張《さっぱ》り力も智慧も田総督の答弁中、台湾には御用新聞なぞは一つも無いと述べた。誤用新聞か私用新聞か知らぬが、質問者の中野正剛君、田淵豊吉君、佐々木安五郎君の猛者連は「嘘を吐くな事実があるぞ」と怒鳴り出し中にも蒙古王は、佐々木の機嫌で彌次り出した。議長は放任して奥わけにも行かず、眼を屡々静粛に願ひますと、薬罐頭から湯気を立てて奥繁な顔をして、湯の如うに成つて浴せかけると、蒙古王如何でか之に応ずべき。奥さん堪り兼て佐々木君の発言を禁酒しますと、ピッシャリ御面一本参る、蒙古王如何なこと屈せず何時問ですか汝奸ですかと逆襲する、ギッチョンギッチョンの機織虫はイタチの最後平然と構へた猛虎王は、ノコノコギッチョン席に押蒐け「オイ汝寒禁酒かね」と詰め寄ると。アナタの登檀は許しま酒宴と満面酒に酔つたやうに朱を否ナ酒を灌いで大喝する、勢優席からは、安五郎下れと満場ドット酒ぶ。流石《さすが》の王様もテレ臭くなつたと見て下れと言はなくても君等の睾丸ぢゃないから下るよ、穢多共と捨て台辞《ぜりふ》を残して降檀した、そして口惜しそうに、何か彿々いつて居る。やがて中野君の再質問となり、又復御用新聞問題に及ぶや、王様も何時しか発言禁止の身をも忘れて酒んに彌次り飛ばす。奥の方から炬火《たいまつ》のやうな大目玉を、キョロリと光らすよと見る間に、猛虎一声「佐々木安五郎ツキ君に退場を命じます」とやつた。流石の猛虎、蒙古王なつては堪らない。酒人が奥さんに叱られて。オイ出桝よワッハッハハハハと、泰然として退場した。

破天荒な王仁三郎の筆らしく、あまりにもハチャメチャな照山の様子が描かれているが、照山が議会において大いに気を吐いていた様子は窺うことはできる。また『現代防長人物史』によれば、当時照山の父源十郎は逝去し、長兄の勝五郎が家を継ぎ、次兄四郎の経営する店は「お伽だんろ」本舗として世に知られ、弟の六一は南満鉄道の社員であり、妻静枝は三十八才、息子靖は十一才であったことが分かる。弁舌とともに文筆にすぐれ、大正二年（一九一三）下関築港問題のときは、友清歓真とともに日刊新聞『六連報』を発行して天下を論じ、政友会系の『馬関毎日』と対立し、予戒令が発動されたことがあった。

照山は吉田松陰を心から崇敬していて、大正五年（一九一六）には、明治四十一年の吉田松陰五十年の忌辰から始まった、下田柿崎の顕彰碑の建設が種々の事情で中断していることを知り、東奔西走して資を募り、事業を継続せしめて除幕式を行うに至るまで大いに努力をする。昭和四年の松陰の七十年忌には、阿川日和山に「松陰先生登臨之跡」の碑を立て、中野正剛、荒木貞夫、中村不折など知名士の揮毫を集めて天井にはめ込んだ「松陰亭」という東屋を建築した。そこに照山自身も「国士無双」と墨痕鮮やかに記している。

照山は書画に親しむ他、かなり多芸多才で、和歌、俳句、漢詩にも造詣が深く、また酒豪家としても知られていた。明治四十一年以来政界に躍り出て衆議院議員に当選してより、彼は生涯に三度、衆議院に当選したが、考古学にも深い興味を抱き、選挙直前でも遊説先の近くに古代遺跡があると聞けば、演説そっちのけで飛んで行ってしまうような性格だったという。

数々の奇説を発表した照山は、晩年、生まれ故郷の阿川村に隠棲してからは、座禅三昧に日を送り句作などもした。同地の阿川八幡宮を右に見て、阿川の浦に出る。そこは阿湖の浦とも、波の打ち寄せる音が鼓のように聞こえるので、鼓ケ浦とも呼ばれる漁村である。そこの海に突き出た小高い松林の丘・日和山には、照山がいつも座っていたという坐禅石が、眼下に荒海を臨む断崖にあり、その上に一基の碑が北に向けて建てられ、

凧や新羅を過る箭の叫び　照山

と記され、側面には「生死巌頭無死生」と刻んである。「死生無し」……まさにこの地は隠棲し

た照山にとっては、ある意味でチャンサンバラ（北方の聖者の城の義）ではなかったかと思われる。明治・大正・昭和を通じての奇人にして快男児、天下にその名を轟かした名物男、照山も病には勝てず、中風を病み、昭和九年東京で没した。

天下を変えようと大志を抱き、政治家となりながらも、その政治よりも遺跡や歴史に興味を抱いていた人物、佐々木照山が著した『西域探検日誌』は、その著した人物の多芸多才にして奇骨漢という人柄に相応しく、まさに奇想天外、またその内容も多岐にわたる。その説はこれまで一部の人にしか省みられることはなかったが、本書の復刻を機会に再評価されることを望む次第である。

大宮司朗

二千九百年前
西域探検日誌

定価　四八〇〇円＋税

明治四十三年十二月三日　初版発行（日高有倫堂）
平成十二年九月三日　復刻版発行

著者　佐々木照山

発行　八幡書店
東京都品川区上大崎二―十三―三十五
ニューフジビル二階
電話　〇三（三四四二）八一二九
振替　〇〇一八〇―一―九五一七四